U0562818

玄奘西遊記

钱文忠

玄奘

1. 玄奘像（日本版） 2. 玄奘像（朝鲜版） 3. 玄奘像（欧洲版）

玄奘西行路线图

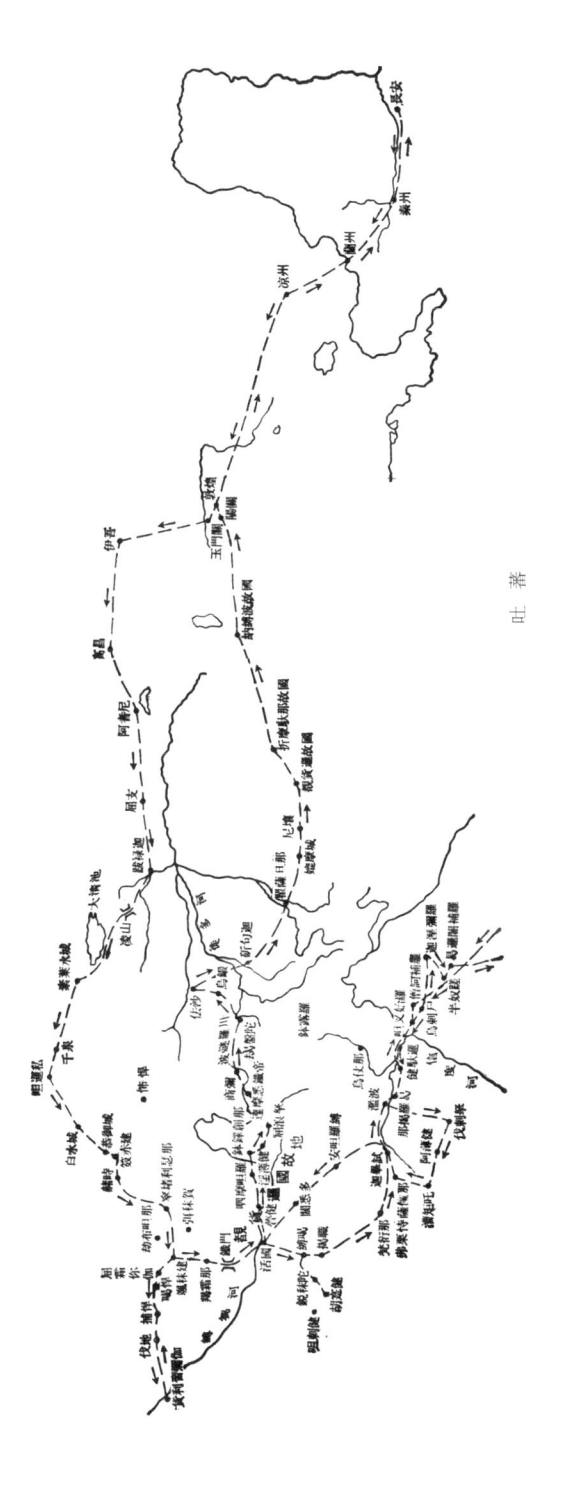

प्रज्ञापारमिताहृदयसूत्रम् ।

ॐ नमो भगवत्यै आर्यप्रज्ञापारमितायै ।
आर्यावलोकितेश्वरो बोधिसत्त्वो गम्भीरां
प्रज्ञापारमिताचर्यां चरमाणो व्यवलोकयति स्म
पञ्चस्कन्धाः । तांश्च स्वभावशून्यान्पश्यति स्म ।
इह शारिपुत्र रूपं शून्यता शून्यतैव रूपम् । रूपान्न
पृथक् शून्यता शून्यताया न पृथग्रूपम् । यद्रूपं
सा शून्यता या शून्यता तद्रूपम् । एवमेव
वेदनासंज्ञासंस्कारविज्ञानम् । इह शारिपुत्र
सर्वधर्माः शून्यतालक्षणाः । अनुत्पन्ना अनिरुद्धा
अमला अविमला अनूना अपरिपूर्णाः ।
तस्माच्छारिपुत्र शून्यतायां न वेदना न संज्ञा न
संस्कारा न विज्ञानम् । न चक्षुःश्रोत्रघ्राणजिह्वा-
कायमनांसि । न रूपशब्दगन्धरसस्प्रष्टव्यधर्माः ।
न चक्षुर्धातुर्यावन्न विज्ञानधातुः । नाविद्या
नाविद्याक्षयो यावन्न जरामरणं न जरामरणक्षयः ।

न दुःखसमुदयनिरोधमार्गाः । न ज्ञानं न
प्राप्तिर्नाप्राप्तिः । तस्माच्छारिपुत्राप्राप्तित्वाद्बोधिसत्त्वस्य
प्रज्ञापारमितामाश्रित्य विहरत्यचित्तावरणः ।
चित्तावरणनास्तित्वादत्रस्तो विपर्यासातिक्रान्तो
निष्ठानिर्वाणप्राप्तः । त्र्यध्वव्यवस्थिताः सर्वबुद्धाः
प्रज्ञापारमितामाश्रित्यानुत्तरां
सम्यक्संबोधिमभिसंबुद्धाः । तस्माज्ज्ञातव्यं
प्रज्ञापारमितामहामन्त्रो महाविद्यामन्त्रो
ऽनुत्तरमन्त्रो ऽसमसममन्त्रः सर्वदुःखप्रशमनः
सत्यममिथ्यत्वात् । प्रज्ञापारमितायामुक्तो मन्त्रः ।
तद्यथा गते गते पारगते पारसंगते बोधि स्वाहा ।
इति प्रज्ञापारमिताहृदयं समाप्तम् ॥

梵文（天城體）《般若波羅蜜多心經》

钱文忠敬书

般若波羅蜜多心經

唐三藏法師玄奘譯

觀自在菩薩。行深般若波羅蜜多時。照見五蘊皆空。度一切苦厄。舍利子。色不異空。空不異色。色即是空。空即是色。受想行識亦復如是。舍利子。是諸法空相。不生不滅。不垢不淨。不增不減。是故空中。無色。無受想行識。無眼耳鼻舌身意。無色聲香味觸法。無眼界。乃至無意識界。無無明。亦無無明盡。乃至無老死。亦無老死盡。無苦集滅道。無智亦無得。以無所得故。菩提薩埵。依般若波羅蜜多故。心無罣礙。無罣礙故。無有恐怖。遠離顛倒夢想。究竟涅槃。三世諸佛。依般若波羅蜜多故。得阿耨多羅三藐三菩提。故知般若波羅蜜多是大神咒。是大明咒是無上咒。是無等等咒。能除一切苦。真實不虛故。說般若波羅蜜多咒即說咒曰

揭帝揭帝 般羅揭帝 般羅僧揭帝 菩提僧莎訶

錢文忠據《大正藏》恭錄

《玄奘西游记》（十周年纪念版）
自序

　　离开今天正好十周年的2007年，我首次登上中央电视台"百家讲坛"栏目，讲述了"玄奘西游记"。节目长达36集，播出后受到大家的厚爱，取得了相当高的收视率，也得到了社会各界的广泛好评。

　　这当然离不开节目组所有成员的努力，他们的名字，以及我对他们的由衷感谢，都表达在2007年由上海书店出版社首次推出的《玄奘西游记》以及此后的各种版本里。光阴荏苒，弹指间，竟然十年已过，我对他们的感谢不但没有稍减，反而愈加浓烈。我怀念那一段辛苦而快乐的时光。尽管我后来还在"百家讲坛"上讲述过"钱文忠解读《弟子规》"、"钱文忠解读《三字经》"、"钱文忠解读《百家姓》"等都长达数十集的节目，此外还有一些短篇幅的节目，但是，"玄奘西游记"是最难忘的记忆。

仔细想来，"玄奘西游记"之所以能取得这样的成功，绝不是因为我讲得有多么好。大而言之，2007年正是中国改革开放三十周年，随着物质财富的飞速增长，人们开始日益感受到生命深处的精神需求；小而言之，主要还是基于下面的三个具体原因：一，"百家讲坛"在当时如日中天的影响力；二，这是第一次在中央电视台用如此长的篇幅，正面讲述佛教文化；三，大家对《西游记》耳熟能详，却对主人公唐僧玄奘几无了解。

图书推出后的盛况，也至今历历在目，在后来的十年中，再也没有见过。首发式在北京中关村图书大厦举行，许多读者提前从全国各地赶来，借住在附近的旅店甚至是浴室。成千上万的读者秩序井然地排队，队伍从签售的楼层一直蜿蜒至地面，将中关村图书大厦紧紧地围绕了几匝。整个签售活动持续了14个小时，中间只有两三次不超过十分钟的暂歇。我签下了上万个名字，手臂酸痛了好几天。当时，很多媒体都进行了报道。十年来，我参加过很多次书展，每次都会想起《玄奘西游记》首发的那一天，在为图书市场日见衰微而感叹的同时，格外地想念和感谢那一天的读者。我将终身铭感。

我有幸以年轻时的所学，为唤起国人对鲁迅先生笔下"中国的脊梁"的记忆、认知和崇敬略效绵薄，对此，我备感荣幸与感恩。节目播出和图书推出后不久，"玄奘精神"、"玄奘之路"等等语词，就开始频繁地出现在各种媒体上。

近几年来，习近平主席在多个场合都提到了玄奘，高度赞扬他的辉煌业绩，及其所代表的中华民族"埋头苦干"、"拼命硬干"、"为民请命"、"舍身求法"的伟大精神。这当然是对玄奘热的肯定，同时更将这股热潮纳入"一带一路"的宏大背景，使一个古老的民族英雄和传奇，焕发出夺目的当代价值与意义。这是非常令人鼓舞的。

《玄奘西游记》出版以后，各种正版的印数以百万计。然而，毋庸讳言，盗版现象非常猖獗。我的一位朋友，每见一种盗版就收下一册，再转交我收存。这当然不是盗版的全部，但是我书架下已然堆积了数十种。由此看来，盗版数量恐怕数倍，甚至数十倍于正版。这当然不会让我感到愉快，却也只能无奈地苦笑。

十年后的今天，上海书店出版社重新校对、排版、装帧，推出全新的"十周年纪念版"。前缘再续，我深表感谢。因为，这本书是我和很多读者朋友的共同记忆。感恩一切相遇与延续。谨为序。

2017年6月18日

一步的慈悲

随所游至，略书梗概，举其闻见，记诸慕化。

出自 唐·玄奘《大唐西域记》书末《自赞》

有句老生常谈"一步一脚印"，这是表示每走一步，就有一步的成绩，无论多远，只要一步一步地走，总会走到目的地。一个艰困的目标，能够"一步一脚印"到达，这是何等雄壮豪迈的事。

古往今来，多少探险者、发明家、自然观察家，乃至军人、商人、僧人，他们在世界上"一步一脚印"，为人类找出新知识，走出新天地，他们所付出的辛苦，万千年后的人们，还是会遵循这伟大的"一步一脚印"。

唐代玄奘大师，就有这样的脚印：他以二十六岁青壮之龄到印度留学，成为中国第一位留学僧。他途经八百里流沙，历七十余国，经十七年后学成归国，取回佛经数千卷，翻译成中文者有千余卷，成为中国四大译经家之一。他把到印度历经各国的所见所闻，口述成《大唐西域记》，至今全世界有多种译本流传，影响极为深远。今日印度与中亚很多文化史迹与中世纪时期的风土民情，当时皈化佛教的状况，就是靠着《大唐西域记》的指引，而能重现于世。

另外，玄奘大师还把中国的老子《道德经》译成梵文，对于中印文化的沟通，贡献巨大。尤其玄奘大师曾在戒日王主持下举行弘法大会，五印度十八国的国王、官员、僧众六千余人都拜倒在法座前，玄奘大师更获得"大乘天"尊号。这是中国人的脚印，在域外留下一次无比光荣的纪录，历史也永远不会遗忘他。

然而，长久以来，玄奘大师这位在中国两千年佛教传播史中盛德最著的人物，在大众当中的深刻印象却主要是被一部文学作品限制了，扭曲了，这就是被赞为中国小说四大奇书之一的《西游记》。虽然这部小说充满虚构的奇趣，但与正史中大唐三藏玄奘法师的壮志苦行，与牺牲为众的慈悲精神，相去几千万里。这种情况，也提醒了我们有心推动佛法人间化、将佛理从僧众与知识阶级中释放出来的工作者，大众化的读物确实有其魅力与惊人影响效果，但若不是秉持正知正见进行创作，那么大众化就会成为我们立刻要面对的新挑战与难关。

因此，来自对岸的这位优秀青年学者钱文忠教授，也是国学大师季羡林先生的高足，他的新作《玄奘西游记》，就做了一个良好的示范：他巧妙地结合了讲学和讲书一庄一谐两种传递知识的形式，还原玄奘大师的真实事迹，生动、活泼的描述和开阔的世界观，宛如置身大师身侧，亲自闻听高僧们说法辩法，或是为几度遭遇险境的玄奘大师紧张。

钱教授除了以玄奘大师的《大唐西域记》内容作为主要的引证依据，也广泛地取材，以玄奘徒弟亲闻师说录成的《大慈恩寺三藏法师传》来补充前书仅记述见闻，较少涉及个人遭遇的缺憾；另一方面，他也不拘一格跨越各种知识领域提供许多"知识点"作为穿插，或偶尔对照检证小说《西游记》中的情节，让读者在开眼之余，增添了许多会心的趣味。

在此基础上，钱教授的著作把佛家所谓"胜者"——拥有积极正确追求生活，勇于面对考验，随时随地发现新的自我，不为生死、不安、恐怖所败的正念精神的人——与玄奘大师舍身求法的使命感、理想色彩与实践过程，结合得淋漓尽致。在书中，钱教授带领我们经历玄奘大师每个求法阶段之余，也从各种角度设问、回顾他踏出漫长征途第一步的初衷：苦海茫茫，人生归宿在哪里？天灾人祸，如何才能解脱？

这是蕴藏在每个人心头的问题，也是将玄奘大师与作者，以及所有具有佛心佛性的读者们，连结在一起的慈悲情怀，更是我们追随前贤所能获得的最珍贵的宝藏。

值此时代，充满试炼但仍有光明希望、最坏也是最好的时代，我们阅读《玄奘西游记》，必定能得到许多重要收获：

读此书，乃是读可比《西游记》更精采的小说；

读此书，乃是读一本风俗人物皆栩栩如生的游记；

读此书，乃是读一本有丰富历史文化的书籍；

读此书，乃是读一本有深厚思想哲学的书籍——与吴承恩《西游记》相比只有超越，与玄奘《大唐西域记》可以媲美；

读此书，乃是读一本将文学、哲学、历史、宗教灵活融会的综合好书，把过去艰深之文学、地理转化成活生生的内容，仿佛人亲临此境。

在此与读者诸君分享：愿大家都能时常思忆玄奘大师那因一念之慈悲，改变自己人生与世界的"重要的一步"，皆能法喜盈满。

玄奘与时代精神

也许，不少人知道，我在中央电视台的"百家讲坛"栏目讲了"玄奘西游记"，由于"百家讲坛"在电视观众中拥有巨大的影响力，因此，我的讲述似乎也受到了观众和媒体的相当关注。近来，上下两册的《玄奘西游记》也由上海世纪出版集团出版了。上市不到两个星期，各方面的反应也很热烈，列在各种排行榜的前列。我在欣慰之余，也明白，这是观众和读者对我的厚爱，我深深地感激。

玄奘是生活在距离今天大约一千三百多年前的一代高僧，他不远万里，西行求法，求回真经，埋首翻译。无论是在古代中外文化交流史上，还是在中国和印度的佛教史上，甚至在印度的古代历史上,玄奘都具有顶尖的重要性。这一点是大家一致公认的,没有任何争论的余地。

就古代中外文化交流史而言,玄奘西行的足迹遍及西域、中亚,那里正是人类文化上一块独一无二的宝地。为什么这么说呢?众所周知,希腊—罗马文明、阿拉伯—伊斯兰文明、印度文明、中国文明是人类历史上四个最大的文明,而这四大文明的会聚点却只有一个,那就是西域(包括中国新疆的大部分)和中亚。这片舞台丰富多彩,光怪陆离,交流频繁,冲突激烈。你方唱罢,我就登场。这里的文化交流和融合是极其富有成果的,由此向四周发射出巨大的冲击波。然而,由于民族迁徙、战争攻略、环境变迁等等诸多原因,有关这片广袤的土地的历史资料却少得可怜。玄奘应唐太宗之请,和他的得意弟子辩机合作留下了一部《大唐西域记》,正是有关这个地区的最最珍贵的材料。

至于玄奘在中国和印度佛教所史上的地位,那更是不消说的了。先说中国佛教,他培养了很多学生,和助手们翻译了1335卷重要的佛经,其中很多是最权威的译本,不少是最流行的译本。他将当时佛教世界的最高水平的学说带回中国,创立了法相唯识宗,也叫慈恩宗。由于玄奘对佛学的贡献实在是大,他受到了唐朝皇室的特别的尊崇和礼遇。这些我在"玄奘西游记"里,都有所讲述。为什么说玄奘对印度佛学也有很大的贡献呢?这么说是有根据的。玄奘长时间地留学印度,在印度广泛游历请教,他接触的多是当时印度最具声望的学者,他掌握的乃是当时印度最高水平的佛学理论。印度当时的不少学说在本土失传了,靠着玄奘的汉语译本方得以保存至今。可惜,玄奘的几种用梵文写成的著作都没有能够流传下来，不然，玄奘对印度佛学的贡献就可以看得更加直接了。

玄奘对印度历史的贡献当然主要是因为他的《大唐西域记》，其中关于印度的记载弥足珍贵，无可替代。印度文化固然有它的极高成就，却并没有信史的传统，可靠的历史记载是寥若晨星，非常稀少的。这一点，马克思就曾经提到过。印度不少学者就说过，没有玄奘的记载，重建印度古代史是不可能的；有的印度学者甚至说，印度历史欠玄奘的债，是怎么估计都不过分的。事实上，玄奘的《大唐西域记》确实成了重建古代印度历史，进行考古发掘的"指导手册"。玄奘的记载的准确性，早就被大量根据他的指引而进行的考古工作成果所证实。

上述的这些，还只不过是玄奘的历史贡献中最粗浅的大概。不过，我确信，这已经足够证明玄奘是一个如何了不起的历史人物了。然而，这却并不能够阻挡大家提出这样的一个问题：就算的确如你所讲，玄奘是古代历史上的一个重要而伟大的人物，可是，离开我们那么遥远的他，和我们今天的时代又有什么关系呢？玄奘能够为生活在今天的我们提供什么样的启示呢？

说心里话，原先对类似的问题不仅是不理解的，甚至还有相当的抵触：学术就是学术，特别是有关古代的学问，何必非要和现在发生什么关联呢？而现在，我的想法发生了一点改变。当然，我依然还是坚持学术必须保证自身的独立性，不应该过多地，或者说首先考虑和现实有什么样的关系，须知，人类的知识探求和积累是一个漫长的过程，过分地要求"立竿见影"，效果往往适得其反，正应了"欲速则不达"的话。

但是，学者们似乎也不妨偶尔将脑袋探出象牙塔，看看外面的世界，关心一下自己也处身其中的当下。至少应该考虑一下，在选择古代的研究对象时，是否可以优先选择对当下的时代有所影响或者启示的呢？我想，这和学术独立并不冲突、真正伟大的历史人物，他所展现出来的价值和意义，绝不是他所处的那个时代所能够局限的，一定可以超越他所在的那个具体的时代和具体的生存环境，超越时空，焕发出历久弥新的永恒的价值。不同时代的人，都可以得到精神层面的启示。无疑，玄奘就是这样的一个人物。

那么，我应该努力来回答这么一个问题了：玄奘和我们的时代精神有什么关系呢？这是个大问题，自然不可能在这里完全地说明，我只能就下面几点，谈谈自己的粗浅看法。请大家指教。

首先，可以很明确地说，玄奘身上最宝贵的精神乃是为了追求真理，不避风险，面对各种挑战，绝不退缩，甚至不惜冒着付出生命的代价的危险。玄奘是个虔诚的高僧，在他的心里，佛法当然是至高无上的真理，这一点是清楚的，我们似乎没有必要去加以什么说明，更没有必要为玄奘做什么辩解。我比较赞成冯友兰先生提出的"抽象继承法"，也就是说对传统文化的某些价值，应该超脱于它的具体环境，而重在继承其精神。玄奘为了追求自己心目中的真理，不惜偷渡出境（这一点在今天当然没有必要了），经受了诸多严酷的考验，不少时候几乎要付出生命的代价。《西游记》里讲，玄奘取经经历了九九八十一难，这固然是小说家之言，但也未必就不是真实历史的一种折射或者反映。我想，追求真理的精神是任何时代、任何民族都必须具备的。

其次，倘若我们仔细观察玄奘在印度的留学生涯，我们就会有一个非常有意思的发现：我们都知道，玄奘不仅是一个佛教徒，而且还是一个虔诚的弥勒信徒，他到印度就是为了追寻心目中至高的经典，据说是弥勒菩萨口授的《瑜伽师地论》。在印度，玄奘不仅找到了这部经典，还找到了再理想不过的老师——当时佛教世界的最高学府那烂陀寺的寺主、大乘有宗的最高权威戒贤法师，以我们对宗教信徒的普遍理解，玄奘应该满足于此了，不会旁及其他学说了，不会越雷池一步了。可是，历史事实却正与此相反。玄奘并没有满足于学习《瑜伽师地论》，也没有满足于跟从最高权威戒贤法师学习，甚至也没有满足于本来就已经可以提供多种知识学说的最高学府那烂陀寺的环境，而是在印度广为游历访学。因此，玄奘的学问绝不局限于瑜伽行派，而是涉及了当时印度的大量学派和学说。实际上，玄奘一路走来，无时无刻不在学习。我们可以说，玄奘的西行求法之路，本身就是一条学习之路、探索之路。玄奘充分展现了专精而不封闭，开放而有所守的学习态度。对于一个虔诚的宗教信徒来讲，是特别不容易的。

第三，玄奘是完全可以有机会有条件停留在佛教徒心目中的天堂圣地印度的，这是没有什么疑问的。但是，玄奘还是选择了回国。也许，大家会说，玄奘既然是一个虔诚的佛教徒，他终究会有一种"回向"的意识，将学得的佛学知识"回向"还没有机会了解的人们，乃是一个高僧的份内之事。这样说，也不是完全没有道理。但是，大家别忘了，玄奘也很可以选择在印度进行这种"回向"，此外，还有好多别的国家请求玄奘驻留弘法。最重要的一点是，玄奘当年是违反禁令，偷越国境的。他并不知道，自己回国以后是否会受到严厉的惩罚。可是，从历史事实来看，他显然根本就没有考虑这一点，而是在机缘合适的时候，马上起程回国。实际上，他是无法预料回到国内后等待他的会是什么的。从历史上看，任何一个真正伟大的人物总是国际性的，但是，同时又必须是民族性的，这两者之间的关系是不容易简单地说明白的。玄奘无疑做到了一种近乎完美的统一。

第四，玄奘学有大成，又确实和当时的帝王唐太宗特别有缘。从历史的记载看，唐太宗也确实希望玄奘能够还俗，出任官职。然而，玄奘拒绝了，很明显，玄奘的心愿是"单身行道"，根本就没有将自己历经千辛万苦求来的学问，当作世俗之门的敲门砖，或者"货于帝王家"。这一点，就使得玄奘和中国文化中的绝大多数知识分子判然分开了。玄奘看重知识的独立性，看重知识的本身价值，不认为知识是某种交换的工具。他不仅没有出任任何世俗的官职，而且也没有以一代高僧的身份地位出任过僧界的重要高级职务，只担任了慈恩寺的方丈。这一点是很特别的，也是当时和后来的人们不好理解的。《西游记》就是例子，里面讲唐太宗请玄奘还俗被拒绝，就封了玄奘"左僧纲，右僧纲，天下大阐都僧纲"。这样的官职是杜撰的，但是也正反映了一般人的心态。在具体的问题上，玄奘也坚持自己的看法，有时候甚至会毫不理会皇帝的建议和意见。我们从历史记载中可以清楚地看到，玄奘一回国就受到了未必在自己意料之中的热烈的欢迎，而从一开始，玄奘就有意识地避开一切热闹的场面，孤寂自守。这样做当然有回避妒忌、绕开矛盾的考虑，也是玄奘谦虚自抑的优秀品性的反映，但是，更主要的是，玄奘自始至终就抱定了"单身行道"的信念，从来就没有改变过。这是玄奘身上特别的闪光点。

第五，玄奘是一个僧人，但是，绝对不是一个不食人间烟火、只顾自己修行的僧人。他有超常的组织能力、教育能力，总而言之，玄奘是一个很有实际能力的人。我们都知道，玄奘是人类历史上顶尖的翻译大家，他的翻译开创了中国翻译史的新时代，在佛经翻译史上更是"新译"的开山祖师。玄奘翻译的数量之大、难度之高、权威之坚、流传之广，罕见其匹。这样的工作，当然不可能是玄奘一个人独立完成的，必须有某种组织机构的保障。玄奘就是一个出色的组织者，他将以前就已经存在的"译场"加以改造完善，将分工更加细化，更加明确化。译场里的每个角色都有不同的分工，也有不同的责任，而彼此之间又是一个相互配合的有机互动的结构。集体合作翻译，在今天当然不是什么稀罕的事情，但是，如此详尽的分工和结构，却只有玄奘做到了。更为难能可贵的是，玄奘并不简单地满足于自己成就巨大的翻译工作，还从中总结出了一整套的翻译理论，这就是翻译学史上著名的"无不翻"。在今天，这套理论依然具有相当的指导作用。

玄奘和时代精神本身就是一个大课题，值得花大力气去探索、去研究，这自然不是一场讲演就可以解决的，更不是像上面那样看似简单明了地概括出几点就可以交代的。我在今天所讲的，只能是我个人非常粗浅的一点思考和想法，希望能够多少发挥一点抛砖引玉的作用。

当前，"玄奘精神""重走玄奘路"已经成了流行的时代话语，可是，这里面究竟有多么丰富的内涵和精神财富，恐怕还有待于进一步的研究和发掘。

鲁迅先生在《中国人失掉自信力了吗》里有一段话，永远不会过时：我们自古以来，就有埋头苦干的人，就有拼命硬干的人，有为民请命的人，有舍身求法的人——虽是等于为帝王将相家谱的所谓"正史"，也往往掩不住他们的光耀，这就是中国的脊梁。

毫无疑问，今天正是需要脊梁的时代！

前言

我谨将在百家讲坛上为大家讲述的三十六集《玄奘西游记》，以书的形式奉献给大家。我的心情是喜悦和惶恐交加。节目讲完了，书也出版了，那么，我所能做的就是恭候大家的批评和指教了。

现在回想起来，我和《百家讲坛》实在可以说是一场美丽的邂逅。2006年10月的一天，我接到《百家讲坛》执行主编王咏琴女士的电话。她语气优雅，问我是否可以到《百家讲坛》讲一次，题目是否可以和《西游记》有关。

我和王咏琴女士素不相识，接到这个电话确实有点意外。虽然我平时很少看电视读报纸，也基本不上网，但是，对《百家讲坛》的盛况，对主讲人阎崇年、易中天、王立群、于丹等先生的大名以及著作，却总还是知道的，有的还购藏拜读过。不过，我无论如何都没有想到过，自己也会登上《百家讲坛》，成为又一名主讲人。我并没有问王咏琴女士，她是怎么会找到我的。

11月间，我略微做了一些准备，利用一次赴京探友的机会，来到国宏宾馆参加试讲拍摄。结束后就返回上海，并没有过多地在意结果。很快，我又接到王咏琴女士的电话，希望我再次赴京，具体商量拍摄事宜。这多少让我有点惊讶，但还是没有多问什么，遵嘱赶到北京，蒙《百家讲坛》制片人万卫先生、总策划解如光先生接谈，从此开始了我和《百家讲坛》的这一份因缘。

准备、拍摄、制作的过程并不是一帆风顺的，《百家讲坛》对主讲人的讲稿思路、环节设置、叙述风格都有独特而严格的要求。尽管不用等到事后就已经证明，《百家讲坛》的这些似乎很苛刻的要求，绝对是有的放矢的，也是非常有效的。但是，我想，没有哪一位主讲人会从一开始就感到习惯。感谢《百家讲坛》的主创人员，他们以高超的专业素养、高度的敬业精神，指点我、帮助我克服了一个接一个的困难。终于，《玄奘西游记》循着上升的轨迹，划上了大致可以说是圆满的句号。我固然有一种如释重负的感觉，却更多地感受到了《百家讲坛》主创人员给我的教益和情谊的沉重。我由衷地感谢他们。

如今，我可以毫不犹豫地说，我认同《百家讲坛》的基本理念。根据我自己的感受，我将它总结为：为电视观众提供亲近文化精神的平台，为学院教师提供传播文化精神的讲台。《百家讲坛》的全体创作人员和主讲人共同努力，正在尝试并且成就着一项卓有成效的文化事业。或许，这还是一个美丽的梦想。然而，却绝不会永远只是一个梦想。

《论语·雍也》里有一句话，是我们都耳熟能详的："知之者不如好之者，好之者不如乐之者。"杨伯峻先生的权威译文是："（对于任何学问和事业，）懂得它的人不如喜爱它的人，喜爱它的人又不如以它为乐的人。"意思很清楚。倒过来看也同样清楚："以它为乐"和"喜爱它"乃是"懂得它"的前提或必经之路。那么，虽说当下正在进入网络时代，但是，恐怕谁都不能否认，电视仍然是解决"如何以它为乐"、"如何使人喜欢它"这些问题的最为直接有效的手段和媒介。学者是已经"懂得它"，更多的是正在努力"懂得它"的专业人员，如果有意或立志使非专业人员"喜爱它"、"以它为乐"，迄今为止，电视终究还是最接近于理想的平台。从这个意义上讲，我赞同易中天先生的意见，他认为，倘若春秋时代就有电视，那么，孔子应该也不会拒绝的。

使更多的人"以它为乐"、"喜爱它"，本身就是一种传播和普及的努力过程。传播且不论，普及又岂是一件容易的工作？"深入浅出"也是大家所熟悉的话了，"深入"正是对"浅出"的要求、希望，或许也可以说，"深入"正是"浅出"的门槛和资格。我们经常挂在嘴边的，要给人一碗水，自己最好有一桶水，无非也就是这个意思。正因为如此，在我看来，普及不仅绝不意味着轻松，相反，它是一项非常艰巨的工作。

所有这一切，都让我在《百家讲坛》这个中央电视台的栏目上讲《玄奘西游记》的时候，有一种战战兢兢、如履薄冰的心情。虽说这个题目处于我本人的专业领域之内，但是，我却没有把握说，自己对这个题目已经足够"深入"了。因此，在努力"浅出"的时候，我只能老老实实地恪守有来历、不妄语、不做无根游谈、不为悬想虚语。我努力了，可是，我究竟做到了多少呢？那只有恭候大家的评判了。

本书是在《百家讲坛》的《玄奘西游记》讲稿的基础上，加以增补而成的。增补的部分主要是由于时间和电视节目特点的限制而没有完全讲述出来的内容，此外还增加了一些珍贵的图片。书后所附"参考书目"，意在为有进一步兴趣的读者提供最初步的导引。

2007 年 8 月 20 日

目 录

1　　第一讲　玄奘身世

13　　第二讲　皈依佛门

25　　第三讲　求学之路

37　　第四讲　潜往边关

47　　第五讲　偷渡国境

57　　第六讲　边关被擒

67　　第七讲　险象环生

77　　第八讲　身临绝境

89	第 九 讲	被困高昌
99	第 十 讲	异国传奇
109	第十一讲	龟兹辩经
121	第十二讲	一波三折
135	第十三讲	化敌为友
147	第十四讲	走进印度
161	第十五讲	佛影谜踪
173	第十六讲	巴国奇闻
187	第十七讲	真假女国
199	第十八讲	在劫难逃
209	第十九讲	绝处逢生
221	第二十讲	佛陀故乡
235	第二十一讲	情怯圣境

249　第二十二讲　求学奇缘

261　第二十三讲　雁塔传奇

275　第二十四讲　何去何从

287　第二十五讲　宗派之争

299　第二十六讲　论战因缘

313　第二十七讲　双雄斗法

329　第二十八讲　生死决战

343　第二十九讲　危机重重

357　第 三 十 讲　东归轶事

371　第三十一讲　游子还乡

383　第三十二讲　会见太宗

399　第三十三讲　魂系真经

409　第三十四讲　弥勒真相

419　第三十五讲　晚年风波

431　第三十六讲　法师圆寂

445　参考书目

447　后记

第一讲

玄奘身世

古典小说《西游记》中，对玄奘身世的描写充满了传奇色彩——玄奘的父亲经历了金榜题名、洞房花烛的喜悦，又遭遇了月黑风高、抛尸江底的惨剧，使玄奘尚未出生就开始经受磨难。但历史上真实的玄奘有着怎样的身世呢？小说中的描写是凭空杜撰，还是有所依据？是什么样的人生经历，使他敢于跋涉往返十七年，远去西天取经？

唐僧师徒四人西天取经的故事几乎人人都知道，但与孙悟空、猪八戒、沙和尚这三个徒弟不同的是，唐僧在历史上确有其人，是唐朝时一个伟大的僧人，俗名陈祎，号称玄奘法师，又称唐僧。他曾跋涉十多万里，历时十七年，远赴印度取经，并著有《大唐西域记》，是中国乃至世界历史上一位伟大的旅行家、翻译家和佛学家。

按照历史记载，在一千四百年前的唐朝，玄奘孤身一人远行万里，翻过雪山，穿过沙漠，到了遥远的印度，九死一生，说他是伟大的旅行家那是毫无疑问的。

说他是伟大的翻译家呢，那就更没有争议，因为他一个人翻译或者主持翻译的佛典达到了一千三百余卷，而且翻译佛典是一项非常艰难的工作，因为他是将其从梵文——现在公认最复杂、最困难的一种语言——翻译成中文，由金陵刻经处（今南京市内）汇集出版的玄奘译著全集多达四百册，那就远远不是著作等身，而是超身了。同时玄奘还做过一件不同凡响的事，按照记载，他不仅把佛典从梵文翻译成中文，还把老子的《道德经》和一部中国僧人用汉语撰写的佛学著作《大乘起信论》翻译成梵文。很可惜，这两部译著我们现在无缘得见，但是有记载表明玄奘曾翻译过。

说他是伟大的佛学家，那也没有什么好争议的，他创立了法相唯识宗，是开宗立派的一位佛学大师，更不必说他从遥远的印度,当时佛教的中心,带回了很多新的佛教理论、佛教思想。

但是很少有人称玄奘为伟大的文学家。且不论他是不是伟大的文学家,有一点是非常明确的——如果没有玄奘,没有玄奘西行的激发,我们今天所拥有的四大古典小说名著中,肯定不会有《西游记》。所以即使我们不能说玄奘是一位伟大的文学家,他也是一位对中国文学史上有着非常重大影响的人物。

也正因为如此,古往今来,古今中外,很多人都对玄奘有着极高的评价。杰出帝王唐太宗曾经说"有玄奘法师者,法门之领袖也",并形容他为"只千古而无对",也就是说千古无双,像他这样的人物千年只有这么一个。鲁迅先生在《中国人失掉自信力了吗》这篇重要的文章当中也曾经说过:"我们从古以来,就有埋头苦干的人,有拼命硬干的人,有为民请命的人,有舍身求法的人,……虽是等于为帝王将相作家谱的所谓'正史',也往往掩不住他们的光耀,这就是中国的脊梁。"这"从古以来"的这些人中,毫无疑问包括玄奘在内。在国际上,对玄奘的评价同样也是非常崇高的。有些学者说,印度历史欠玄奘的账,是怎么算、怎么估量都不会过分的;有些学者更明确表示,如果没有晋代的法显、唐代的玄奘、明代的马欢,印度的历史是无法重建的。因为印度这个民族的文化与我们的汉民族、汉文化不太一样,他的历史观念和时间观念都和我们有很大的区别。

玄奘俗名陈祎,又称唐僧,他跋涉十多万里,历时十七年,远赴印度取经,并著有《大唐西域记》。玄奘的西行之路,被现代人认为是一条由信念、坚韧和智慧浇铸而成的求知之路,是一个民族胸襟开放、海纳百川的真实写照。享有如此赞誉的玄奘,到底是一个什么样的人呢?

这样一个伟大的人物,我们要讲述他的身世,不妨将脍炙人口的小说《西游记》和大量关于玄奘的历史记载结合起来,一起神游千年之前,万里之外,追随他的西游历程。

在小说《西游记》中,孙悟空也好、猪八戒也好、沙和尚也好,连唐僧骑的这匹白龙马,来历都交待得非常清楚,唯独这个表面上的主要人物,这个旅行团或说取经团的团长玄奘,他的身世和出身却没有什么交待。直到《西游记》第十一回,讲到有三个大臣奉唐太宗之命,在全国挑选一名有德行的高僧担任当时中土的佛教统领,最终选定了玄奘,此时《西游记》中才非常突兀地出现一段话:

> 转托尘凡苦受磨,降生世俗遭罗网。
> 投胎落地就逢凶,未出之前临恶党。
> 父是海州陈状元,外公总管当朝长。

作为诗歌来讲这不是一首很高明的诗,但是它传达了几点关于玄奘身世的信息。第一,玄奘多灾多难,从降生开始就蒙难逢凶,历经磨难,遭受了很多常人不能想象的苦难。第二,玄奘的父亲是海州陈状元,而他的外公总管朝政,是相当于丞相一级的人物。

《西游记》只在第十一回,才出现这么一段关于玄奘身世的非常突兀的话。读者诸君也许会以为，自己看书不仔细，漏了前因，再翻回到前页，欲查明因果，但又遍查不着，因为书中原本就没有交待。而只有在人民文学出版社的《西游记》里，在第八回"我佛造经传极乐观音奉旨上长安"和第九回"袁守诚妙算无私曲老龙王拙计犯天条"之间，非常独特地插进了一个附录。这是当时整理此书的几位学者别具匠心的安排，因为他们发现，在《西游记》里对玄奘的身世和家世都没有交待，而突然在第十一回出现了这么一段话，令人无法理解，所以就把另外一个版本西游取经小说中的一大段内容插进来作为附录。

这个附录也有一个标题，叫"陈光蕊赴任逢灾江流僧复仇报本"。标题中出现了两个人物，一个是陈光蕊，一个是名叫"江流"的僧人。这个附录恰恰是非常完整地记述了玄奘的父母、玄奘的出身和他所遭受的磨难，以及他报仇的整个历程。毫无疑问这是民间传说，与历史的真实记载有一定差距，但我们不妨以此为发端，再结合历史记载，来了解玄奘的身世。

这个附录中提到，贞观十三年（639年），唐太宗李世民接受魏徵提议张榜招贤，遍求天下贤才，辅佐他创建大唐的基业。招贤的消息传到海州，海州这个地方有一个年轻的读书人，名叫陈萼，字光蕊，就是玄奘的生身父亲。海州这位陈先生看到了唐太宗招贤的榜文，回家以后就对他的母亲说，儿是读书人，想去应考，如果侥幸考中了，可以光大门楣，封妻荫子。这是中国传统读书人非常典型的一种信念，出身书香门第的陈母当然非常支持儿子的远大理想，于是陈光蕊就赶到长安参加了这次考试。

按照传统民间传说的套路，不难想见，第一，陈光蕊百分之百地考中了；第二，他一定是中的状元，一定由唐太宗御笔钦点，这就有了第十一回所谓"海州陈状元"。按照中国的科举制度，第一名叫状元，第二名叫榜眼，第三名叫探花，依礼节他们要骑着高头大马，披红挂绿游街，接受众人的祝贺。海州陈状元，也就是玄奘的生身父亲，便照例骑着高头大马，在乐队的伴奏之下游街。当时他还是未婚之人，年轻才俊，这一游，就游出一段美好的姻缘来。

一般来说，陈状元这一路不会无目的地乱游，他走着走着就来到了当朝丞相殷开山的相府楼下。殷丞相家有小姐，名叫温娇，据《西游记》里讲，生得"面如满月，眼似秋波，樱桃小口，绿柳蛮腰"，真所谓"沉鱼落雁之容，闭月羞花之貌"。这位小姐还有个小名叫"满堂娇"，也就是济济一堂的人就属她娇美。倘若这位小姐如平素一般身处深宅大院，陈状元再怎么遛马游街也见她不着。但那天恰好这位殷小姐在抛绣球招亲，而状元游街的消息，身为当朝丞相的父亲想必已经通知了小姐，因此当日温娇小姐正站在彩楼上等着状元郎骑马到来。

在真实的历史当中，玄奘父亲是品貌非常端正的一个人，据《大慈恩寺三藏法师传》记载，他"形长八尺，美眉明目"。如果按三尺为一米推算，玄奘的父亲几乎要达到两米六七，比现在的篮球运动员还要高，当然这不能当真，因为古代尺的长度与现在的不同，但是个子高大是一定的。见到这样俊美的状元郎，殷小姐当然内心窃喜，就瞄准陈光蕊把绣球抛了下去，陈光蕊抬头一见是殷小姐，这桩姻缘便成了。接着就从相府楼上下来几十个丫鬟，拉住陈光蕊的马头，将他连人带马牵到府里去，当即拜堂成婚。洞房花烛夜，新科状元娶了丞相之女，成就一段完美的传说。

到此为止，与玄奘身世相关的信息已经出现了四个：第一，玄奘出生的年份，有说为贞观十三年，即玄奘父母成婚之年；第二，玄奘有个奶奶，即陈光蕊之母，姓张；第三，玄奘的外公是当朝殷丞相；第四，玄奘的母亲叫殷温娇。

《西游记》中描写玄奘的父亲是个"美眉明目"的状元郎，母亲是位"绿柳蛮腰"的丞相之女，那么历史上真实的玄奘又是怎样的出身呢？玄奘的身世与传说中是完全不同，还是有着某些相似之处呢？

但是根据历史上的真实记载，玄奘的身世与上面所说的传说有点差距。

首先，玄奘的确是出生于一个名门望族，祖籍颍川，也就是今天的河南许昌。而且玄奘也的的确确是个高干子弟，在历史记载中存有他家的世系——颍川陈家是汉末太丘令陈仲弓之后，玄奘的高祖是北魏清河太守陈湛；他的曾祖陈钦，也叫陈山，是北魏的上党太守、征东将军，封南阳郡开国公；他的祖父陈康因为学业优秀出仕北齐，官至国子博士、国子司业和礼部侍郎，相当于国立大学的副校长或教务长，虽然不能与明清时期的礼部侍郎相提并论，但也是一个非常有名望的官员。

而就在陈康这一代，陈家从祖籍许昌迁徙到偃师缑氏县，玄奘就出生在当地，他的故居今天还在，就是位于现在缑氏镇凤凰河谷谷东的陈河村。玄奘的父亲叫陈慧，并不是状元，但也是一个学业非常出众的人,曾经被举孝廉,当过江陵陈留的县令。也就是到了玄奘父亲这一辈,陈家实际上已经从高级干部降到了中层干部,家道开始中落。玄奘的外公也远非当朝丞相,而是洛州长史,也属于地方政府官员。玄奘的母亲即是长史之女宋氏,虽不是丞相之女,也是官宦人家的小姐。至于玄奘的祖母,则未有记载,不知是否张太夫人。

这就是历史上关于玄奘家世的真实记载。

看来《西游记》中对玄奘父母的描写还是有点依据的,只是进行了艺术的夸张。但是《西游记》中所说的玄奘出生的年份,却是完全错误的,那么历史上真实的玄奘究竟出生在哪一年呢?

海州陈光蕊中状元之后娶了殷小姐,按当年怀孕当年生子算,玄奘应该生在贞观十三年。民间传说历来如此,可以将抛绣球招亲记载得非常详尽,在需要精确的地方却往往大而化之。其实这种说法肯定是错误的,历史上玄奘的出生年月,在此需要作一番考证。

他出生在哪年,我们不得而知,因为当时他还只不过是一个县令之子,并且他的父亲很早就去世了。但是当玄奘去世的时候,他已经是一个名满天下的人物,在唐朝受万众敬仰,所以他去世的年份我们是知道的,除了《旧唐书》本传以外,都说他是圆寂于唐高宗的麟德元年(664年)。如果我们知道玄奘活了多少岁,做一个加减法就可以倒推出玄奘的生年。但是很不幸,虽然有大量关于玄奘的历史记载,但是对于他的享年居然有四种说法,分别是五十六岁、六十三岁、六十五岁和六十九岁,每一种说法背后都有一定的文献依据,也都有像梁启超这样非常著名学者的支持,这就使问题变得复杂起来。现在学术界一般认为玄奘在人间生活了六十五个春秋,这样一倒推,他的出生年份应该是公元600年。这个年份不是贞观十三年,更不是什么唐朝的年份,而是隋朝开国皇帝文帝的开皇二十年。

玄奘的生父陈慧因为隋朝的政治腐败,很早就辞官在家。由于他对儒家的经典都非常熟悉,因此亲自教育玄奘,给他讲授儒家的经典。玄奘从小就非常聪明好学,有一天父亲给他讲《孝经》(当时很多名门望族教育孩子的启蒙读物是《孝经》),讲到第一章"开宗明义章"中曾子"避席"回答老师提问:

仲尼居,曾子侍。子曰:"先王有至德要道以顺天下,民用和睦,上下无怨,汝知之乎?"曾子避席,曰:"参不敏,何足以知之。"

曾子是孔子的学生之一,古人都席地而坐,避席就是站起身来,不坐在席子上。按照礼仪,"师有问",弟子应当"避席起答"。当听完父亲解释这一段意思时,年方七八岁的小陈祎突然也站起身来避席,他的父亲觉得非常诧异,玄奘便答道:"曾子闻师命避席,某今奉慈训,岂宜安坐?"(老师发问,曾子避席站起来回答,现在我受父亲教诲,又怎么能安然坐着呢?)这段话被史籍记载下来,证明玄奘能闻一知十,"早慧如此"。

回到《西游记》第十一回，为什么会突然讲到玄奘历经磨难，又用如此悲切甚至令人不安的诗句来描写玄奘的降生呢？这在真实的历史之中没有记载，但记载民间传说的《西游记》第八、第九回间附录中却有提到。

《西游记》第八、第九回间的附录中写到，玄奘的父亲中了状元，又被当朝丞相之女殷小姐的绣球打中，金榜题名，洞房花烛，正是得意之时。次日一早，唐太宗即召集官员开会，授予状元郎江州州主之职，令他即刻上任。陈状元接到圣旨后便带着新婚的殷小姐回老家海州去接张太夫人。张太夫人见到儿子娶了一个美貌的相府千金，还高中了状元回来光大门楣，自然非常高兴，便跟着夫妻二人和一众仆从到江州去上任。而玄奘父母的磨难、玄奘降生的磨难，在民间传说当中也就从这一刻开始了。

话说张老夫人随着她的儿子与儿媳千里赶路，途经一个地方叫万花店，在当地一家客栈住下，客栈的主人叫刘小二。老太太由于旅途劳累而染病，暂歇在客栈，陈状元是个孝子，见母亲生病非常着急，就赶到市场上，用一贯钱买了一条金色的鲤鱼，准备熬汤给老太太补补身子好接着赶路。正要把鱼杀了拿去熬汤的时候，突然发现这条金色鲤鱼直冲他叭嗒叭嗒地眨眼，陈状元见多识广，马上想起当时有句话，叫"鱼蛇眨眼，必不是等闲之物"，觉得这条鱼非同一般，于是赶紧问那个卖鱼的人，这条鱼从何而来。渔夫答说是从附近的洪江捕上来的，陈状元便赶到洪江江边把这条鲤鱼放生了。稍后回到刘小二的店中回禀给老太太听，老太太见儿子有慈悲心，也非常欣慰，又跟陈光蕊商量说，不要误了去到江州赴任的日程，还是带着温娇先走，留下点盘缠让她在刘小二的店里安心养病，待二人到得任上安顿好之后，再派人来接她不迟。陈光蕊一想，这也不失为一个妥当的处置办法，便按照老太太说的，留下盘缠安顿好她之后，带着自己新婚的妻子温娇先行到江州上任去了。

谁知道，这一走就走出一段天大的祸事来。

陈光蕊带着夫人到了洪江口渡江，正好遇见两个船公，一个叫刘洪，一个叫李彪，二人靠摆渡为生。看到非常美丽的殷小姐，刘洪就动了歹心，在月黑风高之夜，船摆渡到江心的时候，这两个人就先把陈光蕊的仆人杀了，然后把陈光蕊也打死，将两个人的尸首抛进了洪江。眼见丈夫被贼人谋害，殷小姐就要跳江随夫而去。刘洪的目的在于殷小姐，当然不会让殷小姐跳江，遂一把将她抱住，说："你若从我，万事皆休。若不从时，一刀两断！"这段话按现在的语言习惯乍听起来有点奇怪，事实上是威胁殷小姐如果不从将会身首异处。殷小姐当时已经有了身孕，无奈之下，只能假意顺从了刘洪。

两个船公之中，李彪是一个正常路数的贼，把陈光蕊和他的仆人杀了以后，分了点财宝，扒了几件衣服，然后等着下一个作案对象。而刘洪则是个很另类的贼，居然穿戴好陈光蕊的衣冠，拿了他的官凭文书，带了他怀孕的妻子，冒充陈光蕊的名字到江州去上任，当了陈状元该当的江州州主。

掉到洪江里的陈光蕊是不是就此死了？殷小姐能不能顺利地生下玄奘？玄奘又是如何为父母报仇的？请看下一讲"皈依佛门"。

第二讲

皈依佛门

《西游记》第十一回中说玄奘"转托尘凡苦受磨,降生世俗遭罗网。投胎落地就逢凶,未出之前临恶党",也许这一切坎坷遭遇都是小说中的杜撰,但有一点是接近历史真实的——玄奘确实是在年少之时就剃度出家了。玄奘出身官宦家庭,他为什么会年少出家?是什么样的机缘,使他执著于佛门求学?他又是在怎样的情景下剃度的呢?

话说陈光蕊和仆人的尸体被贼人抛入洪江后,仆人是很平凡的人,因此尸体抛下去之后便随江水漂走了;而陈光蕊是当朝状元,又是未来玄奘的父亲,非同寻常,所以他的尸体一掉进江里就沉在水中不动,也不随江水漂走。按照中国的传统民俗,无论是天上、地上,还是地下、水底,都有一套政府体系,基本上是人间的翻版。洪江底下最高的首长就是龙王,龙王手底下又有很多替它维持秩序的,有一个巡海夜叉,听闻噗通声响,见水上掉下个人来沉在那里不动,就回去报告龙王,龙王吩咐把尸体移来,一看之下,便认出他是新科状元陈光蕊。

事情发展至此,读者诸君想必已经猜到,龙王就是那条金色的鲤鱼,当年不知怎么被一个无知的渔夫弄上岸来差点给熬成鱼汤。现在龙王一见眼前是救命恩人,赶紧发正规文书,去到洪州的城隍和土地那儿问城隍老爷和土地爷取陈光蕊的魂魄。待魂归原体之后,龙王问起事情的原委,陈光蕊便把被害的过程说了一遍。龙王听后,遂让他服下海底的顶级美容产品——定颜珠,尸身留在水底几十年,可保容貌不变,以待来日还魂报仇。同时陈光蕊的魂魄既已归来,龙王便又就地安排给他一个水府都领之职,负责管理夜叉。

此时在岸上,刘洪已经带着殷小姐到江州去上任。看来这刘洪还真不是一般的贼,因为在《西游记》的这段记载中完全没有反映他当官不称职的文字,反而留给大家一个印象,就是他非常勤勉，勤于公事，酷爱出差，经常动不动就出差，而每逢他出差的时候，就会有很多事情发生。

一天，刘洪因公出差，殷小姐正逢临盆生产，疼晕了过去，在她晕倒在地的时候，突然耳边传来一个声音，直呼其小名"满堂娇"，自称是南极星君，是观音菩萨派来报信的，说她腹中的孩子乃是观音送子，来日必定声名非凡，绝非等闲，令她好好地把这个孩子养大，千万不要让贼人刘洪知道，否则他一定会杀害这个孩子。至于陈状元则已被龙王救了，将来一定有夫妻团圆、父子同聚的一天，切记切记。

温娇清醒之后，牢牢记下这些话，并生下了腹中的孩子，即未来的玄奘。玄奘出生后，刘洪出差归来，一看孩子相貌堂堂，自己贼眉鼠目，必非己出，便想把他淹死。殷小姐连声允诺，只道刘洪远行方归，暂歇一日，明天再淹死不迟。刘洪素来对殷小姐百依百顺，便也不反对。次日一早，按照殷小姐说的应该把玄奘淹死，但是刘洪又有个公差，火急火燎地跑了。殷小姐无奈之下，便找了一件衣衫，把刚生一天的小玄奘包起来，咬破手指写了一封血书，将婴儿父母的姓名和被逼送走孩子的缘由写在其中。写完以后，殷小姐又做了一件常人想不到的事情——她居然忍着巨大的悲痛，把玄奘左脚的小脚趾一口咬了下来，怕的是将来血书一旦被水冲走，孩子会杳无踪迹，咬下左脚的小指，好留下一个印记，方便将来找寻。做完这些以后，温娇就带着心腹丫鬟来到洪江江边，要把小玄奘抛到江中。玄奘毕竟不是一般的孩子，所以将要抛的时候，江面上远远地漂过来一块木板，殷小姐便把玄奘绑在木板上，让他顺流而下。

玄奘在江中漂流，最后漂到了金山寺，这是如今镇江一个非常著名的寺庙。金山寺有一位长老，叫法明和尚，正在那里打坐禅定。练禅之人到了最高境界，外面发生天大的事也与他无关。但是因为漂来的是玄奘，非同一般，玄奘漂到金山寺脚下，就在那里停下哇哇大哭。这个入定的法明和尚，居然在离江岸还有相当距离的方丈室里就听到了婴儿的哭声，一时心动，赶过去把这个孩子抱起来，收养在寺里，给他取了个名字叫江流，长大后还在寺中将他剃度为僧，取法名玄奘。

玄奘在这个寺庙里非常勤奋，学业精进，佛学修养大长。古代寺庙里有辩论的传统，虽然在如今汉地的寺庙中并不典型，但在藏传佛教中，如今的青海甚至内蒙古的喇嘛教寺庙里还保留有这种辩经的传统（北京的雍和宫也有），大家把彼此理解的佛法拿出来辩论，形成一种交锋，然后达到一个共同的理解。玄奘在寺庙里的辩论会中当然是常胜将军，一般人辩不过他。这个时候，寺里有一个酒肉和尚，平时也不好好读书，估计也是鲁智深之流，辩不过玄奘，发急了之后破口大骂，说玄奘是"业畜"，父母也不知，姓名也不知，就来寺里捣乱。

这里的"业"，是由一个梵文字 karma 而来，指个人的行为，尤其是前世的行为。骂人为"业畜"，就是说你是个前世没有做过善事的畜生，将有恶报。这话骂得非常下流也非常粗鲁，纯粹是因为辩不过玄奘而耍赖，但是这句话无意之间把玄奘的身世这层纸给捅破了。玄奘当然非常惊讶，就哭着去找他的老师法明和尚，那个得道高僧居然也还健在，无奈之下，就把血书拿给玄奘看了，也告诉了玄奘他的身世。

玄奘知道了自己的身世后，决心为父母报仇，但刘洪当时已经当上了江州州主，有权有势，而玄奘只是一个小和尚，他该怎么做，才能为自己的父母报仇呢？

玄奘知道自己的身世以后，就离开了金山寺，悄悄地去到江州衙门，找他的生身母亲温娇。这一天说来也巧，刘洪又出差去了，家里只有他母亲一人。温娇一看来人，简直就是一个再生的陈光蕊，一下就觉得这是自己的骨肉。玄奘又把血书给母亲看了，温娇便基本认定，这就是她当年所生的孩子，母子先抱头痛哭了一番。之后温娇又把玄奘左脚的袜子脱了，一看少一个小脚趾，便更是百分之百地确认了。她对玄奘说，我这里给你两样东西，一个是一只香环（古人戴的一种妆饰物），你带着它到离这儿一千多里的洪州那边，赶紧去看当年留在那里的你的祖母，不知道还在不在人间，要赶快去接她回来。另外，我这儿写了一封信，你赶紧到长安皇城里，金銮殿西边你外公殷开山丞相家，让他禀明唐王，发兵来擒杀刘洪，为你的父亲报仇，把你老娘救出虎口。这里原文是用了一个"老娘"，当然温娇那个时候应该是三十六七岁，还不是老娘，但是她自称"老娘"。

玄奘得了母亲的嘱托，就日夜兼程往北赶，先赶到洪州万花店，客栈的刘小二还在。问起当年是不是有这么一个老太太，刘小二答说是有，当年一个状元郎带着新婚娘子当官去了，当时说好把老太太留在这里一段时间，由他代为照看，谁想过了那么久都没人回来，这个老太太后来盘缠也没了，付不起店钱，现在她就住在一口破窑里。玄奘闻听此言，赶紧找到他的祖母。他祖母因为日夜思念儿子,眼睛已经哭瞎了,一听到玄奘的声音,马上就觉得好像是儿子光蕊,伸手把玄奘再摸一遍,也觉五官很像。玄奘当即把事情的来龙去脉全告诉了祖母,并当场发愿,念经诵咒(古印度有很多这样的咒,可以叫眼睛复明),还用自己的舌尖去舔祖母瞎了的眼睛(按照传统说法,由孝子贤孙去舔瞎了的眼睛往往有奇效),将祖母的眼睛舔得复明。老太太见是自己的孙子,高兴坏了,玄奘把她安顿好之后,便马不停蹄地直奔京城。

到了京城相府,温娇当年抛绣球的地方还在,外公也仍然位极人臣。相府门口有警卫守侯,不若万花店来去自如,玄奘遂将母亲交托的信文呈上,说有一个和尚亲戚,要拜见丞相。殷开山正在府中,自忖家里并没有和尚亲戚,说来也巧,温娇的母亲,也就是玄奘的外祖母,前天夜里正巧梦见自己朝思暮想的女儿和女婿托人送信来(在古代,僧人因为要云游四方,所以往往会充当邮差的角色,背着很多信,一路送过去,收信的人家常常会布施一点东西表示谢意,僧人便可以一路求学云游,物质上也有所保障),这时便赶紧请玄奘进来。玄奘就把母亲温娇给他外公殷丞相的信呈上。老人家读罢此信,想到自己乃是堂堂的当朝丞相,把女儿嫁给了一个新科状元去当官,天下居然有胆子那么大的贼,把我女婿杀了抛尸不说,还抢了我的女儿,去当我女婿的官,还一当就是十八年!丞相勃然大怒,第二天就禀明唐王,发兵六万直奔江州去擒拿刘洪。那么喜欢出差的刘洪,这天倒霉不出差,正在家待着,被里应外合抓了个正着,之后又顺带着把李彪也一并擒拿了。

接下来的一段当然也是民间传说,完全不符合一个高僧应该有的修养和胸怀。刘洪和李彪被擒后，先各打一百大棍，打个半死，再把李彪先钉在木驴上（木驴是中国古代一种非常残酷的刑具）千刀万剐处死了。对刘洪当然不会那么轻易让他死，就押到洪江江边当年他作案的现场，活剖心肝，祭奠陈光蕊。老龙王获悉后，赶快派夜叉把陈状元送回人间。服过定颜珠的陈状元的尸首被送出水面，慢慢漂浮过来，温娇一看是具浮尸，嚎啕大哭又要投江，被玄奘一把扯住，再一看，陈状元的手脚开始动弹，因为魂魄已经归体，不久便游了过来，一家团圆，皆大欢喜。

小说《西游记》中的这篇附录讲到这里，还留下一句很残酷的话，因为无论如何温娇是"失节"了，按照中国传统伦理，温娇几次三番要死，没死成，但最终还是"从容自尽"了，这是附录中非常残酷的一条。在民间传说中，在《西游记》的整个附录当中，这就是玄奘受难的整个过程。

小说《西游记》中的玄奘刚出生就被母亲无奈地抛入江中，因为被金山寺的长老收养，所以从小就当了和尚。但历史记载中的玄奘出身官宦家庭，他又为什么要剃度出家呢？

根据史料记载，玄奘走上学佛之路，是因为他的第二个哥哥长捷法师的影响。玄奘的父母大概在玄奘十岁左右时就已双双因病去世，玄奘便跟着他的哥哥到洛阳的净土寺开始学佛。

刚进寺的时候，玄奘还不是正式的僧人，只能做一个童子，但是他学习非常非常勤奋。在他十三岁的那一年，正好碰到历史上以荒淫骄奢著称的隋炀帝突发善心，隋炀帝信佛，当时派了一个名叫郑善果的大理寺卿到洛阳去剃度僧人，一共只剃度二七一十四位。在隋朝乃至隋唐时期，僧人的数量是受严格控制的，否则种田当兵的男丁都会缺乏，交粮纳税得不到保障，因此选拔僧人都要经过严格的考试。这个郑善果素以"有知士之鉴"著名，非常会鉴定人才。小玄奘当时才十三岁，据《大慈恩寺三藏法师传》的记载，当时他就磨磨蹭蹭，一直傍在考场的门口不肯走。郑善果主持完考试出门，看见一个相貌非常好的小孩，便问是谁家的孩子。依古时的习惯，自报家门要报足曾祖、祖、父三代，玄奘遂自呈为颍川陈氏之后。郑善果闻听，知他乃是名门之后，便问他是否想要出家为僧。玄奘答说愿意出家为僧，但是"习近业微，不蒙比预"，意思是说我学习佛法的时间很短，功力还很浅（这里的"业"并非恶业之"业"，而是指功力的意思），没有资格去考试，因为当时的考试有年龄限制。玄奘从小就很聪明，他不说自己岁数不够，而说自己是学佛日子短，功力浅，所以"不蒙比预"。

郑善果觉得这个孩子非同一般，便又问他为什么要剃度出家，剃度出家想干什么？玄奘的回答又是出乎意料的非同凡响："意欲远绍如来，近光遗法。"意思是说，从远的来讲，我要把如来即释迦牟尼的佛法继承下来；从近的来讲，我要把佛教发扬光大。郑善果素以善于鉴别人才著名，记载上也讲到，玄奘是非常漂亮伟岸的，在这样的情况下，郑善果既赏识玄奘的佛学修养，又"贤其相貌"，就破格开了一个公开的后门，准许他免考入围。当然考试委员会的其他人对此提出了抨击，因为整个洛阳只有珍贵的十四个名额，而郑善果却把其中的一个给了孩子，于是郑善果解释说:"诵业易成,风骨难得。若度此子,必为释门伟器。"

古代考和尚分为两种,一种是看被考者能够默写多少纸佛经,当时的佛经是抄写在纸卷上的,能够默写多少纸佛经,这是一个标准。另一种是考能抄写多少卷佛经,也就是看识字多少,到底是不是读得懂佛经上的文字。郑善果说这句话的意思便是:文字记诵的工夫容易练成,但是天生的风骨难得,如果剃度这个孩子,将来他必然会成为佛门一个非常伟大的人物。这也证明郑善果确实有知士之鉴、知人之明,绝非浪得虚名。

剃去三千烦恼丝,了却凡尘入佛门。但玄奘剃度时只有十三岁,正是男孩子顽皮之时,少年玄奘和普通的男孩有什么不同之处呢?

玄奘在洛阳剃度以后,按照真实的历史经历,他当然没有在金山寺修行,也没有去找他的母亲,更没有一个位极人臣的外公,而是随着他的哥哥,在十九岁以前,一直在洛阳修习佛经。当时洛阳的寺庙极多,经常有一些高僧在这座寺庙开一个讲座,在那座寺庙讲一部经,所以玄奘就往来听讲,在洛阳这个非常浓厚的佛教氛围当中,飞速地集聚着自己的佛学修养,完善佛学方面的基础。历史上同时记载下来的还有对少年玄奘的一段评价:"备通经典,而爱古尚贤,非雅正之籍不观,非圣哲之风不习;不交童幼之党,无涉阛阓之门;……少知色养,温清淳谨。"也就是说他从小就读了很多的经典,非儒家雅正之书不看,而且从小就有一种非常有志向、非常成熟的表现,不交童幼之党,也不去那种热闹的地方瞎看,并且性格非常的温和、纯朴、谨慎。

很快,少年玄奘就在洛阳的佛学圈里声名大起,整个洛阳都知道有这么一个非常年少、由郑善果破格剃度的僧人,佛学上的确是有天才。

小小年纪的玄奘,后来是怎样通过自己的努力成为一代高僧?他又是怎样在心中酝酿起西行求法的念头呢?请看下一讲"求学之路"。

第三讲

求学之路

剃度后的少年玄奘刻苦好学，十几岁时就在佛学上取得了显著的成就。当时正值隋末唐初的动荡年代，但为了求得佛学的真谛，玄奘下四川，上长安，辗转求学。当时的长安是怎样的景象？玄奘在长安又遇到了什么人，使他下定决心要去西天取经呢？

玄奘十三岁时，因非常偶然的机会剃度出家，随后，非常好学的他便把全部精力都投入到佛典的学习上。按照已有的记载，他先从景法师那里学习了一部《大般涅槃经》。这部经现在有梵文本，名字叫 Mahāparinirvāṇasūtra，主要讨论佛性问题，讲的是涅槃。"涅槃"这个概念并不陌生，例如我们知道有"凤凰涅槃"这样的说法。所谓"涅槃"，梵文叫作 nirvāṇa，意即大灭度、大圆寂，是指人的整个生命历程中，在世俗间所受的苦难像油尽的灯草一样熄灭，并随之得度，到达另外一个世界，摆脱了次生的苦难，达到一种非常圆满、内心非常平静的境界。

这部《大般涅槃经》便是讨论佛应该具备哪些品质，什么样的人才能具备成佛的品质。它是玄奘正式拜师学习的第一部经，因此对他的影响非常之大。玄奘后来西游的目的之一，就是探究佛性问题、探究涅槃的可能性，也就是说，他出家之后正式从师学习的第一部经典，就为他日后西游种下了一颗求知的种子。

紧接着，玄奘又跟从严法师学习了第二部经——《摄大乘论》，这是一部把大乘佛教所有经义汇集起来的重要佛典，也就是通过这部佛典，玄奘开始初步而又比较全面地学习了大乘经义。而他在佛学领域正式拜师获得开蒙，也恰是通过景法师与严法师。

寺庙在如今的概念当中功能似乎比较单一，若非善男信女或佛教信徒初一、十五烧香之地，便为民俗方面办丧事做道场所用。而在隋唐时期，佛寺的功能要远比现在丰富，它可以是某一个社区的精神文化中心、文化生活中心，甚至娱乐生活中心。中国现存最古老的剧本，恰恰是部佛教剧本。而且寺庙在当时还充当着许多别的角色，现在看起来可能有点匪夷所思——例如它还从事典当业务，设有长生库，谁家有些用不着的东西，可以典当到佛寺里换取金钱。

东都洛阳佛寺众多，所以据历史记载，玄奘十三岁出家，一直到十九岁之前，都完全生活在洛阳非常浓郁的佛教氛围中，没有离开过一步。当时洛阳每个寺庙都有不同的著名法师登坛讲法，玄奘便涵泳其间，往来求学，到十九岁时已经小有声名。

也许是玄奘的悟性高，也许是玄奘的佛心诚，年仅十九岁的他已经在佛教上取得了显著的成就。但是大家都知道，玄奘取经是从长安出发的，是什么原因，使在洛阳已经小有名声的玄奘要奔赴长安呢？

在玄奘十九岁的时候，也就是公元618至619年间，隋朝的暴政引发了大规模农民起义，东都洛阳及其周围的一些地方成为战场。由于战乱，玄奘在洛阳是待不下去了，便与他的二哥长捷法师一起西奔长安。

根据记载，当时玄奘劝他哥哥前往长安时曾说："听说有唐王爱民如子，除暴安良，虽然洛阳是我们的父母之邦，但我们还是应该去追随唐王。"这种说法可能是后人增补进去的，因为他们到达长安后并没有停留很久，但后来唐太宗对玄奘非常推崇，按照《西游记》的说法，唐太宗还和玄奘"拜为兄弟"，此后玄奘便以

"御弟"自称,这虽然与历史未必相符,但唐太宗非常推崇玄奘是确定无疑的。

玄奘与他哥哥一起西奔长安后,由于中原扰乱,"京师未有讲席",缺乏修业的条件,所以他们没有在长安停留太长的时间。当时大量的高僧纷纷进入四川,来到相对安宁的蜀地,因此在隋唐之交,四川这个当时还并不十分发达的地区,一跃成为佛教学术的中心,众多名僧大德都在那里讲学、授徒,住持寺庙。

经过长途跋涉,在大约二十岁时,玄奘也到达了成都。根据记载,在这段旅程中,玄奘也是一路求学,这种好学的精神,在他身上得到了充分的体现。到了成都以后,玄奘更是如饥似渴地学习佛典。他的声名原本只在洛阳传扬,而当四川形成一个佛教中心,全国各地的名僧都从四面八方汇集而来时,玄奘的声名又进一步在佛教界内传扬开来,并得到一些高僧的高度赞扬和认可。当时四川有一位非常著名的高僧道基法师,曾称赞玄奘说,我讲学多年,"未见少年神悟若斯人",一个少年僧人能得到高僧如此称赞,应该是不多见的。

玄奘十三岁剃度,但那只是走入佛门的第一步,要成为一个高僧,还有更重要、更难过的第二关:受戒。那么受戒都有着哪些严格的要求和复杂的程序呢?

玄奘出家八年以后,到了二十一岁才正式受戒,受"具足戒"。如果打个不恰当的比喻,只有到那个时候,才是大学本科毕业,才算成为一个非常正式的僧人。所谓"具足戒",是指使一个人完全具备成为"比丘"的资格和条件，这是一个非常繁复的戒律，有一定的仪式。

离江流和尚漂流而至的金山寺不远，在镇江宝华山上有一座寺庙叫隆昌寺，可能是中国唯一没有佛像的寺庙，而且也没有山门，只有一扇非常小的偏门，小到什么地步呢，现代社会里吃得太胖的人恐怕过不去。这个寺庙在当时好比是佛教的哈佛，中国乃至东南亚的好多方丈、住持，都是在这里受具足戒而正式成为僧人的。如果去隆昌寺看一下就可以知道，受具足戒这一关并不是那么好过的，不像想象中那样仅仅把头发剃掉，或在头上烫几个香疤，只是疼一下，凭足够的毅力可以做到；而是设计有一条非常长的过道，过道内光线并不充足，或明或暗，一直延续几百米长。穿越过道时，各人必须在其中默念，是否还隐瞒了一些亏心事，是否具备了成为一个僧人的条件，是否已经准备好去承担弘扬佛法的职责，……就这样缓慢行进，一直走到过道尽头的戒坛处。戒坛是汉白玉所造，体积很大，按照授具足戒的规矩，上有三位法师，一位负责授戒，叫"戒和尚"；一位指导在场做法，叫"教授师"；还有一位具体负责剃发燃香，叫"羯磨师"，同时还有七个证人在场。读者诸君可以想象一下，你经过长长的忽明忽暗的过道，突然一冒头，见到一个非常庄严的汉白玉戒坛，上面坐着一些非常严肃的老法师和给你授戒的和尚，有的手上拿着明晃晃的剃刀，你会有什么感觉？还有各种诵经的仪式，是一种非常庄严肃穆、直接震撼内心的场面。这套仪式一直到今天都没有太大的改变。

具足戒对于比丘而言，一共有二百五十条戒律；对比丘尼则更为严酷，有三百多条戒律；而对一般居士来讲，则有受五戒或八戒之别。在《西游记》中，只有唐僧是受过具足戒的，具备成为一个真正大法师的资格。至于猪八戒，之所以叫"八戒"，据唐僧说："你既是不吃五荤三厌，我再与你起个别名，唤为八戒。"可见那不是严格意义上的受戒称呼。

如今如果诸位到哪座寺庙去参观或到某个法物流通处，想要请两部佛经带回家去阅读修行，便会发现有些书是不能"请"的，这些不能"请"的佛经就是"戒"。各种戒本下面都会注明"在家人勿看"五个字。也就是如果你不出家，这个戒律是不能"请"回家去看的。因为我的专业是佛学研究，所以我虽然没有出家，这些戒本还是近水楼台都读过，其中有些戒条之严酷、对僧人的要求之高、对他修行的规定之严格，是匪夷所思的。尤其对比丘尼而言，戒律规定之严密，完全不是我们所能想象的。这些戒律从佛教学养、僧人间的日常团体生活、个人修行、生活细节，乃至于细到如何喝水，都一一作了严格的规定。

玄奘在二十一岁的时候受了具足戒，便也从那一刻开始，发誓遵守二百五十条戒律。直到这一天，他才被国家作为僧人登记在册，获发正式的度牒（即当和尚的凭证），成为一个官方认可的僧人。在唐代的均田制没有崩毁之前，每个登记在册的僧人，还可以获得国家分配的三十亩地。

受戒之后的玄奘，佛学的道行更加高深，在四川也更有名望。此时，他完全可以继续在四川研究佛学，享受一个高僧的待遇，是什么样的机缘，使他一定要再赴长安呢？

玄奘在四川的十五年间，一直与他的哥哥长捷法师齐头并进（当然长捷法师后来的声望远不如玄奘），当地的官员都非常器重这对兄弟，称之为"陈门双骥"，当时留下的记载之中，评价兄弟二人为"吴、蜀、荆楚无不知闻"。玄奘在四川时，也完成了他作为一个僧人生命历程之中非常重要的几件事情：第一，他最终在四川受戒，获得了官方承认的僧人资格；第二，他与他的哥哥一起，在一个非常大的佛教学术中心范围内，得到了众人的认可，完成了自己的一次飞跃。

　　如果玄奘满足于此，他完全可以就此在这个天府之国安居下来，但玄奘毕竟是玄奘，他不甘心于此，决定离开四川重返长安。这其中想必也有几重考虑：第一，长安毕竟还是唐王朝的国都，于政治、文化乃至佛教，都具有它不可替代的地位；第二，要成为一个具有全国性影响力的僧人，仅仅扬名在吴、蜀、荆楚这些南方之地，肯定是不够的。

　　这其中也可反映出玄奘兄弟二人气度上的不同。他的哥哥在四川当地声名鹊起之后非常满足，不打算再回长安，并屡次劝阻玄奘，让他安心留在四川。但玄奘在二十四岁那一年，终于不顾兄长的劝阻，与商人结伴，泛舟而行，绕道往长安方向走去。

　　在历史上，佛教与商人的关系是非常微妙和复杂的，这不仅限于中国。首先，佛教基本上是根据商路传播的；其次，佛教徒也非常愿意和商人结伴而行，因为商人往往是以商队方式行进，在长途跋涉中，不但带有较为充足的给养，例如粮食、水、钱财等，还会带有一定的自卫武装，所以佛教徒出于便利和安全的考虑，往往喜欢与商队结伴而行。

我的老师季羡林先生曾经写过一篇非常有意思的文章，叫《商人与佛教》，有十余万字之长，恰恰是从佛教的律藏中找到很多记载，揭示了僧人与商人之间非常微妙的关系。论地位，僧人是精神导师，地位自然比商人要高，但是实际上佛教戒律中有许多规定大家可能想象不到。譬如当僧人和商人一起出行的时候，僧人去取水必须后于商人；僧人方便之时必须处在商人的下风口，甚至僧人要"纵气"——当然这是一种文雅的说法，俗话就是放屁——为了防止熏到商人，也必须站在下风，僧人实在憋不住要纵气，还得先看看风向。

在佛教的律藏当中，还留下了许多类似的记载，例如因为僧人享有免税指标，所以结伴旅行的时候，僧人甚至会帮着商人来做一些越关的事，比如过关的时候将两匹缎子交给僧人来背，算是僧人自用的，便可免去关税。总之，从佛教史来看，僧人和商人的关系是非常复杂的，与我们日常的想象迥然不同。

当时，玄奘便是和商人结伴，泛舟离开了四川。先到达荆州的天皇寺，在当地受到一个王爵的赞助，设坛开讲，讲授他从前所习得的《摄大乘论》和《阿毗昙论》等佛经，连讲三遍，听者如云，奠定了他作为一个讲经师的声望。

在二十五岁这一年，玄奘还得到了当时中土一位顶尖大师济源法师的极高评价，对于年轻的他来说尤其显得重要。当时他见到了德高年劭的济源法师，当时济源法师已年逾六旬，在那时算是高寿，见到玄奘之后，据记载称"执礼甚恭"，即非常地恭敬，在与玄奘讨论佛法后，他感慨地泣叹道："岂期以桑榆末光，得遇太阳初耀。"意思是说，以我六十多岁的桑榆晚景、风烛残年，居然还有幸遇到初次散发万丈光芒的太阳。年轻的玄奘获得高僧这样崇高的赞誉之词，自然立刻就在佛教界传播开了。

很快，玄奘进入了长安，在那里，他并没有满足于自己在佛教界已经得到的崇高声望，而是继续学习佛典。根据当时留传下来的记载，玄奘在二十六七岁时已经获得一片赞誉之词，凭苦学成为了一个"释门伟器"，当年郑善果对他的预言已经成为一个不可否认的事实。

唐朝时候的长安，它的国际化程度，老实说是我们今天的北京、上海，甚至香港都无法比拟的。长安完全是一个多民族、多国籍游子的云集之所，是当时世界上最为国际化的大都市。不仅有突厥人、鲜卑人和印欧白人的存在，而且还有黑人，例如在陕西出土的许多唐代墓葬可以证明，当时的好多官家小姐，例如裴氏小娘子，也就是裴家丞相的女儿，身边就用了大量的黑奴。当时酒店的女服务员，也有大量来自东亚的，有句著名的诗就叫"胡姬年十五，春日独当垆"，当时所奏的音乐，也有很多是来自新疆甚或境外更远地区的。

玄奘来到长安时，恰逢一位名叫波罗频迦罗蜜多罗的印度名僧在当地讲经，好学如玄奘者，当然马上前去听讲。唐代时候的印度佛教虽不能算处于完全的高峰，已经有点衰落，但瘦死的骆驼比马大，还是有很多佛教的精微学说，由印度的僧人带进中国。玄奘的这次听讲，用一个不那么恰当的比喻来说，就是"放眼看世界"，从佛教发源地的名僧那里，一下子感受到了印度作为宗教圣地的魅力，拓宽了自己的视野，令眼前敞开了一片新的佛学园地。于是他立刻结侣陈表，召集一些志同道合之人，准备结伴向西方印度而行，并立即递上申请表——但是，"有诏不许"。

在《西游记》中我们看到，唐僧是受到唐太宗的赏识被特意派往西天去取经的，而历史上的真实情况却是，玄奘根本得不到西行的批准，当时的唐王朝为什么不允许一个僧人西行取经呢？

玄奘最初准备西行求法之时，正是唐朝刚开基没多久，国基未定，国政新开，是禁止国民出境的。虽然唐朝的许多高官实际上都是胡人或非汉族人，譬如众所周知，李世民的家族就并非汉族；安禄山是"杂种胡"，他的名字"禄山"本就是外文，意为"光明"；高仙芝是朝鲜族人，其他如史思明、长孙无忌、尉迟敬德等恐怕也都不是汉族人。虽则如此，在国基未定之时仍然禁止国民越境，所以"有诏不许"。玄奘西行求法的请求没有得到官方的许可，也没有得到"过所"（即今日之护照，古称"过所"，在敦煌、吐鲁番等地均有实物出土）。当时没有官家公文出境就等于是偷渡，因此在得不到"过所"的情况下，玄奘的旅伴都退缩了，惟独他不屈不挠，仍然准备西行求法，到遥远的印度去探求佛学的真谛。

玄奘开始有意识地到处去找老师学习梵文。当时从长安去印度，途径我国新疆及中亚、西亚。由于于阗（今新疆和田县）有于阗语，焉耆（今新疆焉耆）有焉耆语，楼兰尼雅（今新疆巴音郭楞蒙古自治州境内）讲的又是另外一种语言，无法沟通，而当时的梵文则有点像后来中世纪欧洲的拉丁文，实际上是某种通行语言。所以玄奘在长安四处找梵文老师学习梵文。

与此同时，玄奘也非常清楚，西行之路充满艰险，对西行者的体力乃至精神都有严酷的考验，因此他也开始有意识地加强体力上的锻炼，跑步、登高、骑马。其次，还要尽量开始少喝水，因为他知道，西行一路都是沙漠，找水非常困难，必须要事先调整好自己的身体状况。我们现在所见到的玄奘西行的形象，大多是他身背一个类似登山包的形象，而并非手持锡杖。那个登山包中便存放着他沿途的生活必需品，包括露营用具和种种琐碎的东西，例如僧人为了防止喝水时将水中微生物一并喝进肚子造成无意间的杀生，必须随身携带过滤网，按佛教戒律，僧人不带滤网不得离开居住地超过二十里，而这样的滤网制作起来也并不简单，要用五尺的绢，将两头折叠，再在中间加上撑架。——无论精神还是肉体，玄奘都开始做各种各样的准备，下定决心，即使"有诏不许"，没有同行的旅伴，孤身一人也要远行万里到印度去，只苦于一直找不到合适的机会离开长安。

终于，在玄奘二十八岁那年（唐太宗贞观元年，627年），农历八月，长安周围霜降秋害，庄稼欠收，眼看明年首都便将有饥荒发生，皇帝便下了一道诏令，让聚集首都的众多人口四散各地就食，"随丰四出"，自由行走。玄奘庆幸自己遇上了这场霜降，便混在了成群结队离开长安四处就食的队伍之中，走上了他的西行求法之路。

玄奘到底能不能顺利地离开长安？在他离开长安以后，一路上又遇到了哪些困难？经历了哪些风波？请看下一讲"潜往边关"。

第四讲

潜往边关

在《西游记》中，唐僧是唐太宗的"御弟"，奉旨前去西天取经。然而，在真实的历史中，玄奘却是偷偷从长安出发的，但刚到凉州就被勒令返回。一心求法的他竟冒生命危险，继续西行，准备偷渡边关。

当时唐朝开国不久，局势并不那么稳定，用史籍上记载的话来讲，是"国政尚新，疆界不宁"。首先，唐朝和吐蕃（大致相当于今西藏）的关系相当紧张，吐蕃的军力非常强大，控制面也非常大，曾经一度攻陷过长安。其次，唐朝和北部突厥的关系也非常微妙，突厥部落经常入塞攻略城池，掠夺人口，唐朝正准备向突厥用兵。同时，新开国的统治者往往担心国内的劳动人口或可以充当兵源的壮丁人口会流失到域外去，在王朝新成立的时候都会发布"禁边令"。因此唐朝出于多种考虑，三令五申禁止国民出境。所以玄奘刚走到凉州，就遇到了一场非常严峻的考验。

当时凉州的最高军政长官——都督李大亮，自然也接到了禁止国民出境的命令，而就在这个节骨眼上，还有人向李大亮密报了玄奘到达凉州的消息，并称他有出境意图，史籍上记载的原话是："有僧从长安来，欲向西国，不知何意。"可见当时有很多人对玄奘西行出国的真正意图是不了解的。而当时玄奘身处凉州，正在李大亮的管辖范围之内，如若失职，唐王朝对于地方官员的问责和处罚都将是非常严厉的。因此，在得到这个消息以后，李大亮不敢掉以轻心，立刻派人找来玄奘，明确要求他打消西去的念头，并强令他往东返回长安。

返回长安就无法求得真经，而继续西行，一旦被捉，必受重罪严惩。在这种情况下，玄奘会如何抉择呢？

玄奘仍然坚信佛祖会保佑他这个虔诚的佛家弟子完成西行求法的伟业，决计不听从李大都督的摆布，下定决心潜往边关，从凉州再向西行，想办法找机会偷渡出境。

这样的念头想来都觉不易，要付诸实施更是谈何容易。在现实的历史之中，在这个关口，真正帮上玄奘忙的有两个人，第一个仍然是凉州都督李大亮，他虽然官职显赫，但因为政务军务实在过于繁忙，因此在勒令玄奘东返之后，并没有派人将他强行押解回长安，这就给了玄奘一个喘息的时间，在客观上起到了相助的作用，否则他西行求法的进程必将延后。

第二个就是当时河西佛教的领袖慧威法师。慧威法师当时的地位相当于凉州地区的佛教协会主席，非常能够体谅玄奘一定要西行求法的决心，他不方便亲自出面，便派了两个自己亲信弟子——慧琳和道整，给玄奘带路，悄悄护送他离开凉州。在这个当口，有人做向导是最重要的，有了慧威法师的关心和暗中的帮助，玄奘便悄悄地往西走，离开了凉州。由于在凉州刚刚露出一点口风，就被李大都督勒令返回，玄奘不敢再堂而皇之地往西走，改为昼伏夜行，白天休息，夜间赶路，在两个同伴的掩护之下，一路向西而去，小心翼翼地来到了瓜州（今甘肃安西县）。

不幸的是，在千余年前的唐朝，政府机关已经非常有行政效率，玄奘一到瓜州，就被瓜州刺史独孤达发现了。

独孤达发现有外来僧人到了瓜州境内，幸而他并不知道来者何人以及事情原委，也不清楚玄奘的西行打算，只把他当作一位从首都长安云游至此的高僧，欢天喜地以地方长官的身份予以接待，并布施给他许多东西。

玄奘吃一堑长一智，不明说自己将往西行，而是在瓜州向当地人打听，切实了解往西走的路。但是他很快就明白过来，要潜往边关偷越出境，实在是太困难的事情。

再往前走，首先就是一条大河，湍急无比，绝不可渡。这条河就是今天的葫芦河，现在的水流不那么大，当年应该非常充足，回族人称它为布隆吉河，是疏勒河的一条支流，也是西北的一条大河。这条河首先就过不去，就算能过去，前头还有一个玉门关，类似于现在的海关，没有官方证件肯定出不去。就算能出去，前头还有"五烽"，即五个以烽火台为核心的边防站，里面驻有守边将士，张弓搭箭，日夜值班，随时会捉拿偷渡出关的人，或者索性将来人乱箭射死。并且这五烽之间各相距一百多里，途中绝无水草。就算玄奘每次都偷水成功，连过五烽都没有被人发现而葬身箭下，前面还有八百里莫贺延碛。"碛"就是戈壁沙漠，一直要出八百里沙漠才能到达伊吾国（伊吾相当于现在的哈密，位于新疆东部）。玄奘一听到这样的消息，不免心中凉透，只觉前路茫茫，不知何时才能走到印度。

在唐朝，中外交通有着各种各样的通道，经西藏而行的叫"麝香之路"，主要运送的货物是麝香；也有"海上丝绸之路"，以运送瓷器为主；还有最重要也是最著名的"丝绸之路"。丝绸之路在唐朝分为三条，分别是北道、中道和南道，北道的行经路线为：伊吾——蒲类海（今新疆哈密地区巴里坤哈萨克自治县西北）——铁勒部——突厥可汗庭；中道的行经路线为：高昌——焉耆——龟兹（今新疆库车县）——疏勒（今新疆疏勒县）——葱岭；南道的行经路线为：鄯善——于阗——朱俱波——喝槃陀——葱岭，光听这些名字就瘆得慌。玄奘当时西行不比我们现在，我本人参加丝绸之路考古的时候后勤补给完善，有四轮驱动车，遇到危险可以随时救助，而即便这样，我们也是一路沿着边缘有路基的地方而行，都觉十分难走，对于当时的玄奘而言，就更加难不可当。

玄奘西行的时候，为了躲避关卡，是沿北道和中道交叉而行的，回程则差不多是沿南道而归，因此实际上是将丝绸之路的三条道都走到了，还捎带了一点"草原之路"（也是当时中外交通的主要管道之一），其中的困难和艰辛，我们不难想象。

就在这个当口，天雨偏逢屋漏，玄奘的马又死了。他屡受打击，束手无策，极其郁闷。据历史记载，当时他在瓜州逗留月余，无计可施，又决不愿往东归去，便逗留在当地。但就在他停留瓜州期间，又遇到了更大的麻烦事。

让玄奘意想不到的是，曾在不经意间帮过他的都督李大亮，这时却成了他西行最大的拦路虎。他是怎样对待玄奘的呢？玄奘又能否脱离危境到达边关呢？

凉州都督李大亮突然想到，不知玄奘是否听从他的勒令回到长安，便派人打听玄奘的下落。一打听之下，才发现玄奘非但没有往东回到长安，还悄悄向西而行，李大亮顾及自己可能要担负的责任，一气之下，立刻发下访牒，也就是现在所谓的通缉令，称：

> 有僧字玄奘，欲入西蕃，所在州县宜严候捉。

李都督不清楚情况，还以为玄奘想要到西蕃（吐蕃）去，便下令各地守株待兔，严厉候捉。

读者诸君不要认为古代江山阻隔通讯很慢，其实唐朝的通讯系统很发达，杨贵妃想吃荔枝还有人给送，也就靠快马加鞭，荔枝就被新鲜地运抵长安了，官方驿道的交通速度其实是非常快的。这个通缉玄奘的访牒一路发下来，玄奘还未及得知，就先传到了瓜州刺史独孤达手中，所谓"县官不如现管"，独孤达先不看，访牒文书又落到"现管"的州吏李昌手中。李昌是个虔诚的佛教徒，虽然文书上没有玄奘的画像，他心里也隐约感觉到瓜州境内的这个僧人就是通缉令上的玄奘，便拿着通缉令去找他了。

李昌是地方官员，捉拿玄奘是他职责所在；而他又是佛教徒，觉得西行求法是件好事。李昌是会秉公处置、逮捕玄奘，还是会放玄奘继续西行求法呢？

李昌见到玄奘后，按《大慈恩寺三藏法师传》记载，问道："师不是此耶？"这句话翻译成白话，可以有两种理解：一是说："师父，您不是吧？"二是说："师父，您不是吗？"若按后一种翻译方式理解，几乎等于说玄奘就是通缉令上的人，而按前一种方式理解，则是比较善意的。这句问话语带双关又滴水不漏，足见李昌这人了不得，当个中层干部是屈了他的才。

玄奘自然听出其中的话外之意，心中不由得怦然打鼓，假如照实作答,便会被作为通缉犯遣返长安;如若不承认,又将违背"出家人不打诳语"的戒律。身处两难境地,不敢贸然作答,只好瞪着李昌,闭口不言。

李昌这句问话如此巧妙,却得不到玄奘的回答,等于白问,一急之下,又道出一句:"师须实语。必是,弟子为师图之。"李昌真是厉害之人,这句话又击中了玄奘的要害,所谓"必是",既可以理解为"您肯定是访牒上通缉的人",也可以理解为"您假如真是访牒上通缉的人"。

玄奘一看事已至此,便实话实说,说明自己违背李大都督的意思,并未东回长安,而是一路西行至瓜州,决心西去求法,不改初衷,向李昌表明了态度。

李昌本是一个虔诚的佛教徒,一听之下,对玄奘当然非常钦佩,便又对他说:"师实能尔者,为师毁却文书。"若从行政执法来看,真不好说李昌是个好干部还是坏干部,通缉令说撕就撕了;但从玄奘法师西行求法的角度来看,他无疑是个大好人。当时他对玄奘所说的话,几乎全被史料保存下来,在我阅读古汉语文献的经历当中,这种一语双关、相互照应又滴水不漏的说法,实属罕见。李昌被玄奘的人格和西行求法的决心打动,确信他眼前所见的这位法师,是肩负着重大使命,能够西行万里去佛祖的故乡求得佛法的,因此将他力所能及的对玄奘的帮助,都做到了极致——纵之不擒,善意提醒,当面撕毁访牒。

再者,按唐朝时期的制度,访牒发下一次后抓不到人,还会一直不停地继续下发,始终算是悬案未决。因此,如果玄奘不尽快离开瓜州,刺史独孤达迟早会将他缉拿归案,押回给凉州都督李大亮，而如果落到李大亮的手上，敬酒不吃吃罚酒，必将被遣回长安甚或就地关押。身为一级政府的行政官员，李昌很清楚这其中的轻重利害，于是又对玄奘说了四个字："师须早去。"

玄奘从前一直在长安、洛阳、四川、荆州等地活动，都属于当时中国经济比较繁华、文化比较发达的地区，此次他真正从偏僻的路途往西行，又打听到如此险恶的前景，马也死了，慧威法师派来陪伴他的道整又到敦煌去了，只剩下一个慧琳。而这个慧琳大概是名如其人，非常的秀气和懦弱，玄奘看他不像能够结伴长途跋涉之人，便也不强求他随自己去渡过马上就要面临的艰难险阻，干脆把他放回去，孤身一人上路。

此时，两个向导一个走了、一个辞了，身后又有缉捕他的都督李大亮，如果在城市的范围内活动，被缉拿归案是早晚的事，玄奘已经没有选择，只能继续向前，而他恐怕连在瓜州就地买马、准备粮草的可能都没有了。他之后将要面临的，除了来自政府缉拿的压力，还有更多比无人区更严酷的自然环境的艰险。

玄奘就是在这样危急的情况下，仓促地开始了偷越国境的冒险，他还会遇到哪些难题呢？请看下一讲。

第五讲

偷渡国境

玄奘虽然为瓜州官员李昌所救,但必须马上西行,否则仍有被缉捕的危险。此时玄奘的马死了,两位陪行的僧人也离开了,孤身一人的玄奘只能到一座庙里去求佛保佑,而这一求,竟遭逢到一段离奇的际遇。

玄奘在瓜州被李昌救下，不便久留，又前途未卜，在万般无奈的情况下，出于僧人的精神信仰，他便来到当地的一座寺庙，在弥勒佛的像前祈请，希望弥勒佛能够帮他解除苦难。弥勒佛大家都知道，我们现在汉译的"弥勒"二字，其实是来自于一种欧洲语言，这种语言在欧洲早就没有了，但在中国的新疆却有考古出土，而弥勒本是一个梵文字，玄奘到印度留学后发现许多汉译的佛学词汇都存在一定问题，因此他把弥勒翻译为"梅呾利耶"。

　　事有凑巧——而这里所说的巧合，在历史典籍上都有确凿的记载，并非如《西游记》般多为想象的产物——玄奘祈求弥勒佛的时候，庙里面有个胡僧，名叫达磨（这也是一个梵文词，直译为汉语就是"真理"）。这达磨在前天晚上做了一个梦，梦见一个长得非常白净的汉族僧人，骑在一朵莲花上翩然西去。

　　所谓"胡僧"，其实就是异域僧人。现在我们的日常生活当中，有带"胡"字的物品，多为外来之物，例如胡萝卜、胡瓜、胡琴等等。汉族人最早是盘腿席地而坐，好像今天的日本人和韩国人，直到胡床（即折叠椅）出现，汉族人才把两腿搭拉下来，像现在这样坐在椅子上。包括被我们现在认为是"国粹"的京戏，它所用到的胡琴也是外来的乐器，是一种中外文化交流的结晶和体现。我的老师是季羡林先生，季羡林先生的老师陈寅恪先生曾经专门写过一篇非常有名的学术文章，讲狐臭。狐臭中医原来叫它"腋气"，就是腋下有味道，而最早却是称为"胡臭"（音嗅），指的即是胡人的气味，还分传染与不传染两种。由于饮食习惯和生活环境的问题，这种气味汉族人不太会有，而多发生于胡人。

胡僧达磨并不知道玄奘会到庙里来拜弥勒佛，但梦醒之后，第二天一早便在庙里到处寻找昨夜梦中所见、骑莲花翩然西去的汉族僧人。一见玄奘法师，立刻觉得就是梦中之人，便把这梦对他说了。玄奘到得此地已是惊弓之鸟，但听得此梦仍然非常高兴，相信这是一个吉兆，可在嘴上却一点不敢流露，只说："梦为虚妄，何足涉言。"但内心则窃喜不已，扭头回庙，再度礼佛祈请。

正在他拜佛的当口，突然又进来一个胡人（当时凉州、瓜州一带胡汉杂居，胡人的数量恐怕比汉人还多），明显也是一个佛教徒，也是来礼佛的。他看见玄奘也在礼佛，便围着玄奘转了两三圈（逐法师行二三匝）。玄奘觉得这个胡人奇怪得很，便问贵姓，胡人答说名叫石槃陀。玄奘又问，为何绕他三圈，石槃陀便称，自己信佛，希望能成为居士，需要有僧人为他授戒。玄奘一听他有向善之心，便答应为他授成为居士最基础的五条戒律，称为"五戒"，是在家的佛教徒所应遵守的最基本的戒律，分别是：

一、不杀生；

二、不偷盗；

三、不邪淫；

四、不妄语；

五、不饮酒。

"不杀生"，即不能杀害生灵。"不偷盗"，即不能去偷东西或抢东西，古代偷和盗是两个概念，偷者偷，盗者盗，偷是在对方不知道的情况下悄悄拿取，盗则是用武力抢夺。"不邪淫"，即不能有不正当的性关系，当然并不排除居士与其配偶甚或妾室的正当性关系。"不妄语"，也叫"不二舌"，即不可以胡说八道。"不饮酒"，便是居士必须戒酒。

这五条戒律看起来简单，实际上并不简单，在佛学中自有它的考虑，例如《大乘义章》中便对此有过专门的解释："前三防身，次一防口，后之一种通防身、口，护前四戒。"前三条"不杀生"、"不偷盗"、"不邪淫"，是为了防身，防止身体做出违戒的事情；第四条"不妄语"是防口，以免污言秽语导致祸从口出，对佛不敬、对人不敬；最后一条"不饮酒"，则是防前面四条的，佛教认为喝酒会使人乱性，乱性以后便难保不违反前四条戒律。因此五戒都有它各自的道理在，并不是任意安的。

这个绕玄奘走三圈的胡人石槃陀，在玄奘法师的授戒下成了居士，欢天喜地告辞玄奘而去，不一会儿又回来，带来饼和果子，把玄奘法师作为自己的师父一般供养。玄奘察言观色，觉得石槃陀这个人身体非常健壮，头脑聪明，又的确是有心向善，刚刚受戒成了一个居士，是个信仰佛教的人，而他自己又正好需要向导，一般胡人从西边而来，多少都比汉人更为了解西行之路，于是玄奘便把自己要西行求法的意图，坦然而且直言不讳地对石槃陀说了。

玄奘大胆地把自己意欲西行求法、必须偷渡国境的想法告诉了石槃陀。当时唐朝的法律非常严厉，如果偷渡国境，一旦被捉住必定是死罪，协助偷渡者也将一并处死。在这种情况下，石槃陀会是怎样的态度呢？

想不到石槃陀竟是一口答应，对师父有这样的弘愿大为欢喜，仿佛自己身为徒弟也与有荣焉，一口答应帮助玄奘来解决这个问题，并表示愿意护送他出关闯过五烽。礼佛礼来这么一个非常合适的向导，玄奘自然非常高兴，马上与石槃陀约定时间，请他快去准备。

随后，玄奘利用自己在瓜州的最后一点时间买马买粮，准备饮用水。到了第二天，按历史记载，他没有敢在白天与石槃陀接头，而是很机警地选择在晚上，牵着马躲在草丛里，等待石槃陀的到来。

当天日落西山之后，石槃陀果然来了，还带了一个同行的老年胡人，牵了一匹马。按典籍记载，乃"瘦老赤马"，是一匹又老又瘦的红色马。玄奘一看自然很不高兴，说好是石槃陀自己带路的，如今又找来这么一个老胡人，凭他的身体情况肯定不能长途跋涉，岂非平添麻烦？再加上这匹又老又瘦的马又能顶何用？石槃陀会意，便赶紧向玄奘解释说，这个胡人年纪虽大，但是来往于伊吾和瓜州之间已有三十余回，对道路了如指掌，而他本人虽然健壮，却带不得路，只能由老胡人相伴西行。而老胡人却劝玄奘说，西去之路太过艰险，他又不如做丝绸生意的商人，没有一个成群的队伍相伴，"愿自料量，勿轻身命"。他当然是出于好意，但是玄奘当时的一段回答，却完全当得起"掷地有声"四个字：

贫道为求大法，发趣西方，若不至婆罗门国，终不东归。纵死中途，非所悔也。

意即我为了求大法，发愿向西而行，无论途中有多少艰难险阻，如果不到婆罗门国（即印度），我绝不东归，就是死在半路也决不后悔。

老胡人听后非常钦佩，但考虑到自己年迈，虽然已经成功地往返了三十余次，这一回却未必成功，不愿舍命，便对玄奘说："师必去，可乘我马，此马往返伊吾已有十五度，健而知道。师马少，不堪远涉。"意思是由他的马相伴玄奘而去，这匹马虽然又老又瘦，但已经往来伊吾十五次，老马识途，而玄奘的马徒有其表，走不了远路。

玄奘闻听此言，自然对这匹又老又瘦的马刮目相看，又想起自己在西行求法之前，曾在长安求教过当地一个名叫何弘达的术士（当时玄奘因一直未能确定西行之路有多少把握，便也不顾自己佛教徒的身份，前去请教这位颇有名声的术士），术士给他算卦的结果是："师得去。去状似乘一老赤瘦马，漆鞍桥前有铁。"也就是说玄奘应是骑着一匹老瘦赤马向西而行，而在马背上油漆刷过的鞍桥前还有一块铁。玄奘想起这句话，便赶快把那匹老马拉过来一看，漆鞍前果然有铁，于是便把自己完全托付给这匹老马，带着他新收的在家弟子，一起往西而去。

趁着夜色，玄奘和石槃陀踏上了偷越国境的道路，三更时分，到了葫芦河边，遥遥可以望见玉门关。当时那里并非如今的不毛之地，还长有许多树木，于是健壮的石槃陀便斩木为桥，布草填沙，驱马前行。

从前听说水流湍急绝不可渡的这么一条大河，一下子就被渡过了，玄奘当然又喜又累，又惊又怕，当夜铺好被褥便露天而睡，石槃陀也在离开玄奘五十多步的地方铺着被褥睡了。玄奘睡觉半寐半醒，突然发现石槃陀正拔了刀一步一步往自己的方向走来，走了十几步又折回去，折回去又再走过来，甚为纳闷，不解其意。

石槃陀是玄奘授戒的居士，而五戒之中第一条就是"不杀生"，他又是自愿帮助玄奘偷渡国境的，为什么会在夜里拔刀相向呢？石槃陀是想谋财害命，还是另有隐情？

有的记载非常直截了当地指出，石槃陀意欲屠害玄奘法师，有的记载则并未直言，但所有的记载都涉及到了玄奘渡过葫芦河那一夜的惊险——被自己授戒成为居士的一位佛门弟子，突然在半夜拔刀相向。玄奘一看不对，立刻坐起，念诵观音菩萨名号。

石槃陀一看玄奘醒了，就把刀塞回去折返又睡。玄奘便一直靠着念观音菩萨渡过了第一个晚上，势必非常不安稳，天快亮的时候就起身，非常镇静地喝令石槃陀取水盥洗，完全没有表露出一个手无缚鸡之力的法师可能会有的恐慌，反而一改从前自己作为一位高僧大德对石槃陀的谦和态度，如看穿他心中的恶念般，喝令他去取水供自己漱洗饮用。

石槃陀知道昨天晚上他拔刀动恶念的事情已经被法师发现，便说："弟子将前途险远，又无水草，唯五烽下有水，必须夜到偷水而过，但一处被觉，即是死人。不如归还，用为安稳。"意即他悝于前途险远，又没有水和粮草，必须绕过玉门关，到五烽下去偷水，只要在一处被人发觉，便立马是死。不如还是回去，才安稳一点。也就是说在关键的时刻，刚跨出第一步，石槃陀就开始动摇了。但他为什么不撇下玄奘自己折返便罢，而要半夜拔刀相向呢？这理由似乎又不足道。

玄奘知道他还没有说真话，便称自己还要向西而行。于是石槃陀默不作声，采取了一个非常恶毒的办法，据记载，是"露刀张弓，命法师前行"，把刀拔出来，取出弓箭，自己留后，让玄奘走在前面。玄奘非常机警，执意不肯，二人便僵持在当地，石槃陀一看没办法，又勉强向前走了几里地，不得已道出了实情："师必不达，如被擒捉，相引奈何？"原来他是怕玄奘过五烽时被抓，相互牵连，将他供出来作为同谋一并处死，因此打算将他杀人灭口。玄奘闻听此言，当即发下重誓，说："纵使切割此身如微尘者，终不相引。"意即纵然我被抓去，剁成像微尘那么小，我也决不揭发牵连你。

石槃陀虽曾动过恶念，但心中可能仍有向善之心，听到如此重誓，便也不再去动伤害玄奘的脑筋。而玄奘此时也显示出一个高僧大德的宏大胸怀，放石槃陀归去，还将自己在瓜州所买的马送给了他，自己便骑着那匹"瘦老赤马"孤身而行。

到了这个节骨眼上，玄奘前方面临虎狼一般的五烽守边将士，身边又连个向导也没有，孤身一人。他是怎样渡过非常危险的五烽，又是怎样避过饥渴的威胁、躲过守关将士的擒拿射杀呢？请看下一讲"边关被擒"。

第六讲

边关被擒

玄奘虽然渡过了水流湍急的葫芦河，但为了绕过玉门关，他还必须通过沙漠，偷越重兵把守的边关五烽。孤身一人的玄奘在沙漠中出现了幻觉，依靠坚强的意志，终于走到了第一烽，却被守关将士一箭射中，当场被擒。玄奘会不会再次引来杀身之祸？他的命运又将会如何？

胡人石槃陀认定西去之路过于危险，恐受牵连，企图半夜杀害玄奘灭口，保障自己的安全。玄奘在这样危急的情况下，赌咒发誓，随机应变地渡过了难关，也便从此独自一人带着一匹识途老马走上了西行之路。

由于没有通关文书，玄奘只能绕玉门关而行，摆在他面前是艰难的五烽。按照小说《西游记》的说法，西行一路对玄奘的威胁主要在于形形色色的妖魔鬼怪，怀揣着同一个目的就是要吃又香又嫩的唐僧肉。而在真实的历史当中，他所面临的险阻主要在于非常严酷的沿途自然环境。

五烽是唐朝禁止国民出关的境界点，那里长年累月地驻守着具有高度警惕性、日夜整戈以待的守关将士。这些将士平日里几乎见不到什么生人，一旦遇见偷渡边关者，必定抓捕起来遣送回长安，甚或当即一箭射死，也是很平常的。因此玄奘要潜过五烽，不仅要战胜自然环境，还要应对人为因素的威胁，必须面对许多未知因素。但此时，他已经没有别的选择，摆在他面前只有西去求法这一条路，而这也是符合他自己心愿的事业。

玄奘要继续西行，唯一的选择就是穿越边关五烽，而五烽之间则是荒寂无人的大沙漠。此时孤身一人的玄奘，首先要面对的，就是那片吞噬过无数生命的大沙漠，玄奘要怎样才能走过这片沙漠呢？

玄奘孤身一人朝五烽去，先要经过一段百余里的沙漠。在这个沙漠中，他只能望着前人留下来的痕迹——驼马的粪堆，还有一些马骨、骆驼骨、死人骨——向前行进。我自己也参加过沙漠地区的一些考察工作，在沙漠里经常会堆着一些骨头，有些一看就是动物残骸，有些则是人骨，有时候还会发现汉代留下来的干尸，表明该人在沙漠里走着走着就倒地而亡，尸体经过长年累月的风化便成了干尸，还保留着死时的样子。玄奘便是跟着这些前人（主要是失败者）留下的痕迹，继续向前走。

根据历史的记载，玄奘在这一段路上，由于劳累、饥渴、缺水，以及精神上的高度紧张，曾一度出现严重的幻觉，在荒芜人烟的沙漠里，感觉到身边不断出现一些莫名其妙的东西，例如一支军队，随风飘扬的旌旗，甚至会听到号角、军乐等各种各样的声音。在典籍中曾用十六个字来描写玄奘当时所感受到的这些惊心动魄的幻象："易貌移质，倏忽千变，遥瞻极著，渐近而微。"也就是说，非但出现幻象，还会不断飘移，转眼之间便发生千百种变化，远看非常清楚，一接近就非常模糊。

我们根据现代常识就能知道，玄奘遇见的很可能就是沙漠里经常会出现的海市蜃楼，是一种因气候异常导致的自然景观，在今天的青岛、大连等沿海城市也还可以见到。但是玄奘当时没有这种科学知识，因此不得不将其作为妖魔鬼怪记载下来。我们今天看到这样的记载，也不要轻易认为是子虚乌有，纯属人为编造，而应想到，这很可能就是当时玄奘真实经历的幻觉。

沿途遇到这样的幻境，玄奘心中自然也感到恐惧，幸而他的耳鼓里还不断出现另一种声音，对他说"勿怖，勿怖"，玄奘当然认定这是佛祖传达给他的一种信息,于是便在这两种幻觉的交相作用下,忍受着巨大的心理压力,穿过了这一段大约八十余里的沙漠,望见第一烽就在眼前。

玄奘怕被守关的将士发现,不敢大摇大摆地走,只能偷偷摸摸地,先捱过漫长的白天。沙漠并不如我们想象的一马平川,而是常年有风侵袭,会形成流沙和沙沟地带,玄奘白天便躲在沙沟里,等待夜幕的降临,试图利用夜色的掩护穿越第一烽。入夜,他从烽台东面悄悄潜行到烽台西面,且好没有被人发现,但这并不意味着他可以就此顺利地越过第一烽。

玄奘克服了幻觉带来的心理压力,成功地走出沙漠,来到了五烽中的第一烽,但他为什么不乘夜色赶紧越过第一烽呢?是什么原因使他必须停留下来,并因此被守关的将士捉拿了呢?

原来玄奘必须去取水。

五烽之间一共有六百里戈壁沙漠,这段漫长的道路间,水源只存在于五个烽台警戒点内(设置烽火台的主要目的之一,也是为了控制住过关者必须的水源)。穿越沙漠的人,最难抗拒的诱惑和最大的需要,就是水的需要。玄奘虽然成功地在夜间摸过了烽火台,但他必须就地补充他的饮水。佛教徒对于水的使用又非常讲究——按照佛教戒律,对于僧人来讲,水分为三种,一种叫"时水",即当时就可以取用的水,必须经过严格的过滤(所谓"僧带六物",这六件东西之中就有滤水器);另一种叫"非时水",即并非当场饮用之水,但也必须滤过,放在备用的容器中,预备将来需要的时候喝；第三种叫"触用水"，即是一般认定为干净的水，用来洗濯一些东西，例如钵盂、手和脸等。这些按照佛教戒律都有极其严格的规定，因此像玄奘这样一位持律非常谨严的高僧，即便在没有人看到的情况下，仍然会遵循戒律取水，动静相对比较大。他饮完"时水"，还需准备"非时水"，当时不比现在有行军水壶可以用，玄奘是用皮囊或经过处理后的动物内脏来储水，为向第二烽行进做准备。

正当他站起来解下马背上的皮囊的时候，突然远处就有一箭飞来，几乎射中玄奘的膝盖，紧接着又是一箭，瞄准玄奘的腿脚而来。依照古代守关将士的精湛箭法，若非乱射，便是警告玄奘，他已经被发现了，如果继续前行，必将被乱箭射死。

玄奘一看如此情形，便大叫道："我是僧，从京师来。汝莫射我。"随后老老实实地牵着他的马，往烽火台走去。此时天刚蒙蒙亮，驻守烽火台的校尉王祥令士卒点火，欲查来者何人。一看是个半夜偷越国境的京师僧人（玄奘的打扮、相貌或者气度，可能让王祥觉得这不是一个河西本地僧），便仔细端详起他来。玄奘一路遭遇李大亮、独孤达与石槃陀等人，已经经过了许多风浪，此时便非常镇静，显示出一种独到的应变能力。他并未做任何徒劳无益的掩饰，也没有苦苦哀求校尉王祥放他过关，反而直截了当地向他提出一个问题：

校尉颇闻凉州人说有僧玄奘欲向婆罗门国求法不？

这句问话，语气中隐然有一丝不敬，表示自己并非乞求，而是不卑不亢地提出问题，翻译成白话便是："校尉最近是不是经常从凉州人那里听说，有一个名叫玄奘的僧人要到婆罗门国去求法？"

王祥听罢不由得一愣，接着的回答也非常有意思："闻承奘师已东还，何因到此？"意即听说这个玄奘师父已经往东回去了，怎么会到这里来呢？这句话也隐约传达了一层不信任之意，可能在当时流传的消息中，多称玄奘已为凉州都督李大亮勒令东返。

玄奘听出王祥话中有话，便赶快出示一些证据证明自己的身份。他虽然没有"过所"，但有僧人随身携带的度牒。当时的度牒有严格的防伪措施，不单盖有各级主管单位的印章，还有防伪的水印，后来更是用一种印有独特花纹的豪华织锦缎来制作度牒，因此不易伪造。

王祥一看玄奘出示的度牒，便确信了他的身份和来历。接下来的处理方法，读者不难想见，一是如凉州都督李大亮一般，按规定勒令玄奘东归；另一则是如瓜州刺史独孤达一般，眼开眼闭，不闻不问，放任自流。但王祥所采取的处理却与这两种殊异，提出了一个令人匪夷所思的建议。

王祥是敦煌人，敦煌在当时是一个非常繁华的都市，也是一个极其重要的佛教艺术中心。王祥从敦煌到河西一带来当守关将领，却仍然满怀乡愁，非常关心自己的故乡。于是他对玄奘说：

> 西路艰远，师终不达，今亦不与师罪，弟子敦煌人，欲送师向敦煌。彼有张皎法师，钦贤尚德，见师必喜，请就之。

意思是西天婆罗门国太遥远了，师父您是一定到达不了的，我现在也不来追究你的罪，我是敦煌人，打算将您送到敦煌去，那里有一位名叫张皎的法师，非常敬慕贤才，见到师父必定大为高兴。

这王祥也是个有趣之人，他看中玄奘相貌堂堂又有佛学修养，竟立刻想到要为家乡的佛教事业做点贡献，我看他做第一烽的守将并不合适，应该调任到敦煌人才引进办公室当主任。

他提出这样一个非常出人意料的建议，不难想见，玄奘必定滞留在当地。按照他原本的想法，此次被捕无非两种下场，一是他能说服王祥，正如之前说服李昌，令他体谅自己求法的决心，放他西去；另一是说服不成，被押解回长安。万不曾料到还有这第三种结局：王祥这位第一烽的守将竟然与他这个偷渡者谈起了条件。

王祥看出玄奘是一位高僧大德，提出可以不治他偷渡之罪，但要请他到自己的家乡敦煌去从事佛教传播，此时的玄奘会不会同意去敦煌呢？

当时的敦煌对于佛教徒来说并非是一个不理想的居所，反而是很多僧人内心向往的佛学圣地，慧威法师派去伴随玄奘西行的道整，当初也便是去了敦煌。一般人到了这个时候，便很可能顺着王祥的意思，答应去敦煌了。况且去敦煌并不是回长安，敦煌位于今甘肃省内，离当时的凉州并不太远，即便作为脱身之计，玄奘也完全可以先顺着他的意思，到敦煌待个一年半载，再找机会西行。

但玄奘毕竟非同一般,他当时回答王祥校尉的话,被完完整整地留在历史记载中,这段答话不仅没有一丝一毫的哀求,反而是继续不卑不亢地坚持自己的信仰和西行求法的意愿。

这段答话说出来之后,对校尉王祥产生了怎样的影响?他又会作何反应?请看下一讲"险象环生"。

第七讲

险象环生

玄奘刚到第一烽,就在取水时被守关的将士捉拿到,校尉王祥发现玄奘是一个不可多得的高僧,提出只要玄奘答应到他的家乡敦煌去弘法,就可以不追究他的罪名。此时的玄奘面临两种选择,他是怎么回答王祥的?对于玄奘的回答王祥又做出了什么样的反应?

上一讲我们讲到，玄奘在第一烽旁边取水时被发现了。第一关还没过，就被守关的士兵带到了校尉王祥的面前。王祥向玄奘开出了一个非常奇怪的条件：只要玄奘法师愿意到他的家乡敦煌去从事佛教工作，就不治玄奘偷越国境之罪，还可以专门派人把他送到敦煌。然而玄奘对于他的建议根本不予理睬，直截了当地回答了王祥校尉这么一段话：

> 奘桑梓洛阳，少而慕道。两京知法之匠，吴、蜀一艺之僧，无不负笈从之，穷其所解，对扬谈说，亦忝为时宗。欲养己修名，岂劣檀越敦煌耶？

这段话大致的意思是：你说你叫我到你老家敦煌去，行，那我先告诉你：第一，我出家的地方是首都洛阳（唐朝是有两个首都，西都为长安，东都为洛阳）。第二，两京的名僧大德以及吴、蜀这些地方凡是有一技之长的僧人我都求教过，他们对经典的阐释我也都掌握了，现在的我已经能与他们平起平坐地谈说，因此也算是当今的知名人士了。如果仅仅是为了自己的名声考虑，我又何必去敦煌？只要待在洛阳或长安不就行了吗？敦煌虽然也是一个郡，但是与两个首都相比，毕竟差远了。

把玄奘这段话来跟历史的事实进行核对的话，他并没有言过其实，没有打诳语。只不过从史料上来看，王祥大概是一个自我感觉比较良好的人。因此玄奘的这段大白话一说出来，他的脸上当然挂不住了，别看他官不大，但是第一烽这个地方离开玉门关还有近百里地呢，那可是天高皇帝远，他要判你死罪是很方便的事情。

玄奘在这么直截了当地把话说出去之后，大概也觉得自己说得有点太实了，于是趁着王祥还没有反应过来，赶紧补了下面这段话：

> 然恨佛化，经有不周，义有所阙，故无贪性命，不惮艰危，誓往西方遵求遗法。檀越不相励勉，专劝退还，岂谓同厌尘劳，共树涅槃之因也？

这段话的意思是说：尽管如此，但我内心感到遗憾，我们所闻见到的教义还有不周全的地方，有些经典好像还有些残缺。所以我不贪恋自己的性命，不害怕艰难危险，发愿要往西方（即印度）去寻求这些缺失的佛法。你不但不鼓励我，还一个劲地劝我退还，难道是厌倦了尘世，而想和我一起追求涅槃吗？

玄奘的心理动态在一千四百多年以后的今天，我们也完全能理解：反正我也到这儿了，被你王校尉逮了个现行，我也不存侥幸之心。但是与此同时，玄奘也看出来王祥恐怕是一个信佛之人，不然怎么会打算把自己送到张皎法师那儿去呢？所以玄奘心里多少是有点底的。最后，他打算置之死地而后生，撂下来这么一句毫无商量余地的话：

必欲拘留，任即刑罚，玄奘终不东移一步以负先心。

意思是说：你一定想要拘留我的话，随便你，你爱怎么着怎么着。按现在说法，就是按国法办吧，但是我玄奘绝对不会往东移动一步，违背我先前的心愿。

玄奘的这些话说明，在他的脑海当中，"东"与"西"的概念非常强，而且对于一个虔诚的佛教徒来讲，誓言是不能乱发的，既然曾经发过愿要去西天取经，那就一定要达到自己的目的。

这一下果然把王校尉给震住了，然而他终究是一个信佛之人，平日里一心向善，于是他就回答说："弟子多幸，得逢遇师，敢不随喜。"（弟子实在是幸运，有这个机会碰到师父您，我怎么敢不共襄您的圣举呢？）话说到这个份儿上之后，他马上又接着表态："师疲倦且卧，待明自送，指示途路。"（师父您也累了，先睡吧，明天我亲自送您走，给您指路。）

这个忙可帮大了，相当于一个边防指挥官告诉你怎么偷越国境方便。这是玄奘做梦都想不到的，所以他大为高兴，那天晚上一定是睡了一个安稳觉。

王校尉没有食言，在第一烽里面设宴招待玄奘。第二天一大早，等玄奘用过早饭，王校尉就叫人替他准备好麨饼（相当于今天的馕饼），另外再派人把水装好，亲自送出十几里外之后，给玄奘指了一条路，这条路可以直接到第四烽，这样的话，可以少走两百多里地，躲过两次被射杀的危险。玄奘内心当然是非常感激。这种事大家都可以理解，因为这个忙帮得是太大了，它远比给你准备点干粮和水、请你吃顿饭或是给你提供一个安稳舒适的睡觉的地方，重要得多。

玄奘得到王祥的全力相助当然非常高兴，但即使绕过第二烽和第三烽，也还有第四烽和第五烽挡在前面，玄奘在途中不能不取水，但取水就可能被捉，此时，王祥又给玄奘提供了一条重要信息，他对玄奘说："第四烽有个校尉，也有善心，是个好人，而且是我一拐弯抹角的宗亲，他也姓王，叫王伯陇，你到那儿就跟他说，是我让您过去的。"

这样一来，就等于把边境的通道秘密向玄奘公开了。这实际上也等于把自己彻彻底底地放在了玄奘偷越国境的同谋犯的位置上。玄奘当时的感激之情是难以用语言来形容的，历史上记载他们两人"泣拜而别"。

玄奘拜别王祥校尉后接着往西走，在夜幕降临时，到达了第四烽。玄奘是个有心眼的人，而且胆大心细。他并没有直接去找王伯陇，怕惹是生非，万一生出什么枝节来，再把他送去敦煌。但是他没法不取水，这是个老问题，在西行出境这一关，最大的问题就是水。古时候不像今天，可以弄个大水罐车后面跟着，水罐车不喝水只喝油，那时候驮水的东西是马，它也要喝水，而且驮的东西越多喝水也越多，因此玄奘到了那里还是得去取水。

前面我们已经说过，西北边境上的烽火台，除了具有一般烽火台有事举火的功能之外，还有一个很重要的任务，就是看着水源。实际上由于他们离沙漠很近，水对于他们来说异常重要，因此即使在夜里，值班的人一直瞄着的就是水源。看住了水源，等于是看住了过往的人。可能是王祥没有对玄奘交待清楚，而玄奘也没有吸取前一次被发现的教训，所以当他再去取水的时候，当然又被发现了，而且又是飞箭伺候。

此时玄奘也没办法了，不得不牵着马去找王伯陇。这一找王伯陇，事情就比较好办了，因为毕竟有王祥这层关系在，而且他也确实如王祥所说，是个信佛之人，又没有王祥那么强烈的家乡观念，压根儿没有跟玄奘提敦煌的事情，而是非常欢喜地照料玄奘，让他休息，给他补充了很多给养，比如干粮之类的，最重要是，还施舍给他一个大皮囊。玄奘原来的皮囊比较小，存水量不够大，有了这个大皮囊就可以装更多的水。

除此之外，王伯陇也像他的亲戚王祥一样，对玄奘透露了一条极其珍贵的信息。他告诉玄奘："师不须向第五烽。彼人疏率，恐生异图。可于此去百里许，有野马泉，更取水。"意思就是：法师您不要去第五烽了，第五烽的那个校尉平时办事大大咧咧，为人很粗鲁，您到了那里，没准他会有别的想法。干脆别过第五烽了，您从我这里再走百来里地，有一个野马泉（大概因为有野马经常聚集在那里饮水而得名），您可以到那里去取水。

就是在这两个王校尉的帮助之下，五烽中玄奘实际上只过了第一、第四两个烽，不知道免除了多少危险，少吃了多少苦。当然，这绝对不意味着玄奘前面将要面临的就是一马平川，就是水草丰美的旅途。事实上，他即将要面临的就是莫贺延碛。它是五烽以外的一片大戈壁沙漠，方圆八百里。大家知道，五烽总共加起来才五六百里，而且不管怎么样，五烽最起码是有水可以取的，而到了莫贺延碛之后是否能找到水源，只有天晓得。

玄奘在两位王校尉的帮助下，终于越过了边关五烽，然而，他将面临的是更为险恶的莫贺延碛大沙漠,莫贺延碛到底是一个什么样的地方?为什么说莫贺延碛比边关五烽更为险恶呢?

莫贺延碛在古籍当中有很多记载,是一个让人闻名丧胆、胆战心惊的地方,就像"塔克拉玛干"的意思是"进得去出不来"一样,"莫贺延碛"这个名字肯定也有它的含义。单从组成这个词的几个音来看,以我非常浅薄的语言学知识,它应该蕴含着"大,广袤,开阔"这些意思,但是到底它精确的意思是什么,我就不得而知了。莫贺延碛在唐朝以前叫沙河。这个名字有一半是真的,一半是假的。真的是什么呢?是"沙",它有流沙,而且它只有沙,"河"是假的,没水,它是灌满流沙之河。在那里"上无飞鸟,下无走兽",几乎是死寂一片,完全没有生气。史书记载上曾经用四个字来形容玄奘刚进莫贺延碛时的情况——"顾影唯一"。就是孤苦伶仃,叫天天不应,叫地地不灵,只有玄奘和他自己的影子(当然应该还有一匹"瘦老赤马"跟着)。

在莫贺延碛八百里死寂的沙漠中,玄奘出现了幻觉,好像有无数妖魔鬼怪向他袭来,也许《西游记》中的妖魔鬼怪正是源自于这片死亡之地的感受吧?作为一名虔诚的僧人,玄奘能做的,就是不停地念诵《心经》来支撑自己不断往前走。大概他感到《心经》非常有效力,念完以后不仅能使心灵非常宁静,而且心中也不再感到畏惧,敢于面对一切当时他认为的妖魔鬼怪。为什么念诵《心经》可以使心灵不再畏惧呢?

《心经》也叫《般若心经》,是一部非常重要的佛经,梵文叫"Prajñāpāramitāhṛdayasūtra",全称《般若波罗蜜多心经》。"心"

的意思在这里是"核心、精华、纲要"。经很短,只有一卷,一般认为它是《般若经》类的提要。由于它一共只有二百来个汉字,非常短小精悍,所以很多佛教徒或者居士都喜欢记诵。这部经在中国历史上一共有过七个译本,南京金陵刻经处曾经把七部《心经》印成一本线装本,叫《〈般若心经〉七译》,阅读非常方便。"七译"中最通行的一个译本,就是玄奘从印度回来以后翻译的。而玄奘本人同这部非常重要的《般若心经》之间,还有一段非常独特的因缘。

玄奘在四川求学的时候,有一天看到一个浑身长满了恶疮的病人僵卧在路边,奄奄一息,于是玄奘大生慈悲之心,把他抬到了庙里,帮他治病,并且悉心照料他。这个病人会《心经》,他病好了之后,就把这部《心经》教给了玄奘。不曾料想,就是这部《心经》,在玄奘的旅途中发挥了巨大的作用,帮他驱除了心灵上的畏惧。

走入莫贺延碛大沙漠的玄奘,虽然面临更险恶的环境,但他到底是不是已经成功地偷越国境了呢?

古代的国境、边境以及国界线的概念,没有今天那么严格,唐朝的版图又是非常辽阔,我们讲玄奘偷越国境,那么哪儿才算到头呢,到哪儿才能说是偷越国境成功了呢?这个很难讲,你说玄奘要真的逃出唐朝的实际控制区域之外的话,那还早着呢,起码要到了贝加尔湖才算完,所以我以为只要到了没有人来管他是否偷越国境的地方,就应该算他偷越成功吧。大概也只能这么说,唐朝的疆域实在太大了，那么实际上，玄奘越过边关五烽，进入莫贺延碛这个无人区，应该算是偷越国境成功。当然，请大家千万记住，这是一种非常粗略的说法，不是一个学术上较真的说法。

然而，即使玄奘已经算是成功地越过了国境，险恶的自然环境还是不能让玄奘产生哪怕一丝一毫的轻松感，而且就是这个莫贺延碛大沙漠几乎夺去了玄奘的生命。在这片不毛之地里面发生了什么？请看下一讲"身临绝境"。

第八讲

身临绝境

玄奘进入莫贺延碛大沙漠不久就迷路了,他找不到野马泉的方向。在沙漠中迷路已经是非常危险的事情,而玄奘恰恰在饮水时又失手打翻了水囊,在这样走投无路的情况下,他仍然毫不动摇地继续西行。几天几夜之后,滴水未进的玄奘再也走不动了,他躺倒在沙漠上,等待着死亡的来临……

玄奘成功地进入了莫贺延碛大沙漠，沙漠里没有人守卫，也不可能有人去捉拿玄奘，但是这个环境却更加险恶。根据史书记载，玄奘在走了一百多里以后，忽然发觉迷路了。在沙漠里迷路是很正常的，因为没有沿途参照物，唯有仰观星象，靠天吃饭。沙漠的气候又是多变的，经常会看不到天上的星辰。再加上沙漠的地貌变幻不定，一阵狂风就会把原来的沙丘变成平地，或者把原来一个坑坑洼洼的谷地变成几十米高的沙丘。所以玄奘在这里迷了路之后，心里非常急躁。然而祸不单行，正当他火急火燎，准备从马背上解下皮囊喝水的时候，一失手把整个皮囊都打翻了。

发生这样的意外，原因可能有三：首先是急躁。第二，很可能这个皮囊太大，比较沉，拿起来不方便。最后也许是因为戒律的原因。据我推测，皮囊里的水，是佛教戒律界定的三种水里面的第二类，属于"非时水"。"非时水"不是当场饮用的，是储存起来，在需要的时候喝的水。按戒律规定，需要经过过滤才能饮用。也就是说，玄奘要喝水，还得用随身携带的滤水网过滤。这么一折腾，再加上上述原因，玄奘就把皮囊里的水打翻了。

这个结果可想而知，皮囊里的水打翻在干旱无比的沙漠里之后，流失的速度肯定比水银泻地还快，一下子就被沙子给吸干了。在沙漠中水是最珍贵的，没有水，根本过不了八百里莫贺延碛大沙漠。玄奘在沙漠中迷路了，找不到野马泉补充水源，这本来已经非常危险，而他又失手把装水的大皮囊掉到地上，结果会怎样呢？在玄奘传记当中，非常冷静、非常客观，但极其悲怆地用了八个字来描摹他此时此刻所面临的困境："千里之资，一朝斯罄。"

野马泉找不到，随身携带的水全打翻了，又在沙漠中迷失了方向，这种种情况加在一起，玄奘应该只剩下一个活命的办法了，那就是"原路返回"。他只能回到离这里一百多里远的第四烽，再去找王伯陇帮忙。如果佛祖保佑一切顺利，不再出现任何意外情况的话，那就是一天一夜或者两天的路程。能走回去，总比渴死在沙漠里强。而根据历史的记载，玄奘也的确在这个时候违背了他"终不东移一步，以负先心"的誓言，决定往东走了。然而玄奘对于佛教的虔诚毕竟不是普通人能比拟的。就在他向着东方走出十多里地以后，又后悔了，他想到了自己曾经立下的誓言，他不断地问自己："今何故来？"（我是因为什么来到这儿的？）想着想着，履行誓言的念头逐渐占了上风，他再次下定决心：宁愿向西而死，绝不往东而生！（宁可就西而死，岂归东而生！）于是玄奘在往东折返了十多里以后，又掉转马头，继续坚定地往西走去。有过沙漠行走经历的人都知道，在既找不到水源又迷了路的情况下，如果还要继续往沙漠深处走的话，基本上就等于把自己的性命托付给了上天。玄奘此刻已经把生死置之度外，准备凭着自己的一腔诚心，闯过这一难关，万一失败，求仁得仁，也毫无所怨。

在一滴水都没有，又完全不知道何处能找到水源的情况下，玄奘选择了继续西行，走进莫贺延碛大沙漠的深处，这就几乎等于是选择了死亡。那么，他又是怎样走出这片大沙漠的呢？

佛教僧人在遇到苦难的时候，往往会念诵观音名号，玄奘当然也不例外。根据史书记载，当时周围全是一眼望不到头的黄色流沙，人鸟俱绝，更可怕的是"夜则妖魑举火，烂若繁星，昼则惊风拥沙，散如时雨"，意思就是白天常常会遇到沙尘暴，这个时候，被狂风席卷的黄沙就会像下雨一样漫天飞舞，让人无法喘息。而到了晚上，乌黑一片的沙漠里面，好像有很多妖魔鬼怪在举火点灯，这些灯火就像清晨的星空一样灿烂。这里所说的"火"应该是磷火，就是人或者动物死去以后，尸体腐烂时分解出磷化氢，并自动燃烧的现象。这种现象不只是古代才有，今天仍然存在，民间所谓的"鬼火"就是这东西。然而独自一人处在这样恐怖而恶劣的环境之下的玄奘，心中并无恐惧之感，他可能已经清楚地知道，自己是彻底"身临绝境"了。

　　如果根据史书的记载推断一下的话，此时的玄奘起码有四天五夜滴水未尽，他的生命到达了极限。虽然我们知道唐山大地震的时候，有很多人被埋在矿井里，或楼房底下十几天，依然能生还，但是这是需要条件的，这个条件就是不能断水。而玄奘在极度干燥的沙漠中断水四天五夜，与一般人在正常的环境当中断水，更不可以相提并论。因此在这个时候，玄奘感到自己的生命大概就快要结束了。极度困乏、再也走不动的他，只能任凭自己躺倒在沙地里，默默地念诵救苦救难观世音的名号……

　　其实此时玄奘的心情是极其复杂的，他一方面觉得生命正在渐渐地离自己远去，另一方面人本身的求生欲望又让他无法彻底放弃。于是，根据史书的记载，虔诚的他对菩萨做了一番特别的禀告：

玄奘此行不求财利，无冀名誉，但为无上正法来耳。仰惟菩萨慈念群生，以救苦为务，此为苦矣，宁不知耶？

这段话的意思就是：玄奘我此行不求名声，更不考虑财宝利益，我只是为了追求无上的佛法，菩萨你是应该救苦救难、佑护众生的，我如此艰难困苦，难道菩萨您不知道吗？

我们为什么要说这段乞请词很特别呢？因为这里面隐隐含着对菩萨的指责和对菩萨法力的置疑。表面上看来很哀怨，但事实上这是玄奘作为一个虔诚的佛教徒所表明的态度：他把自己完完全全地交付给了佛祖和菩萨。

玄奘就这样一遍又一遍不停地向菩萨诉说着。到了第五天的夜里，气候出现了变化（沙漠里的气候是极其复杂多变的，有一句俗话叫做："早穿皮袄午穿纱，围着火炉吃西瓜。"意思就是早晨你还穿着皮袄，中午就得穿薄纱了，而你吃西瓜的时候，也许正围着火炉。这句话主要是描写吐鲁番的，但是实际上吐鲁番离玄奘被困的莫贺延碛并不是很远。由此可见沙漠中一天之内的气候温差变化之大）。原本沙漠里闷热得像蒸笼一样的天气突然出现了转机，吹来了阵阵凉风，我不说大家也一定知道，凉风在炎热的沙漠中有多珍贵，它不仅能使人清醒，还能使疲惫不堪的精神得到改善。当时的玄奘本来已经由于严重缺水，眼睛几乎看不出东西。但是这阵凉风吹到身上，让他顿时感到清凉爽快，简直如沐寒冰，视力也渐渐恢复。而一直跟随着他的那匹久经严酷环境考验的识途老马，原本一直奄奄一息地趴在他旁边，这个时候居然也站了起来。

此时此刻，沐浴在阵阵凉风中的玄奘觉得自己终于可以安静地睡一会儿了。据说在他睡得正香的时候做了一个梦,梦见了一位身长数丈的大神,表情凶恶,手里拿着一把长戟,一边挥舞,一边对他说:"何不强行,而更卧也?"(你干吗不勉强地再走几步呢,你怎么还睡着?)玄奘一下就被惊醒了,他以前做的梦里面,不是慈眉善目的佛或者菩萨,就是非常美丽的景物,比如大海、须弥山或者莲花之类的,因此,他感到非常奇怪。僧人一般都是比较相信梦境的。于是奇怪之余,玄奘还是照着梦里那位大神的指示,勉强站起来向前走。

然而就在他挣扎着走了差不多十里地的时候,他的那匹又瘦又老的马突然像焕发了青春一样,撒腿朝着别的方向飞驰,不知是它驮着玄奘,还是玄奘被他拖着,反正就是一口气奔出了几里地,把玄奘带到了一片非常丰满的水草地,而在这片草地的不远处,还有一个小池塘,池水甘甜,平静得就像一面镜子。史书中虽然没有提到这块地方是否就是王伯陇所说的野马泉,但是玄奘和他的马在这里又是喝水,又是沐浴,非常安稳地休息了两天的记载是非常明确的。玄奘认为,这片水草地和小池塘是神佛对他的眷顾,是佛祖救了他的命。休息完了以后,慈悲为怀的他还专门割了一些青草给瘦老赤马带上,作为它日后在路上的食粮。

就这样又走了几天,玄奘终于成功地穿越了莫贺延碛大沙漠,来到了一个名叫伊吾的地方。它位于新疆东部,就是今天新疆的哈密一带。伊吾在当时究竟能不能算外国?这实在不太好说。它原来一度臣服于东突厥,隋唐之际,东突厥经常侵扰中土疆界,唐高祖武德九年(626年)一度深入到首都长安附近。贞观二年(628年)东突厥发生内乱,部众分裂,有的向唐称臣,请求唐朝派兵援助，唐太宗抓住这一良机，于贞观三年（629年）派大将率领十几万大军分道出击，俘获其首领颉利可汗，东突厥就此灭亡。在东突厥灭亡后，伊吾才归属唐朝版图。我们前面提到过，玄奘西行求法的起始时间有两种说法，一种是贞观元年说，如果按照这个时间，那么玄奘走到伊吾的时候，伊吾还没有归属唐朝，因此把它看作玄奘出国后抵达的第一个外国，自然不会有什么错。我本人也赞同这种看法。如果按照第二种玄奘从贞观三年开始西行求法的说法来推算，那么他也应该是赶在伊吾归属唐朝之前不久就到达了。即使晚，也晚不了多久。因此，我们完全有理由把伊吾看作是玄奘成功走出唐朝国境后到达的第一个外国。

那么，伊吾是个怎么样的国家呢？玄奘会在伊吾遇见什么样的情况呢？他是否一切顺利呢？

伊吾是一个介于独立和依附之间的弹丸小国。在上文中我已经提到过它曾经臣服于东突厥，这只不过是简单言之，实际上，它上头还不止一个婆婆呢。这样的小国，地处中西交通的咽喉要道，想要生存下来，其实是非常不容易的，必须在夹缝里求生存，做到左右逢源，不能得罪周围虎视眈眈的比它强大的国家。因此，像伊吾这样的国家往往会给人一种靠不住、不稳定的感觉。而事实上，伊吾所顾忌的不仅是大国，只要是比它大的国家，它都不敢轻易得罪。

话说玄奘到达了伊吾的一座规模很小的寺庙，庙里只有三个僧人，而且都是汉人。这三个汉僧中，有一个上了年纪的听说从汉地来了一个法师，悲喜交集，根据史籍中的记载，他"衣不及带，跣足出迎，抱法师哭，哀号哽咽不能已已"。也就是说他还来不及把衣服、鞋子什么的穿戴整齐，就迫不及待地出来迎接玄奘，抱着法师痛哭流涕。这位老僧人还哭着对玄奘说："岂期今日重见乡人！"（真没有想到今天还能遇到家乡人！）因为伊吾离开汉地本来就遥远而多险阻，况且唐朝还禁止国民出境，要在这里看到一个家乡人是非常不容易的。玄奘看见汉僧，自然也是百感交集，于是和他相对哭泣。此外，伊吾的胡僧、胡王都来拜见玄奘，还把他请到王宫里盛情款待。可见，当地还是信仰佛教的，不然不会对玄奘如此重视。

照理讲，玄奘经过九死一生、长途跋涉，好不容易到了伊吾，伊吾的国王又对他非常尊敬，以礼相待。他应该在这里好好调整休息一番了，但是事实却并非如此。这是为什么呢？

我们上面说过，像伊吾这样的西域小国，对比它大的国家都不敢得罪。玄奘到达的那天，也确实是巧。当时西域东部有个比较大的国家高昌（辖境大致相当于今新疆的吐鲁番地区），正由麴氏统治着，这个时候的国王是麴文泰。当他派去伊吾的使者要回去的时候，正好玄奘到了。当时信仰佛教的国家，对有名望的法师高僧都极其重视，都会想方设法请他们莅临自己的国家，甚至有不惜为了一位名僧大德发动战争的，这样的情况在历史上都屡见不鲜。这位使者回去就把玄奘到访伊吾的事报告了麴文泰。麴文泰一听，即刻再次向伊吾派出使者，不客气地命令伊吾王把玄奘送来。同时也安排了几十匹好马，和一干贵族大臣沿路迎候。

其实本来玄奘是打算在伊吾休整完毕之后，略向北取道可汗浮图（当时属于西突厥辖境，西突厥灭亡后归属唐朝版图，约在今新疆昌吉回族自治州吉木萨尔县的北庭附近）继续西行的，无奈高昌国王的一番盛情辞谢不得，也就只能听从安排，折向南行，过了一个沙漠，花了六天时间，到达了高昌的白力城。这段旅途由于麴文泰安排妥帖，派人马相迎，也就没有留下什么危险的记载。

白力是今天的什么地方？我们已经无从确知了（据冯承钧《西域地名》的考订，认为是今新疆鄯善县治）。玄奘到白力时正好天色已晚，原来打算停留的，但是城中的官员和使者说，其实王城离开白力已经不远，请法师"数换良马前去，法师先所乘赤马留使后来"。大家还记得这匹一直跟随这玄奘的"瘦老赤马"吧？虽说它曾经来往伊吾十五回，但是离开了伊吾就未必识途了，可是玄奘还是带着它，只是到了要赶时间的关键时刻，才换上麴文泰为他准备的好马。从这件小事看，玄奘确实是一个满怀慈悲、内心充满爱的得道高僧。

玄奘到达王城时已经是半夜了，王城的门当然已经关闭了。守门官禀告后，麴文泰下令马上开门，随即和随从列烛出宫，将玄奘恭恭敬敬迎接到后院。麴文泰将玄奘安置在"重阁宝帐"中之后，对他备致敬仰之情："弟子自闻师名，喜忘寝食。量准途路，知师今夜必至，与妻子皆未眠，读经敬待。"（弟子自从听说了法师的大名之后，欢喜得忘记了吃饭和睡觉。我算准了法师您今天晚上一定能到达这里，所以和妻子儿女们都没有睡，我们一边读着佛经，一边等待着您的大驾光临。）到这里，大家可以明白为什么那些使者不让玄奘在白力稍事休息了，王城就在附近并不是主要原因，真正的原因是麴文泰还没有睡呢，还在那里等着呢！

在麴文泰之后，又是王妃和几十名侍女来礼拜。这一通折腾，天也快亮了，玄奘实在是支持不住，昏昏欲睡。麴文泰只得回宫，留下了几个太监伺候玄奘。

第二天，玄奘因为过于劳累，多睡了一会。麴文泰却又率领妃子等人来礼拜问候了。如此循环往复，目的其实只有一个，请他留在高昌。麴文泰除了自己每天对玄奘殷勤问候之外，还派了一个曾经去长安学习过的彖法师去见他。这位彖法师佛学修养了得，麴文泰一直很看重他。然而他和玄奘谈了没多久就出来了，看来是话不投机。麴文泰一看用这个办法不行，又派了年过八十的国统王法师，并且干脆让他和玄奘同吃同住，朝夕相处，劝玄奘放弃西行求法的念头，但是依然遭到了拒绝。

玄奘就这样在高昌停留了十几天之后，想继续西行，于是就向麴文泰辞行。麴文泰这下只能亲自把话挑明了："已令统师咨请，师意何如？"玄奘的回答是很明白的："留住实是王恩，但于来心不可。"麴文泰接着做他的工作了：

> 朕与先王游大国，从隋帝历东西二京及燕、代、汾、晋之间，多见名僧，心无所慕。自承法师名，身心欢喜，手舞足蹈，拟师至止，受弟子供养以终一身。令一国人皆为师弟子，望师讲授，僧徒虽少，亦有数千，并使执经充师听众。伏愿察纳微心，不以西游为念。

意思是说："法师您可别以为我是边鄙小国的一个土王啊，我见过大世面，我和先王到过上国的好多发达地区呢，名僧大德也见多了,我都没有怎么瞧得上的。自从听到您的大名,我就满怀欢喜,盼着您到,能让我来供养您终身。我不仅可以供养您,还可以让一个国家的人都做您的弟子。您别看不上高昌,僧徒再少,也有几千人,我让他们全都手捧经卷,当您的听众!希望您体察我的诚心,别再想着西行啦!"这段话乍一听很是谦卑,麴文泰的内心可能也的确如此,但仔细品味起来,就不那么简单。作为信仰佛教的国王,这段话是很体现了身份的,可谓软中带硬。高昌本来就是西域各国中汉化程度最高的,这位高昌王麴文泰看来也颇得辞令三昧。

然而玄奘的回答也是有理有节,不卑不亢,毫不让步:

> 王之厚意,岂贫道寡德所当。但此行不为供养而来,所悲本国法义未周,经教少阙,怀疑蕴惑,启访莫从,以是毕命西方,请未闻之旨,欲令方等甘露不但独洒于迦维,抉择微言庶得尽沾于东国,波仑问道之志,善财求友之心,只可日日坚强,岂使中途而止。愿王收意,勿以泛养为怀。

这段话很文雅,但意思很清楚,可以分为三层:一,您的好意我心领了;二,我此行只为求法,不为供养;三,我西行之志只会一天比一天更坚定,所以还是请国王您改主意吧!

玄奘的回答会使高昌王麴文泰改变主意吗?这段话发生了什么意料不到的效果呢?玄奘又是怎么应对的呢?请看下一讲"被困高昌"。

第九讲

被困高昌

玄奘九死一生才走出八百里大沙漠来到高昌，但高昌王却一心想把玄奘留下，做高昌国的大法师。但玄奘表示，决不会改变西行的初衷。高昌王会不会放过玄奘？高昌王和玄奘之间后来又发生了什么故事？

玄奘到达了高昌以后，高昌王麴文泰通过各种各样的方式想让玄奘留在高昌，充当高昌这个在西域地位非常重要的佛教国家的大法师。而玄奘也明确表达了自己不会改变西行求法意志的态度。此时，麴文泰的反应非常有意思，作为一个国王，他大概很难相信有谁能抗拒得了他所开出的条件的诱惑，所以他以为，玄奘的表白无非是想进一步试探他的诚心，于是他更为态度坚决地说了下面一段话：

> 弟子慕乐法师，必留供养，虽葱山可转，此意无移。乞信愚诚，勿疑不实。

意思是说："弟子我非常敬仰法师，即使葱山可以移动，我留您的心意也绝对不会有任何改变。"

玄奘听了这番话后，依然毫不动摇，他回答说：

> 王之深心，岂待屡言然后知也？但玄奘西来为法，法既未得，不可中停。以是敬辞，愿王相体。

意思是说：您的心意我早就明白了，您不必这么赌咒发誓，也不必再三声明。但是我从中土西行是为了求法，现在佛法还没有求得，目的还没有到达，所以不能中途停下来。我没有办法接受您的这个要求，希望国王能够体谅我的心情。

由此看来，玄奘确实是非常了不得的一个人。既不像《西游记》里面这么窝囊，也不像《大话西游》里面那么唠叨。他在关键时刻往往言辞犀利，态度明确，而且他很会根据不同的场合用不同的语气，从不同的角度来和对方进行沟通和交流。他接下来的话就首先从大义上占据有理地位：

> 大王曩修胜福，位为人主，非唯苍生恃仰，固亦释教悠凭，理在助扬，岂宜为碍。

意思是说：因为大王过去世世代代修福，所以今天当了国王。但是，难道仅仅是老百姓依靠您这个国王吗？不，其实连佛祖的教化都要凭借您的啊！所以呢，您听到我西行求法的心愿，理应支持啊，怎么能阻碍我呢？

玄奘的这段话表面上看很谦恭，但是实际上是在批评麹文泰只顾自己，不考虑别人。

麹文泰当然也不是个一般的国王，他一听玄奘的话开始犀利起来，就再一次从弘法的角度来说服他：

> 弟子亦不敢障碍，直以国无导师，故屈留法师以引迷愚耳。

意思是说：弟子我原本也不敢阻碍您西行求法，确实是因为我这个高昌国没有大法师来教导，所以才委屈法师您留下来指引在迷茫愚昧状态下的国民。

玄奘一看话都说到这份儿上了，索性就来了一个充耳不闻。无论你怎么说，反正我就是不答应。但是麹文泰毕竟是一个国王，权势者的耐性总是有限的，最后他终于发火了，而且这个发火还发得很大，连脸色都变了，提起衣襟（这是一般人准备动手动脚前的样子），大声吼道（王乃动色攘袂大言曰）：

> 弟子有异途处师，师安能自去。或定相留，或送师归国，请自思之，相顺犹胜。

意思是说：您可别不识抬举，弟子我还有别的办法处置您，您怎么能想走就走呢？什么办法呢？两条。第一条，留在高昌，充当高昌的国师；第二条，我把您遣送回唐朝。这两条路就摆在您面前了，请您自己想一想，其实还是顺从我更好一点。

此时此刻，麹文泰把底牌全亮出来了。玄奘要是不答应留下，他就把玄奘送回国。这肯定是玄奘不能接受的。且不说这违背他西行求法的初衷，要知道玄奘是偷渡出关的，在唐朝那么严厉的禁边令的情况下，送回去肯定要接受国法的制裁。最糟糕的是，无论答应或不答应，都将无法再继续西行了，玄奘会怎么办呢？

面对麹文泰气势汹汹的威胁，玄奘做出了一个大家意想不到的举动。在做这个举动之前，他先撂下了这么两句话：

> 玄奘来者为乎大法，今逢为障，只可骨被王留，识神未必留也。

意思是说：玄奘我来到这里是为了弘扬大法，现在遇见国王您给我设置障碍，不让我实现我的目标，那好吧，我的骨头可以被您留在高昌，但是我的意识却未必能留下。换句大白话说也就是：您留得住我的人，却留不了我的心。

玄奘的这段话可以说是又哀又绝，而其中透露出的意思就是他其实已经做好被强留在高昌的准备。说完以后，玄奘就一直哭，哭得上气不接下气。但是麹文泰却毫不动容，他认为玄奘这只是苦肉计而已。因此，他也不再多说什么，只是依然每天加倍盛情地款待玄奘。甚至玄奘每进一次餐，麹文泰都亲自托着盘子侍奉在旁。

玄奘一看，自己已经把话都说绝了，还痛哭了一场，这些都没用，于是他就只能想出一个更绝的办法——绝食。

玄奘决定绝食之后，连续端坐了三天，水浆不进口。到第四天已经是气息微弱，奄奄一息了。麹文泰认为，自己软硬兼施，玄奘早晚会接受他的条件。但他没想到的是，玄奘竟会用绝食来表明自己西行求法的决心，这下可把他吓坏了。我们在前面已经提到过，高昌是一个笃信佛教的国家，如果玄奘这么一个高僧在他手里被活活逼死的话，是于理不容的。所以麹文泰赶紧叩头谢罪，明确表示："任法师西行，乞垂早食。"

两人经过一番较量之后，麹文泰终于在精神上输给了玄奘，完全同意了他的继续西行要求，恳求他赶快结束绝食。

玄奘舍弃性命也要西行求法的坚定信念，终于使高昌王麴文泰答应放玄奘西行，但麴文泰是真心答应玄奘西行了，还只是一个缓兵之计呢？

虽然麴文泰明确表示同意玄奘继续西行的要求，但是玄奘是个谨慎的人，他怕自己一旦恢复饮食之后，麴文泰又会反悔。于是他要求麴文泰指日发誓。

麴文泰是个直性爽快之人，玄奘让他指日发誓，他索性提议俩人一起到佛祖面前去礼佛。当然，对于佛教信徒来讲，在佛祖面前发誓显然比指日发誓要郑重其事得多。不仅如此，还当着太妃（相当于皇太后）张氏的面，与玄奘结拜成为兄弟，再次确认"任师求法"。

我们马上就可以想到，在《西游记》里面，玄奘有一个非常尊贵的身份——御弟，这个"御弟"是指玄奘是唐太宗李世民的异姓兄弟。但是在真实的历史当中，唐太宗跟玄奘到底有没有结成兄弟关系，无从考证。而且我们知道，唐朝政府认可的第一宗教是道教，并不是佛教。虽然唐朝佛教很兴盛（当然也有很短的反佛的时间），但是因为唐朝的皇帝姓李，所以为了表明自己出身高贵，就说自己是老子的后代，而老子所代表的道教也名正言顺地成了唐朝的第一宗教。因此，我以为，《西游记》当中，玄奘这个"御弟"身份的原形，或者说这个故事的来源，应该是在这里。玄奘不管是不是唐太宗李世民的"御弟"，但他的确是高昌王麴文泰的结拜兄弟。

玄奘通过自己不屈不挠的斗争，在高昌国争取到了一个出人意料的好结果,不光没有被迫留在高昌,反而多了一个国王哥哥,真是满心欢喜。然而就在此时,麴文泰又对他提出了一个附加条件。这个条件绝对不是限制玄奘西行,而是一个很感人的条件,就是弟弟你去西天求法,我全力支持,唯一的一个愿望,就是你取经回来之后,请务必再取道高昌,到时候在高昌停留三年,接受我的供养。至于玄奘回来的时候有没有经过高昌,这我们以后再讲。

话说既然麴文泰同意玄奘西行,那么这个做哥哥的就开始为他进行许多准备工作,包括缝制一些衣服等等。西行的一路非常艰险,如果没有足够的支持是很难想象的。与此同时,玄奘在麴文泰为他准备行装的这一个月期间,就接受他的邀请,在高昌讲《仁王般若经》。这部经为什么这么重要呢?因为在汉族的佛教传统当中,普遍相信《仁王般若经》有消灾祛难之功效。

根据史书的记载,玄奘每次开讲之前,麴文泰都亲自手执香炉,在前导引。玄奘讲经需要升座,所谓"升座"就是要到一个高座上去跏趺(盘腿坐着),这时麴文泰就会跪下,让玄奘踩着他上座(每到讲时,王躬执香炉自来迎引,将升法座,王又低跪为蹬,令法师蹑上,日日如此)。这是一个非常崇高的礼节,在东土并不多见,但是在印度却有此种礼节的记载,可见高昌国在当时也颇受西域文化的影响。

一个月过去之后,经讲完了,玄奘长途旅行的东西也给准备好了。麴文泰还专门为玄奘剃度了四个沙弥来伺候和照顾他,我们前面也提到过沙弥,但是没有做过详细的介绍。"沙弥"这个词当然是个外来语,它应该是来自于梵文 śramāṇera。沙弥有很多不同的种类，比如有一种叫"行慈"和"勤策男"，是指七岁到二十岁之间受过十戒，但还没受过具足戒的一种见习僧人。前面我们曾经介绍过五戒，是指不杀生、不偷盗、不邪淫、不妄语、不饮酒。沙弥所受的十戒中，前五戒跟这个完全一样，就少了一个字，"不邪淫"的"邪"字没有了，也就是说他完全不能够有两性的性关系，居士是可以有正当的两性关系的，所以它禁止的是"邪淫"，而沙弥连性关系都不可以。此外还添加了五戒，即：

六、不涂饰香蔓；

七、不听视歌舞；

八、不坐高广大床；

九、不非时食；

十、不蓄金银财宝。

"不涂饰香蔓"指不在身上涂抹或者装饰有香味的花环，这完全是印度的习惯。"不听视歌舞"指不听、不看歌舞，也就是说不能看文艺节目。"不坐高广大床"里的"床"不是现代意义上的床，是指禅床，有点像今天我们家里的高背椅，因此这一条戒律的意思是不能坐又高又大、非常讲究的椅子。"不非时食"指必须严格遵守"过午不食"的戒律。这一条后来到了汉地佛教当中就不那么严格了，因为后来中土好多僧人是自己种地的，一日不做一日不食，如果每天只吃一顿的话，体力上支撑不住。"不蓄金银财宝"的意思很明确，这里就不多解释了。

除了沙弥之外,麴文泰当然还为他的弟弟玄奘准备了大量的东西,这些都如实地留在了历史记载当中。这些东西究竟是什么呢?玄奘又是怎样从高昌继续西行的呢?请看下一讲"异国传奇"。

第十讲

异国传奇

玄奘西行求法的坚决态度深深打动了高昌王麹文泰，他不仅同意了玄奘继续西行的要求，而且还和他结为兄弟，为他以后的行程准备了大量的东西。玄奘在高昌停留了将近一段时间之后，终于重新踏上了西行的征途。

上一讲我们讲到高昌王麴文泰终于接受了玄奘继续西行的要求，并为他准备了大量的物资，以资助他西行求法的伟业。据记载，麴文泰为玄奘准备的东西有："法服三十具"，即三十套法衣，也就是包括里里外外的整套衣服；"手衣"，那就是手套；"袜"，这不是普通的袜子，而是准备在沙漠长途跋涉用的袜子，它第一要保暖，第二要防沙漠蝎，因为沙漠蝎非常之毒，一旦被咬往往可以致人于死地；"面衣"，专门用来保护脸部，抵御沙漠风沙的。另外还有"黄金一百两、银钱三万、绫及绢等五百匹"，作为玄奘来回二十年的盘费。此外还准备了"马三十匹、手力二十五人"，所谓"手力"，基本上就是干苦力活的人。总之，麴文泰为玄奘考虑得非常周到，即使是亲兄弟，要能做到这样也不容易。可见他是真心真意要成为一个修成护法正果的佛教圣王。然而，麴文泰所做的还远远不止这些，他还派出一个名叫欢信的殿中侍御史，护送玄奘到叶护可汗衙（大家应该还记得，玄奘原来就是计划取道西突厥的可汗浮图继续西行的，麴文泰现在是把他送回了计划中的路线）。另外还写了二十四封书信，给玄奘西行路途中要经过的二十四个国家的国王，信的内容当然是请求各国国王给他的弟弟玄奘西行求法提供必要的协助。每一封信都附"大绫"（高级丝织品）一匹作为信物。现在我们写信已经没有这个规矩了，古时候的人送一封信是要附带一样东西的，叫"押书信"。

高昌王麴文泰当然比玄奘更了解当时西域的政治、军事形势。

别看他对伊吾可以呼来喝去，随便指挥，但是他也有惹不起的人，比如突厥可汗。所以他的二十四封信里边，还不包括专门写给突厥叶护可汗的一封信，这封信被记录在《大慈恩寺三藏法师传》中，其中的一段原文是这样的：

法师者是奴弟，欲求法于婆罗门国，愿可汗怜师如怜奴，仍请敕以西诸国给邬落马递送出境。

意思是说："玄奘法师是奴仆我的弟弟，想要到婆罗门国去求法。希望可汗可怜这位法师就像可怜奴仆我一样，并请您下令给西面的诸国，让他们给我这个弟弟马匹，送他出境。"这段话非常感人，几乎已经到了声泪俱下的程度。虽然得道高僧是应该心如止水，对外界无动于心，所谓"风动帘动而心不动"，然而玄奘却是一个感情非常丰富的人，此时此刻，他再也没有办法遏制心中的感激之情，写了一封文辞华美的信给麴文泰，以表达对他的感谢（这封信很长，也记录在《大慈恩寺三藏法师传》中），麴文泰收到信之后的回答就更感人了："法师既许为兄弟，则国家所畜，共师同有，何因谢也。"（法师您既然已经和我结为兄弟了，那么这个国家所拥有的东西当然是兄长我和法师您共同所有的，为什么还要谢我呢？）

玄奘启程离开高昌的情景，自然也是非常感人。据记载，当时麴文泰与玄奘两人抱头痛哭，大家也跟着一起放声大哭，一时间，"伤离之声振动郊邑"。

由于高昌王麹文泰周到而极其细致的安排,玄奘顺利地经过了一些小国之后,不知不觉间就到达了阿耆尼国。这个国家非常重要,因为它是《大唐西域记》这部举世闻名著作的起首第一国。为什么玄奘要把阿耆尼国作为自己这部著作的起首第一国?这是一个什么样的国家?玄奘在这里有什么样的特殊经历呢?

这个阿耆尼国,就是今天中国新疆的焉耆回族自治县。而阿耆尼这个名字来源于梵文的 Agni,意思是"火,火焰"。今天的现代维吾尔语称为 qarašähr,意思是"黑城"。自两汉到唐,这个地方在史籍中一般的名字是"焉耆"。在早于玄奘约二百年西行的晋代高僧法显的求法旅行记《法显传》(亦称《佛国记》)则称之为"焉夷"。这些都是古代焉耆语的音译。

玄奘在这里得到了国王和大臣们的热烈欢迎,于是他出示了高昌王麹文泰为他准备的二十四封信里的一封。岂料阿耆尼国的国王看过信之后脸色大变,连马都不肯给玄奘了(这里所谓"给",应该就是换马,因为玄奘带了很多马,马走到这里已经很疲劳了,需要把马留在这里,然后再换几十匹精力充沛的马)。为什么会这样呢?原来麹文泰在写信的时候,一心一意要为玄奘开路,根本就忘了他自己的高昌国经常去侵扰阿耆尼国,动不动就派兵去这个国家抢东西。所以当阿耆尼国王看到信之后当然气愤异常,而玄奘也因为没有办法应付阿耆尼国跟高昌国之间的种种恩怨,只停留了一天就离开了。

即使是这样短暂的停留,玄奘依然给我们留下了关于阿耆尼国的极其珍贵的记载。从这一点可以充分说明,真实的玄奘是一个非常聪明、有观察力和判断力的人，不像《西游记》里的唐僧，连白骨精是谁都分辨不出来。《大唐西域记》关于阿耆尼国的记载不足三百字，但是信息含量很大，内容囊括了国土大小、风俗、水文、地理、土特产等等，在此择要介绍其中的几条。

第一条，"文字取则印度，微有增损"。这是说阿耆尼国的文字是仿照印度的，略微有一些改动，这个观察非常细致。大家知道，《大唐西域记》是玄奘从印度回来之后写的，因此他的这条记载是很可信的。

第二条，"货用金钱、银钱、小铜钱"。玄奘在进入阿耆尼国辖境后曾经过一座银山，里面全是银矿，而西域各国银币的原料基本是从这座山开采出来的。那一带受罗马、波斯等西方文化的影响，很早就使用银币，现在有许多出土文物都能证明这一点的准确性。

第三条，"王，其国人也，勇而寡略，好自称伐。国无纲纪，法不整肃"。这绝对不是因为阿耆尼王不肯给马，玄奘就故意写下几句负面报道。事实上，那里的治安情况确实非常糟糕。大家知道，玄奘在这里是匆匆而过的，可是入境不久居然遇到了山贼，于是玄奘给了他们一点东西，贼就跑了。当晚，他们就睡在了王城附近的山谷里面。与玄奘他们结伴同行的还有几十个做生意的胡人，他们为了贪图早点赶到市场去做生意，半夜时悄悄先走了，等玄奘他们醒过来再走了十几里之后，发现他们全部都被杀了，财物也都没了。在这个离王城很近的山谷尚且如此，其余地方的治安就更不用说了。因此，玄奘的记载还是很客观的。

第四条，"伽蓝十余所，僧徒二千余人，习学小乘教说一切有部"。也就是说这里的两千多僧徒是学习小乘佛教的。小乘佛教和大乘佛教的区别大家也许都知道,大乘佛教是要普度众生的,只要有一个人还没上天堂,我绝不先上天堂,这是大乘佛教的精神。小乘佛教的精神是修成阿罗汉就算了,阿罗汉也叫"自了汉",就是我只管我自己涅槃升天,别的我不管了。玄奘接着记载说:"戒行律仪洁清勤励,然食杂三净,滞于渐教矣。"这里所谓的"三净"是指三种肉,按照原始小乘佛教的戒律,僧人是可以吃肉的,但是戒律规定只有三种肉可以吃:第一种,我没有亲眼看到是为我杀的动物的肉;第二种,我没有亲耳听见是为款待我而杀的,或者我没听见杀的时候嗷嗷叫的动物的肉;第三种,不用怀疑它是为我而杀的动物的肉。但是到了大乘佛教里就坚决断肉了,尤其在汉地,僧徒是绝对不能碰肉的。所以,玄奘认为阿耆尼国的僧徒还停留在教法的初浅阶段(滞于渐教)。

玄奘离开了阿耆尼国之后,接着往西方前进,渡过一条大河,再向前行进了几百里,来到了一个在今天依然是非常神秘和吸引人的地方——龟兹(今新疆阿克苏地区库车县)。

龟兹是当时丝绸之路上的重镇,受印度影响,异域风情浓厚,这里虽然很神秘诱人,但玄奘有了在阿耆尼国的遭遇后,始终提心吊胆的。龟兹国会如何对待玄奘,他在此又会遇到了什么离奇的事情呢?

龟兹这个国家比阿耆尼大,它的都城方圆十七八里。玄奘到达的时候,龟兹的国王、大臣,还有一些高僧都来迎接他。值得注意的是，在这一行人中有一个非常重要的人物，他是龟兹的第一高僧，也是当时在西域非常著名的佛教领袖式人物，名叫木叉毱多。在这个僧人后面还会牵扯出一段非常精彩的故事，容我以后再慢慢细讲。

先说龟兹欢迎玄奘的仪式。这个仪式与高昌欢迎玄奘的方法相比，有其独特之处。首先当然照规矩要搭起帐篷，然后把龟兹一些比较漂亮而且非常重要的佛像搬过来，还要奏起音乐。等玄奘到达以后，这些欢迎的人都一一起立（他们原来都应该铺个毯子坐着或者坐在草地上），并且向玄奘献花。大家注意，这一到献花的场合，异国的氛围就马上出来了。因为当时西域的人献花不像今天这样，献一束鲜花或者一朵鲜花，它是一盘一盘的。玄奘接收下鲜花之后，也不能自己拿着走，他得端着这盘鲜花非常恭敬地到佛像前去散花，表示他对佛祖的尊崇。散完花以后，玄奘就和欢迎他的大臣们坐到一起。我们知道，以前玄奘做客时，一直是被推为上座的，因为大家都很尊敬他这样一位高僧，但是在龟兹国，他的座位却被安排在了木叉毱多之下。他们为何要这样安排呢？其实这反映出两个清楚无误的事实：首先，木叉毱多在当地的威望和地位至高无上。其次，龟兹国人对自己国家佛学的造诣和对自己国家所拥有的佛学人才充满了自信。

第二天，按照规矩，国王把玄奘请到自己的王宫里，进行非常丰盛的款待。但是玄奘却对他们的款待感到有点不舒服。道理很简单，龟兹是是盛行小乘佛教的，所以那里的僧人包括木叉毱多肯定是吃肉的，而玄奘信仰的是大乘佛教，他是不吃肉的。于是就这件事情，玄奘向龟兹国王进行了一番解释。从中我们也可以明显地看出，龟兹跟汉地文化的差别要远远大于高昌和汉地文化的差别。但是与此同时，这也给玄奘提供了一个解释汉地文化和龟兹文化差别的机会。

见完了世俗的最高领袖国王，玄奘当然还要去拜访那位龟兹当地最高的佛教领袖——木叉毱多。他住在国都西北的一座寺庙里面，这座寺庙在当地非常著名，名叫阿奢理儿（亦作"阿奢理贰"），"阿奢理儿"是当地的方言，意思就是"奇特"。

玄奘去拜访木叉毱多时，他所在的奇特庙引起了玄奘的好奇。在这里，玄奘听到了一段有关这个国家和奇特庙的传奇故事，如果不是玄奘把这个传说记载下来，这段传奇也就注定湮灭了。那么，这到底是怎样的一个传说呢？

原来龟兹曾经有个国王，笃信佛教。按照佛教的规矩，到了一定的时间，国王就要出去巡礼佛迹，也就是说，国王要离开现在居住的地方，到远方去瞻仰佛的遗迹。国王在准备离开自己这个国家的时候，把他的同胞弟弟叫到跟前，请他代管这个国家。这原本是最正常不过的事情了，但是这个弟弟在哥哥临行前，交给他一个黄金匣子，并且告诉他，这个匣子一定要等到他瞻仰佛迹回来之后才能打开。对于弟弟的这个奇怪举动，国王当时也没多想，一路带着匣子就巡礼佛迹去了。谁知等国王回来以后，朝中的一些大臣就向国王揭发，说是他的弟弟趁他不在的时候秽乱中宫。这是很严重的罪行，也就是说国王的弟弟与国王后宫的嫔妃之间发生了非常不好的行为。国王听后当然就暴怒了，准备对这个弟弟施以极刑。然而此时，他的弟弟却不慌不忙地提醒国王说："您还记得我在您临走前送您的那个黄金匣子吗？您现在可以把它打开了。"国王这才想起打开那个匣子，发现里面有一样东西，但是还是看不太明白，于是就问："这是什么东西啊？你到底想证明什么啊？"其实这个弟弟真的是很厉害的一个人物，他早就预料到，哥哥离开将由他来代理国王，可能会遭遇祸害，所以他就把自己的生殖器给割下来，并且封在盒子里让哥哥带走。经过一番解释，国王和弟弟之间的误会马上就烟消云散了。但是过了一段时间之后，国王发现弟弟突然又不来皇宫了，他觉得很奇怪。原来这时，在他的弟弟身上发生了一件不可思议的事情，也正是因为这件事，才有了那座含义为"奇特"的庙宇。

话说皇帝的弟弟有一天在都城的路上走，看到有一个人赶了五百头牛，准备把这些牛都给阉割掉（阉割掉会使畜养的牲畜长得比较肥，肉也会比较嫩）。弟弟觉得是自己的业报，于是就动了慈悲之心，他花钱把这五百头牛给赎了下来，算是做了一件善事。而此后不久，按照玄奘的记载，这位国王的弟弟的身体居然慢慢地恢复了。当然，为了避免再一次被人陷害，他就再也不进皇宫了。国王得知后，下令造了这么一座寺庙，名字就叫做"奇特"。

玄奘在拜访木叉毱多时发生了一件大事，他平生第一次面对面地和一位非汉族的高僧发生了一场关于佛学理论的辩论，这场辩论当时在龟兹国引起了举国震动，那么这场辩论是怎么发生的？它的过程和结果又是怎么样的？请看下一讲"龟兹辩经"。

第十一讲

龟兹辩经

按照礼仪，玄奘应当要去拜访那位住在奇特庙中龟兹高僧木叉毱多。就在拜访时，玄奘在毫无准备的情况下和他展开了一场激烈的辩经。那么，这场辩经究竟是怎样开始的呢？玄奘有把握取胜吗？

上一讲说到玄奘要去拜访了一位名叫木叉毱多的龟兹高僧。这个木叉毱多不是个一般的高僧，他曾经留学印度二十几年，而且根据记载，他博览群经，特别擅长声明之学（这里所说的"声明"和今天常说的"声明"完全不一样，它是指梵文语言学），所以得到龟兹国王和民众的极度推崇。再说这位木叉毱多大概也是个恃才傲物的人物，所以他见玄奘前来拜访，只是以一般的客礼相待，并不认为他对佛学会有什么了不起的见识。因此，就对他说：

此土《杂心》、《俱舍》、《毗婆沙》等一切皆有，学之足得，不烦西涉受艰辛也。

意思是说：佛教的经典，如《杂心论》、《俱舍论》、《毗婆沙论》等，我这儿都有，如果你在这里能把它们都学好的话，就已经很受用了，没有必要再往西去受那种苦。

听了木叉毱多的话之后，玄奘的回答很有意思，他既不说自己学过那些经，也不说自己没有学过那些经，而是直接发问：

此有《瑜伽论》不？

玄奘所说的《瑜伽论》是一部佛经，全名叫《瑜伽师地论》，又名《十七地论》。在古代的印度，大家普遍相信它是由弥勒菩萨口述的一部经。在玄奘心目中，这部经在佛学上的地位是至高无上的，犹如皇冠上的一颗明珠。他到印度去求法，主要的目的就是在于寻找这部经。

对于玄奘提出的问题，我们当然可以作出两种猜测。第一种，玄奘确实是在虚心求教，就是他到了龟兹这么一个比较大的西域国家，又遇见一位留学印度二十多年，在当地声望非常高的高僧，他是真心想问，您这里有没有这部《瑜伽论》。第二种，就是玄奘已经开始采用一种辩论技巧，先跳出对方的知识系统，不落入他的这个圈套。从道理上讲，我认为玄奘还是虚心请教的可能比较大。而木叉毱多对于这个问题的回答则充分反映出他居高临下的一种气焰：

何用问是邪见书乎？真佛弟子者，不学是也。

意思是说：你干吗要问这么一部观点都是错误的书呢？真正的佛门弟子根本不会学这部书。

木叉毱多这句话是很不客气的，同时也说明，他作为一位小乘佛教的高僧，在对待知识的态度上有欠开放。

一部被玄奘奉为佛学经典之作的经书，为什么在龟兹高僧的眼中却被视为无用的书？玄奘听到这样的回答又会作何反应？在《西游记》中，唐僧是一个不善言辞的僧人形象，那么，在现实中的玄奘又会是什么样子？

这样的回答当然是出乎玄奘的意料之外的。大家知道，小说《西游记》里面，玄奘的形象是比较窝囊的，除了念紧箍咒比较顺溜之外，口齿并不那么伶俐。但是在真实历史当中的玄奘，是一个性格非常刚强，决不轻易认输的人。因此，他听到这样的回答以后，反应当然非常激烈。根据记载，玄奘在听到这个回答的一瞬间，就对木叉毱多的印象彻底改观，从原本的尊敬，一下子转变为"视之犹土"，也就是说把他当泥土这么看。这样一来，他说话当然也就不会客气了：

> 《婆沙》、《俱舍》本国已有，恨其理疏言浅，非究竟说，所以故来欲学大乘《瑜伽论》耳。

意思是说：您刚才提到的那些《杂心论》、《俱舍论》、《毗婆沙论》我们中土都有，遗憾的是，我感到它们所讲述的佛理比较粗疏浅显，还不是最高深的东西。正是因为这样，我才想西行求法，去学习《瑜伽论》的。

从中我们可以感觉到，玄奘已经视木叉毱多为敌体，开始平等地进行对话了。当然，玄奘的厉害还不止于此，他接下来说的话更是直指要害：

> 《瑜伽》者是后身菩萨弥勒所说，今谓邪书，岂不惧无底枉坑乎？

意思是说：《瑜伽论》乃后身菩萨，也就是未来佛弥勒亲口所讲,你居然说他是"邪见书",难道就不怕死了以后掉到深不见底的地狱里吗?

玄奘的反问,使得根本没把玄奘放在眼里的木叉毱多落入了两难的境地。因为他过于托大,口不择言,犯了骂佛的大罪。对于佛教徒来说,这是不能原谅的。要是否认吧,那就犯了妄语罪,再说旁边还有别人,以木叉毱多的身份地位,这是做不出来的。但是木叉毱多毕竟不是一般的人物,他马上见风使舵,顾左右而言他,把话题给扭回来:

《婆沙》等汝所未解,何谓非深?

意思是说:《毗婆沙论》这几部经典你还没有完全弄明白,又怎么能说它不高深呢?

这句话是极没道理的,等于是栽了玄奘一赃。显然,木叉毱多对自己的佛学修养信心十足,他当时的心理是,玄奘的反应和口齿都已经领教了,但是总不见得具体到《毗婆沙论》这部经书,我也斗不过他吧?因此,他把问题转到自己有把握的一部佛经上,同时也使自己从已经失败的原则问题上抽身而退。

话说到这个份上,玄奘也有些骑虎难下了。因为第一,玄奘刚刚出国,他对印度是有一种根深蒂固的崇拜,这种崇拜有的时候甚至是无原则的。面对这么一个在印度有非常长久留学经历的高僧,他心里多少还是有点犯怵的。第二,玄奘虽然对佛学是下过苦功,但是具体到一部《毗婆沙论》上,他并没有足够的把握可以胜过木叉毱多。此时的他既不能讲"《婆沙》我不解",又不能说"《婆沙》我已解",的确是很为难。

然而玄奘还是灵机一动,想出了一个好办法。他先不回答木叉毱多的问题,也来了个反问:

师今解不?

短短的一句话,四个字,包含的意思却很多:首先,不在你骂佛问题上纠缠,已经让你一步;其次,称你为"师",表示尊老敬贤之意,同时也把木叉毱多托起来,看你下得来下不来;最后,用问句,看木叉毱多你怎么回答?

这下实在是把木叉毱多这位高僧给难死了。大家想想,如果他说"我不解",不行啊,原来自己那么傲,对玄奘那么不客气,自己的身份又是前辈,当着那么多人的面,岂不羞杀?如果说"换部经",也不行啊,这可是他自己提出来、自己强调的经啊,玄奘这是在问其所长,所以这也实在说不出口。于是,摆在木叉毱多前面只有一条路了,他只能回答说:

我尽解。

这就等于堵死了一切岔道,而且被迫将提问权交给了后生晚辈,自己成了守方,玄奘则掌握着进攻的主动权。于是,玄奘就从《俱舍论》开始的地方发问。《俱舍论》全称《阿毗达摩俱舍论》,共三十卷,六百颂,为小乘向大乘有宗(瑜伽行派)的过渡之作,基本反映了当时流行在迦湿弥罗的说一切有部的主要学说。

这部经在中土有几种译本，后来玄奘的译本出来后，讲习很盛，成为一派，叫"俱舍宗"，玄奘的学生还对这部经做过注解。在藏传佛教中也有自己的译本和注本。当然，这都是后来的事情。

玄奘是大乘僧，至于瑜伽学派，他还没有到达印度，自然还没有来得及学；木叉毱多则是小乘学派，而且应该就是说一切有部的。所以，选这部书来进行辩论提问其实对木叉毱多明显是有利的。但是木叉毱多也不知道是什么原因，就在玄奘一开始"引《俱舍》初文问"的时候，就露出破绽（发端即谬），也许他还在为自己"邪见书"的失言耿耿于怀，没有集中精力，以致又出现了差错，这种精神状态于辩论者来说是非常致命的。于是玄奘乘胜追击，接着连连发问。大家也许都看过或经历过辩论的场景，进行的速度是很快的，问题是一个接一个地往下问的，直问到你瞠目结舌，来不及应对。这样一方面可以检验辩论者熟练程度，另一方面也可以考验辩论者的联想和触类旁通能力。据记载说，在玄奘的接连问难下，木叉毱多"色遂变动"。至此，可以说木叉毱多已经输掉了这场辩论，然而他依然不肯认输并且开始耍赖了。他对玄奘说：

汝更问余处。

意思就是让玄奘再问别的地方。于是玄奘再问，这个老爷子还是讲不通，可能是之前已经被玄奘的连续发问给弄懵了的原因吧，被逼急了的他再一次口不择言，居然说：

《论》无此语。

意思就是《俱舍论》里面根本就没有这句话。这也等于是在说玄奘胡说八道了。如果换在别的地方，此时在一旁听辩经的人早就起哄了，因为辩输了还不肯下去的话，实在是太没有风度了。可是木叉毱多在龟兹的地位实在太高了，一时之间也没有人敢指责他。然而这一天也活该木叉毱多不走运，因为当时听众当中恰恰坐着这么一个人，他比木叉毱多的地位还要尊贵。

在龟兹国，除了国王之外，谁还会比这位龟兹国第一高僧的地位高？而且不管怎样，此人毕竟是龟兹国人，玄奘却是外来的僧人，他就一定会站出来为玄奘主持公道吗？他的出现会给这场辩论带来什么样的改变呢？

就在木叉毱多输了辩论还在硬撑的时刻，当时正好在座的龟兹王叔叔智月出来说话了。这个智月因为出家修行（在当时信仰佛教的国家中，王族出家是很普遍的，而出家的这些人中，有时甚至是王族当中非常出类拔萃的人才。其实欧洲也有类似的情况，欧洲早期的贵族中，也有很多人去当修士），"亦解经论"，也跟着其他僧众参加了这次会见。听到这里，同样也是高僧的智月就听不下去了，觉得木叉毱多实在有失龟兹国的体面，于是他亮出自己的王叔身份，站起来告诉大家，玄奘并没有胡说八道，他问的话在经书里是存在的。

此时的木叉毱多还是不认输，因此就只剩下最后一个办法：

把经书拿出来对。要知道古人都是把经典背诵出来的,因此到了把经书拿出来对的时候已经非常狼狈,这与木叉毱多的身份、地位以及威望都已经不太相符了。更何况一对之下,经书中果然有这句话。证据面前,木叉毱多只能找了个无奈的借口——"老忘耳"。就这样,玄奘的第一场辩论以大获全胜而告终。

此后,玄奘还在龟兹停留了两个多月。他之所以会在龟兹停留那么长时间,是因为大雪封路,一时没有办法走。从记载上看,玄奘在龟兹的时候,就四处看看,到处走走,好像并没有把这场辩论的胜利太放在心上。所以他还经常去阿奢理儿寺看望木叉毱多,找他聊聊天。但是那场辩论的惨败却给木叉毱多的心灵带来了巨大的阴影,因此他看到玄奘总是很不自在,对玄奘的态度也变得很恭敬。比如他原本是大模大样坐着和玄奘说话的,但是现在却是站着和他对话。有的时候,远远地看到玄奘来找他,他干脆就躲起来了,并且私下对别人说:

此支那僧非易酬对。若往印度,彼少年之俦未必有也。

意思是说:这个从中土来的僧人(用于指称中土的"支那"一词出自梵文,很早就有了,因此木叉毱多所说的"支那僧"并不含有贬义)不好对付,如果他去印度求学的话,恐怕在他的同龄人当中,还没有可以跟他过过招的人呢。

值得我们注意的是,这么精彩的一场辩论,在《大唐西域记》里面却没有留下丝毫的痕迹,就连木叉毱多这个人都没有在正文里面出现过。因此,如果我们光看《大唐西域记》的话,就完全不会知道在龟兹国还曾经发生过这么一场轰动全国的辩论。我想其中原因可能有二：首先，《大唐西域记》这部书，实际上是玄奘取经回到唐朝以后，唐朝政府命令他写的，其作用主要是为政府提供一些境外的信息，严格来讲，带有一定的情报功能。因此，玄奘在书中非常详细地描写了他所经过的国家的政治、经济、文化状况，包括这些国家中一些比较险要的地理状况，而较少涉及自己个人的事情。其次，也很可能是后来玄奘自己的佛学修为又提高了不少，因此当他再回过头来看当年这场胜利的时候，就觉得不足挂齿了。要知道玄奘在印度曾经举行过全国性的辩论会，他一个人舌战群僧，在印度赢得要比龟兹漂亮得多。

既然《大唐西域记》里面没有记载，前面描述的这场辩论的依据是什么呢？我依据的是《大慈恩寺三藏法师传》。这本书是中国传记文学宝库当中的瑰宝，它是玄奘的嫡传弟子慧立、彦悰根据平时他们追随玄奘时的所见所闻写成的一部传记。玄奘本人没有看过这部书稿，它是在玄奘圆寂很久以后才成书，并且流传开的。也多亏了这本书，玄奘和木叉毱多在龟兹的这场辩论的种种细节和胜负情况才跨过了一千多年的岁月，原原本本地流传到了今天。

那么，除此之外，玄奘在龟兹期间还留下了哪些珍贵的记载和有趣的描述？在接下来的路程当中，玄奘又遭遇到了什么？请大家看下一讲"一波三折"。

第十二讲

一波三折

玄奘在龟兹辩经中大获全胜，却因为大雪封路不得不暂时滞留在龟兹。这段时间玄奘不仅留心观察了当地的文化、佛教，还特别记录下了龟兹大多数人是扁头这一奇怪现象，这是为什么呢？

玄奘由于大雪封路而不得不在龟兹停留了两个月的时间。在这两个月里面，玄奘到处走走看看，对龟兹做了很深入的观察，留下了很多关于这个国家的非常珍贵的历史记载。例如，玄奘在龟兹的时候，听见当地的老人讲，龟兹以前有个国王名叫金花，而这位金花国王在《旧唐书·龟兹传》里面也有记载："高祖即位，其主苏发勃駃遣使来朝。勃駃寻卒，子苏发叠代立。"这里的"苏发勃駃"是梵文的译音，它的意思恰恰就是金花。"苏发叠"也是从梵文音译而来，是金天的意思。这就完全可以和玄奘的记载互相印证。

那么玄奘在龟兹的时候，应该正好是金花的儿子金天在位的时候。这个金天国王，根据史籍记载，在贞观四年（630年）的时候，还曾经向唐朝献过马。再加上玄奘初到龟兹之时，在皇宫里接受过国王的款待，因此我们可以推测，他和金天打过交道。但是为什么《大唐西域记》里面只记下了金天的爸爸金花这个名字，而没有留下关于金天的记载？这是一个令我百思不得其解的问题。《大唐西域记》这部书很奇特，虽然它一方面所记载的内容非常精确和清晰，我们可以把它同别的史籍去对照，甚至可以拿它和考古发掘的结果相印证，但是另一方面，它还是留下很多谜。然而不管怎样，有一点我现在是非常肯定的，那就是这父子俩肯定都是扁头。

《大唐西域记》记载说，龟兹当地有一种非常特殊的风俗（当然实际上不仅仅龟兹有，在西域的其他地方也有）："其俗生子以木押头，欲其匾𩑇也。"也就是说，龟兹人以扁为美，为了这份美，他们不惜用木板压迫小孩子稚嫩的小脑袋。我们现在大概很难相信这是历史上真实发生过的情况，可是，当地墓葬出土的头盖骨和壁画、塑像等等，都证明了玄奘的说法绝对不是子虚乌有，向壁虚造，而是事实。由此，我们前面所说的金花和金天两位国王是扁头，也就不足为奇了。

玄奘还记录了龟兹都城西门外的大会场，通往会场道路的两边都立有巨大的佛像，高九十余尺，相当于我们今天七八层楼那么高。这里是召开"五年一大会"的地方。这"五年一大会"是一种佛教风俗，也就是我们讲的佛教当中非常重要的"无遮大会"，是信仰佛教的国家和国王，在一定的时间之内召集一个大会，到时候高僧云集。所谓的"无遮"，就是无遮无盖，就是不管是否信仰佛教，谁都可以来。当然在这期间会有各种各样的活动，比如讲经、辩论、施舍、斋供等等，全部费用都由国王来提供。这个"无遮大会"在汉族地区的历史上也经常举办，不一定是全国性的，有的时候也有地方性的。

玄奘另外还记载说当地每年在秋分前后还有"行像"的风俗，就是说到了某一个特定的时节，要把庙宇里或者家里供奉着的佛像抬出来，游行一圈。其实在汉族地区"行像"的风俗过去也一直有，但是时间是在四月初八，也就是佛诞生的日子（关于佛的诞生日，南传佛教、北传佛教、大乘佛教、小乘佛教、藏区佛教、蒙区佛教都有不同的说法）。

但是如果大家以为玄奘留下的记载仅仅是和佛教有关，对历史和中外文化交流史、对我们理解我们本身用汉字写成的史籍没有什么帮助的话，那就是大错特错了。玄奘不但留心观察龟兹的佛教状况，更记录下很多珍贵的历史资料。例如，在《大唐西域记》中有这样一条记载：

> 管弦伎乐，特善诸国。

也就是讲龟兹的管弦乐，在西域诸国里面是特别出名的，水平特别高。要知道，龟兹一代的音乐，自古以来就非常著名，无论是汉文史籍的记载，还是龟兹周围（比如千佛洞）的壁画，以及考古发现出土的实物，都完全可以证明这一点。也就是说，可以证明玄奘的记载和判断。

龟兹音乐对汉族音乐的影响十分的深远，今天我们视之为完全是我们汉族的传统音乐里边的一些乐器，比如二胡、琵琶等等，毫无疑问都是西域的乐器，甚至像唢呐，原本也是阿拉伯、波斯一带的乐器，"唢呐"压根儿就是一个外来语，它是从波斯语音译而来。那么具体说到龟兹音乐传入内地的最早的文字记载，出于二十四史之一的《晋书·吕光载记》，据记载，太元九年（384年），吕光讨伐龟兹，把龟兹的音乐人才带回到了凉州（在古代，文化交流的一个重要的形态，或者说是载体，其实往往是残酷的战争。这也凸显出玄奘的重要价值，因为他是以非常和平的、个人化的西行求法的行为，在人类文化交流史上写下了极其浓厚的一笔。这种情况并不多，法显、玄奘、马可波罗是屈指可数的几个人）。

就是在凉州这个地方，龟兹音乐和当地的民乐相互激荡交流，形成了非常重要的西凉音乐，这种音乐在北魏和北齐期间大为流行，无论在宫廷还是民间，都已经成为一种主要的音乐形式。那么我们知道，隋朝和唐朝在制度、文化方面，有好多地方是继承了北魏和北齐的，所以西北一角由于受到龟兹音乐的巨大影响，而形成的一种原本是地方性的音乐，随着隋、唐大一统王朝的兴盛，慢慢地成为了我们汉民族的一种主要的民俗音乐。当时的音乐家，如琵琶大师曹妙达，就是龟兹人。还有著名的苏祗婆，他的"七调"音乐理论也非常深刻而久远地影响了我们汉族音乐。由此可见，玄奘记载说龟兹国"管絃伎乐，特善诸国"，也是相当准确可信的。

龟兹当然是非常迷人的，但是这绝对不会使玄奘放慢西行的脚步，因为在他的心目当中，最神圣的地方是印度。因此等到大雪过后，道路再次畅通之时，玄奘就又出发了。大家知道，西域的险要除了险峻的自然环境以外，还有它非常特殊的政治格局。西域诸国基本都是绿洲国家，但是从一个国家到另一个国家之间，往往会有几百里无水无草的荒漠，而这块地方基本上是无人管辖的"三不管"地区，经常会遇到盗贼。果然，玄奘离开龟兹两天以后，就遇到了一伙贼，

终于可以离开龟兹的玄奘继续前行，不料却遇到了大批的强盗。一方是兵强马壮，虎势眈眈的悍匪，而另一方就是带着大笔盘缠、手无缚鸡之力的玄奘。强弱差距如此之大，玄奘又是如何逃脱险境的呢？

玄奘遇见的那批强盗是突厥强盗，总共有两千多人，而且还都骑着马，几乎相当于一支军队了。那么玄奘刚刚带着高昌国王给他的一百两黄金、三万银钱，带着五百匹绫绢，又路过龟兹国，龟兹国王也不会少给他布施，因此，在这群强盗眼中，玄奘俨然成了大财东。但这群强盗先不下手，因为他们觉得玄奘已经是瓮中之鳖，所以就先商量着怎么分玄奘的东西。可能是由于商量不出让每一个人都满意的分赃办法，说着说着就自己打起来了，而且还越打越远，最后居然就把玄奘给留在那儿了，玄奘这才捡回一条命。

玄奘接着往西走了六百多里，穿过一个小沙漠，到了跋禄迦国，也就是今天的新疆阿克苏，他在此地停留了一天，略事休息。再往西三百里，又穿过一个小沙漠，就来到了凌山脚下，也就是葱岭的北麓。这是既是交通要道，却又非常艰险，凌山是著名的冰山，海拔七千多米，险峻异常，常年积雪，很难通行。季羡林先生在《大唐西域记》注释中说，这里"危径一线，攀登艰难，行旅跋涉，困顿万状"。用"死亡之地"来形容它一点也不过分。《大慈恩寺三藏法师传》对玄奘在这段形成的记录是："复无燥处可停，唯知悬釜而炊，席冰而寝。七日之后方始出山。"意思是说：那里找不到一个干燥的地方可以停留，连垒一个灶都垒不起来，只能把锅子吊起来，底下点上柴火做饭，睡觉时也只能躺在冰上。就这样，一共经过七天，玄奘一行人才走出了冰天雪地的凌山。他们在这个地方的损失也是惨重的，据记载，和玄奘一起来到凌山的人中"十有三四"没有能够熬过这一段路，当然这些人包括从高昌带过来的很多随从，可能还有一些和他一起结伴走的商人。至于牲口的损失，那可能就远远超过这个比例了。

玄奘走出凌山之后，继续往西约行走了四百多里，就是大清池。它另外有两个名字——热海、咸海。它叫"咸海"是可以理解的，因为它是个内陆湖，那里的水又苦又涩。至于"热海"这个名字就有点意思了，因为那湖水的温度只不过是不结冰而已，绝对不是热气腾腾或者有温暖的感觉的。其实这个地方就是著名的伊克塞湖，它在同治三年（1864年），由于中国和当时的俄国签订了《中俄勘分西北界约记》，才脱离中国的管辖。今天在俄罗斯境内，它也是个旅游胜地。

由于玄奘没有办法渡河，所以他只能绕着湖走，差不多向西走了五百多里之后，他到达了碎叶城。这里一度是唐朝的安西四镇之一，公元679年，王方翼曾在此地筑过城池。可是，这都是在玄奘来过这里之后很久的事情了。玄奘到达这里的时候，这里应该还比较荒凉。碎叶城的遗址今天已经被发现了，就在今天俄罗斯的托克玛克境内。玄奘并没有把在碎叶城的经历记录在《大唐西域记》中，而是仅仅用了四十四个字简短写下了这里的风貌。那么为什么我会不厌其烦地在这里跟大家介绍这座遥远的城市呢？

因为它极有可能是李白的故乡。关于李白的出生地有很多争论，甚至也有人提出过，李白到底是不是汉人？很多人认为他已经得到了汉文化的精髓，他的作品也已经是民族精神的组成部分，因此他不可能生在遥远的西域。对于这种说法，我个人持怀疑态度。因为碎叶城应该是许多民族混居的地方，李白的血统当中流淌着汉族的血液，但是并不一定是纯粹的汉人。我们过去的文学评论家讲到杜甫的时候，说他的诗是"诗史"，这是有道理的，因为他的作品中有非常浓厚的汉民族忧患意识。而李白的诗歌则具有惊人的想象力，他匪夷所思的笔触，甚至带有诡异的色彩，难道他的出生地在这当中就没有贡献吗？他生活在这么一个奇异的地方，对形成李白的诗风难道就没有作用吗？我想这肯定是有的。

我们再回过头来说玄奘，他在这里遇见了强盛的突厥王朝可汗——叶护可汗。

玄奘遇到了西域最强国的统治者叶护可汗，幸好高昌王早就给叶护可汗准备了厚礼，并且写了一封信，恳求叶护可汗帮助玄奘走出西域，那么叶护可汗能如愿帮助玄奘吗？而玄奘和突厥可汗的一番对话竟酿成了一个千古误会，这是一个怎样的误会？玄奘在这里又有着怎样的遭遇？

我们知道，作为一个游牧民族，突厥可汗庭基本上是马背上的一个朝廷，他们不是固定驻扎在一个地方，而是经常会移动。游牧民族总是逐水草而居，随着水草的丰盛与否，随着气候的合适与否，不断搬动自己的行政管理中心。当玄奘到达碎叶城的时候，恰好叶护可汗也在那里，因此两人就碰上了。

叶护可汗见到玄奘后非常高兴，说："暂一处行，二三日当还，师且向衙所。"这里的"一处行"可不是一般的一起走，而是给玄奘的一种特殊的礼遇。叶护可汗派官员先把玄奘送往可汗衙安置好，自己接着打猎。三天后，可汗打猎回来，将玄奘请到可汗居住的大帐篷里。这也不是一般的帐篷，而是"金华装之，烂眩人目"。达官贵人在可汗前列成两排侍坐，后边还站着拿着武器的警卫武士。这样的排场,让已经很见过世面的玄奘也不由得心生赞叹:"虽穹庐之君亦为尊美矣。"

根据玄奘的观察和记载,突厥不使用木器,只是在帐篷里的地上铺上厚厚的地毯,席地而坐。我们今天在一些游牧的少数民族那里还是可以看见这种情况的。《大慈恩寺三藏法师传》对于这一现象的解释是:"突厥事火不施床,以木含火,故敬而不居。"不过,叶护可汗为了表示对玄奘的尊敬,专门为法师准备了一把铁交床,上面铺设厚厚的坐垫,请法师舒舒服服地坐下。玄奘当然要首先引入使者,呈上高昌王的书信和礼物。有人自远方来进贡,表示臣服,可汗当然是非常高兴,不仅请使者坐下,而且还奏乐设宴,款待来人。玄奘当然不会去跟他们喝酒吃肉了,只吃了点果物饼饭。这一路,特别是穿越中亚的广阔区域时,几乎没有看见玄奘吃今天我们讲的绿叶菜的记录,替代物主要是果品,当地的物产情况就是如此。在小说《西游记》里面,孙悟空主要忙的工作之一就是找果子,而不是摘菜,也是这种情况的反映吧。

玄奘当然还应可汗的请求,简单地说法。停留了几天后,玄奘准备继续他西行求法的征途了。可汗很是友善,在军队里寻找通晓汉语和西域各国语言的少年,封他们为官,一路相送。照例还有丰盛的施舍,并且率领群臣送出十余里。有趣的是,叶护可汗在玄奘决定动身时,劝玄奘说

师不须往印特伽国,彼地多暑,十月当此五月,观师容貌,至彼恐销融也。其人露黑,类无威仪,不足观也。

大家知道，在此之前，我们听到的都是"婆罗门国"、"西天"，而这里首次出现了"印特伽"这个名字，就发音而言，似乎和"印度"很接近了。那么，"印特伽"后来怎么就变成"印度"了呢？

大约十八年前我读到了叶护可汗的这段话，感觉找到了解开"印度"这个国名的来源之谜的钥匙。当时我才二十岁出头，不知道天高地厚，就埋头做了些研究，居然解决了这个问题，说来也确实是有意思。

我们知道，在隋、唐以前，汉语中用来称呼南亚次大陆那个神秘国度的名词并不统一，相反，很是杂乱，最常见的就有"身毒"、"天竺"。而当时中亚、西域流行的各种各样伊朗语，倒是比较一致，大体上都是 hindu、indu，大概都是从 indus（印度河）来的。今天西方语言的 India、Indian 都是从这里来的。但是也都是模糊的，不那么明确的。

玄奘在这个问题上的看法也是混乱矛盾的，他在《大唐西域记》卷二中有一段话：

> 详夫天竺之称，异议纠纷，旧云身毒，或曰贤豆，今从正音，宜云印度。印度之人，随地称国，殊方异俗，遥举总名，语其所美，谓之印度。印度者，唐言月。

这段话在逻辑上是有矛盾的，但一千多年来大家居然就不加深究，让它溜过去了。玄奘的意思是说：印度的居民是没有一个统一的国名的，那些遥远地方的人，才模模糊糊地说个大致的总名而已，为了形容它的美，叫它"印度"。这可就奇怪了，"印度"明明是玄奘才开始使用的啊，而且"印度"的意思居然还是"月亮"。

这是玄奘自己也没有弄清楚的一笔糊涂账。那么，玄奘是怎么把自己搞糊涂的呢？

原来，他是从突厥的叶护可汗那里听说"印特伽"的，这个字应该是突厥语的'n'tk'k、'ntk'k或'ntk'，而突厥语里的这个字应该来自吐火罗语的 Yentu Kemne。玄奘脑子里印着"印特伽"，带着这个先入之见到了印度，却无法也不可能找到国名通称，自以为发音相近的"印度"就是对应的国名了。而"印度"的梵文是 indu，意思就是"月亮"。玄奘大概以为，在炎热的印度，月亮难道不是大受欢迎的吗？难道不美吗？可是，极度崇拜印度的玄奘忘了，或者就是故意歪曲了，在突厥叶护可汗劝他的那段话中，哪里有一点点"印特伽"很美的意思呢？

于是，沿用到今天的"印度"就这样被玄奘糊里糊涂、莫名其妙地"翻译"或者说"弄"了出来。玄奘的威望太高了，所以，一般不会有谁提出异议，谁都没有去质疑他的说法。

实际上，唐朝另一位也去过印度的著名求法僧人义净法师，就对玄奘的说法很不以为然。他的《南海寄归内法传》虽然名气比不上玄奘的《大唐西域记》，其价值却实在不遑稍让。在卷三"师资之道"下，他就暗暗地点了一下玄奘的穴道：

  其北方胡国，独唤圣方以为呬度。呬音许伱反。全非通俗之名，但是方言，固无别义。西国若闻此名，多皆不识，宜唤西国为圣方，斯成允当。或有传云，印度译之为月，虽

> 有斯理，未是通称。

印度人（我们今天也只能这么用"印度"了），只是用神话里的一些名字来形容自己生活的那块土地，比如"瞻部洲"、"圣方"、"主处"。可见义净的意见是符合历史事实的，所以也是正确的。义净毕竟也是一个得道高僧，他不直接点出玄奘的名字，只是说"或有传云"，而且还说"虽有斯理"，是够厚道的了。其实，玄奘在这个问题上根本没有"理"可讲。玄奘做的类似的事情还很不少，当然，这些绝对不足以影响玄奘作为中国历史上著名高僧的崇高地位。

尽管如此，我们今天还是可以心安理得地使用"印度"这个译名，已经约定俗成了，就不必再去改变了。我之所以在这里费那么多的口舌，是因为玄奘毕竟是去"印度"求法的，我们应该把这个国家的中文名字的来龙去脉弄清楚。

玄奘离开碎叶城后，继续一路西行，他又会有什么样的奇遇呢？请看下一讲"化敌为友"。

第十三讲

化敌为友

玄奘离开碎叶城后，又经过了好几个小国家，然后来到了位于西域中部信仰拜火教的飒秣建国，这里有用火驱赶佛教僧人的传统。玄奘在这里会受到什么样的待遇呢？

玄奘在离开碎叶城后，继续向他的目的地行进，在经过了好几个小国家以后，玄奘的脚步又停留在一个比较重要的国家——飒秣建国。在我们的汉语史籍当中，这个国家更为著名的名字是康国。今天汉族里很多姓康的人的祖籍，应该就是在这里，这是有历史依据的。玄奘到达飒秣建国，也就是大致今天撒马尔罕的时候，这个地方正处于鼎盛时期。在那么遥远的一个地方，居然这个城市的内城东门叫做"中国门"。

玄奘在《大唐西域记》里面，留下的关于撒马尔罕的记载非常珍贵，因为这个城市被蒙古大军摧毁以后，除了考古发掘出来的东西，它的古代史相对而言文字记载就不多了。而玄奘在它的鼎盛时期到达那里，记下了自己的观感："异方宝货，多聚此国"（非常遥远地方的各种珍宝和货物都汇聚到这里，这已被当地的考古发掘充分证明了），"机巧之技，特工诸国"（当地的手工艺技术，是其周围地区中是最好的，就像龟兹的音乐在西域诸国里是最好的一样），"风俗猛烈，……其王豪勇，邻国承命，兵马强盛，多诸赭羯。赭羯之人，其性勇烈，视死如归，战无前敌"（这个国家的风俗非常刚烈，非常勇敢，他的国王尤其了不起。"赭羯"的意思是猛士、勇士、战士，说这个国家盛产战士，视死如归），最重要的是"凡诸胡国，此为其中，进止威仪，近远取则"，中亚地区有那么多国家，飒秣建国在中间，远近诸国都去模仿它的行为和威仪，所以这是一个带有示范性的中亚国家。

照这么说来，这里应该是一个非常理想的停留之地，可以让玄奘停下他疲劳的脚步，调整他远途跋涉后疲惫的身心。然而，事实却并非如此。

作为一个带有示范性的文明古国，飒秣建国为什么不能成为玄奘理想的休息地呢？玄奘在这个地方遇到了什么麻烦？

飒秣建国虽然很强盛，又有那么多异方宝物，出产骏马和勇士，周围各国都要向他学习，但这个地方从国王到百姓都不信仰佛教。他们信仰什么呢？"事火为道"，他们跟突厥可汗一样，崇拜的是拜火教，崇拜火、崇拜光明。这里的人都不是佛教徒，有两所寺庙，但却没有僧人居住。当地有一种非常怪的传统：如果有信仰佛教的僧人到来，住到庙里的话，他们就要放火驱赶你，因为在他们心目当中，佛教是愚暗，于是要放火驱散邪恶。在这样的情况下，玄奘当然不可能从这个国家那里，得到他一路上几乎已经习惯了的热情接待。据《大慈恩寺三藏法师传》记载，当玄奘刚刚到达的时候，国王的接待很简慢（法师初至，王接犹慢），不把他当回事。以前一路过来，得到消息的国王都会到东门口，率领僧俗大张旗鼓地欢迎玄奘，这个国王没有这样做。尽管这样，玄奘是从突厥王朝的叶护可汗那儿来的，可汗还在自己的军队里寻找通晓汉语和西域各国语言的人才，让他们一路护送玄奘往前走，所以飒秣建国虽然厉害，但看在叶护可汗的面子上，这个国王还是见了玄奘。这个国家本来就不信仰佛教，对佛教也没有善意，如果是一般人的话，国王反正也接见了我，我补充点粮食和水果，换点马，再打点水就可以走了，而玄奘没有。玄奘不是这样的人，也不是这样的性格，他绝不会轻易放弃感化一国国民、感化一国国王，使其皈依佛教的这么一个机会的。

放在今天，玄奘绝对是一个公关高手，他非常善于寻找朋友，更善于化敌为友，善于把一切不利于他求法事业、弘扬佛法的力量，转化成对他的事业有帮助的力量。在来这儿之前，他处理和突厥叶护可汗的关系就非常成功。叶护可汗原本不信佛教，也是一个拜火教徒，但最终受到玄奘人格的感化，开始支持玄奘，并派人护送他西行。到了飒秣建国，玄奘利用国王款待自己的大好时机，对这个国王展开了强有力的弘法工作。玄奘本身是一个非常伟大的佛教教育家，在佛教历史上，本来就强调用各种方式来弘法，玄奘深谙此道。从这个角度看来，玄奘是一个懂得因材施教的优秀教师，绝不像《大话西游》里的那个唐僧，唠唠叨叨，言不及义。现实历史当中的玄奘，绝不是这么一回事。最终，飒秣建国国王被感动了，最起码短暂地折服了——不一定是被佛法所折服，而是被眼前这位来自遥远东方的中国求法僧的风范、魅力所折服了，国王"欢喜请受斋戒"。斋戒是佛教的一种仪轨，他开始按照佛教的礼仪敬事，按照佛教的规矩生活。这可能是短暂的，但至少国王被折服了，于是对玄奘"遂致殷重"，也就是说，他待玄奘的态度逐渐变得殷切和尊重起来。

尽管玄奘折服了国王，但仍然无法改变飒秣建国整个国家的信仰，而此时的飒秣建国却发生了拜火教徒与佛教徒的冲突。玄奘巧妙地化解了这件事情，这不仅证明了玄奘对国王做的思想工作对佛教的弘扬有好处，也展现了玄奘人格的另一方面：他不仅仅是一位僧人，作为一名社会人，他在处理问题、摆脱困境、化解矛盾方面，有着超凡出众的能力。

原来，跟玄奘同道而来还有两位僧人，这两个小师父不像玄奘那样有宗教敏感性，而是按照佛教的老规矩来办事。他们到了飒秣建国，一看那里有两座庙，就去烧香礼佛，结果被一帮拜火教徒放火驱赶。这两位小师父又惊又怕，赶紧跑来跟玄奘说，让他向国王反映这件事件。前面已提到过，按照拜火教事火的佛法来驱赶僧人，是这个国家的传统习惯，就算国王没有提倡这种行为，最起码也是默许的。但现在的情况不一样了，飒秣建国的国王受到了玄奘的感化，所以闻报大怒，下令把放火的人给抓起来，然后国王召集都城的百姓，下令要砍去这两个放火人的双手。这在一向崇尚拜火教的飒秣建国是前所未闻的，估计当时给民众带来的震动的很大的。

在这个时候，一般人也许会认为这是继续推广佛法的好机会，至少不会去阻止国王的处置。但是，宽宏大量的玄奘却没有这样做。首先，玄奘是虔诚的佛教徒和得道的高僧，这种血淋淋的毁人肢体的刑罚他不会认可。第二，他有自己的考虑，劝说国王不要对这两个放火的人施以如此严酷的刑罚，将使得在场的人都能切身感受到佛法的宽宏大量和慈悲为怀，这也是宣扬佛教非常好的机会和方法。于是，国王听从了玄奘的劝告，免去纵火者的砍手之刑，就每人打几棍子，然后赶出都城了事。到了这个节骨眼上，玄奘不劝了，他处理事情是非常有礼有节的，因为同时也要考虑国王的权威，顾及国王举动的象征意义。况且，他已经做到移风易俗了。由此可见，玄奘在处理这种世俗事务方面是非常精明能干的。那么这样的一种处置，带来的是什么效果呢？

自是上下肃然，咸求信事，遂设大会，度人居寺。其革变邪心，诱开曚俗，所到如此。

也就是说，自从这件事情以后，国中上下肃然，大家再也不对路过的僧人采取这种放火驱赶的激烈行为，而且开始度僧居寺，就是国王开始剃度僧人，让他们居住在这两座寺庙里。整个飒秣建国宗教信仰的风俗，以这件事情为标志，发生了一种很微妙的变化：佛教在里面当然站住脚了，没有人去驱赶僧人，而且剃度僧人，居住到这个寺里面，佛教的住持、僧团在当地扎根了。

离开飒秣建国之后，玄奘来到了古代的大夏这一块地方，并在这里遇到了一场人伦的惨剧。而这场悲剧的发生，也对玄奘的西行产生了一定的影响。那么，这是怎么一回事呢？

玄奘继续往印度赶路，他在经过了四五个小国家之后，又往西南走了三百多里，到达了羯霜那国。这个国家一直是有的，也就是汉语史籍当中记载的史国，汉族当中很多姓史人的祖籍应该就是在这里。玄奘在这里并没有留下非常丰富的记载，因为这个城市在当时还没有完全建成，玄奘就匆匆地经过，进入了帕米尔高原的西部地区，从山里面穿山越岭，到达了铁门。

铁门是西突厥的一个要塞，它就在今天乌兹别克的南部，是古代中亚到南亚的交通要道。出了铁门，玄奘就到达了睹货逻国。

这个国家就是西汉时期著名旅行家张骞曾经到过的大夏，用玄奘《大唐西域记》的话说，这块地方"南北千余里，东西三千余里，东扼葱岭，西接波剌斯（即波斯），南大雪山，北据铁门"。这块地方在当时是一个文化交流最集中的地方，人类历史上两大璀璨的文明——印度文明和伊朗文明在这里交汇，也是东西方文化交错的地区。但是玄奘到达这里的时候，已经是盛况不再了，大夏不再强盛，这个方圆几千里的地方分裂成几十个国家，其中的小国家和小城邦都臣服于突厥。玄奘抵达了这几十个国家当中的一个小国——活国，也就是今天阿富汗的昆都市，并且在这里遭遇了一场惨剧。按照汉族的伦理观来看，这简直是一场人伦的惨剧。

这件事一开始的时候，完全是一件让人非常快乐和意想不到的事情——玄奘在活国遇见了叶护可汗的长子。这位长子叫咀度，史籍上成为"咀度设"。"设"是个官名，别部统兵长官的意思，就是统帅这个部落的长官叫"设"。这可以说是故人之子了。玄奘跟那个叶护可汗相处得很愉快，而且随行到这里的，应该还有叶护可汗派出的那些通晓西域各国语言的官员，这原本是一件让人很开心的事情。更让人高兴的是，这个咀度设还是高昌王的妹夫，那就跟玄奘也有亲戚关系了，因为玄奘认了高昌王为王兄，玄奘等于也是他的小舅子。在充满艰险的漫漫旅途当中，还有比这样的事更让人宽慰和高兴的吗？问题是，玄奘到达的时候，咀度设的夫人，也就是高昌王的妹妹刚刚去世，当玄奘把高昌王的信给咀度设的时候，咀度设一下悲从心起，便嚎啕大哭。看来，这个咀度设和夫人的感情是非常好的。而根据记载，咀度设当时又身患重病，大概是因为他的这个夫人刚刚去世，心情悲痛，自己正好又在重病之中，于是对玄奘说："弟子见师目明，愿少停息。若差，自送师到婆罗门国。"（法师您从高昌这边一路过来，我看见你眼为之一明，心情一下子好多了，请您在这里稍微停歇一下，如果我稍微好一点的话，将亲自送您到婆罗门国。）这是一件多么好的事情啊！因为呾度设不是一般人，先撇开他是活国的国王不说，他还是叶护可汗的长子，如果由他亲自送到印度，玄奘这一路会少很多麻烦，西行求法之路也会平坦得多。这个时候，好像老天也有意来帮助玄奘，从印度来了一位梵僧，来为呾度设念咒。印度的传统当中有各种各样的咒，比如咳嗽时让人念个咒，叫咳嗽飞掉。这个梵僧非常擅长此道，为呾度设诵咒之后，呾度设的身体也的确好转了。

但是，呾度设的身体好转以后，并没有马上履行他对玄奘的承诺，亲自送他到印度去，而是忙着做了另外一件事情。什么事情呢？再结婚，又娶了一个比他年轻很多的娘子。从史籍留下来的蛛丝马迹来判断，这个呾度设起码有过三次婚姻。第一次不知道夫人是谁，但是留下了一个儿子，这个时候已经长大成人。第二次婚姻就是跟高昌公主，也留下一个儿子，这个儿子还年少未成人。第三次就是这个小娘子了。谁也没有料到，就是这次婚姻，给呾度设带来了杀身之祸，大儿子串通小娘子，用毒药把呾度设给毒死了。这个在历史记载当中很明确，呾度设被毒死之后，这个大儿子自立为设，还娶了小娘子为妻。按照汉族人的想法，这里面肯定有奸情，其实倒是未必，因为当时很多的西部民族有收继婚的风俗，就是父死收继后母，兄死收继长嫂，不足为怪。

在这种情况下，呾度设送玄奘到印度的承诺，当然是无法兑现了。无奈之下,玄奘只能继续在活国逗留。逗留期间,玄奘倒也并不是一无所获,他遇到了一位叫达摩僧伽的高僧,他曾经在印度留过学,在葱岭以西有着非常高的声望。疏勒和于阗在当年都是佛教的重镇,但是这两个国家的僧人居然都不敢和达摩僧伽对谈!玄奘一路上从来不会放过任何学习的机会,但是考虑到这些胡人高僧的性格和做事方式难以琢磨,于是就辗转托人先去了解一下,达摩僧伽到底精通那些经典和学说。谁知道这一打听,首先惹恼了达摩僧伽的众多弟子:你玄奘不直接上门来请教,反而辗转打听这些东西!达摩僧伽倒颇有点气度,毕竟是一代宗师式的人物,他的回答充满了自信:"我尽解,随意问。"这话的意思非常明确,佛教的各种学说和经典我都能理解和解说,请你随意来问。玄奘心怀厚道,他知道达摩僧伽是不修习大乘的,就以小乘经典发问,而对方的回答和解释并不怎么样,有诸多破绽。辩经失败了以后,达摩僧伽服气了,也非常难得,不仅和玄奘相见欢喜,还到处为玄奘扬名,说他比自己高明(处处誉赞,言己不能及)。

玄奘在西行求法路上,经历了好几次与高僧的辩经,却始终没能解开他在佛学上的诸多困惑。看来只有到佛教的发源地印度,才能求得最高最完备的佛法。但要去印度,就必须获得国王的帮助。当玄奘请求活国的新国王时,新国王的一个建议,竟使得玄奘没有立刻赶往他一心向往的印度,这是为什么呢?

玄奘的目的地当然是印度,在活国的短暂停留是无可奈何之举。他的那位故人之子呾度设已经不幸去世，玄奘犹豫了半天，还是去找了这位毒死呾度设的新国王，请求他派出使者，提供马匹，以便他继续往印度前行。这位新国王的确也很不错，不仅按照玄奘的要求提供了各种各样的帮助，而且还很善意地建议玄奘，在去印度之前先到附近的一些地方去看看，比如他属下就有一个缚喝国，这个国家有"小王舍城"的名声（王舍城是当时印度一个非常著名的大城市，以经济繁荣、宗教发达著称），圣迹很多，而且也顺路。正巧，缚喝国有几十个僧人来参加呾度设的丧礼，玄奘于是就和他们结伴而去了。

缚喝国其实是古代历史上著名的大夏的都城，我国的《史记》《后汉书》中称它为蓝氏城，希腊罗马作家如希罗多德、斯特拉波等在著作中也提到过它。缚喝国并不大，但寺庙有一百多所，僧人三千余人，可见佛法很兴盛。玄奘在这里游历，留下了非常珍贵的记载。这里有一座非常著名的寺庙，叫纳缚僧伽蓝，意思是新寺。这是一座美丽的寺庙，里面藏有大量的珠宝，有毗沙门天像守卫着。传说叶护可汗有个儿子叫肆叶护可汗，他率领大军前来劫宝，在离此不远的地方安营扎寨，夜里就梦见了毗沙门天，对他喝道："汝有何力，敢坏伽蓝？"还用长戟刺穿了他的胸背。惊醒过来后，肆叶护可汗心口疼痛不已，尽管赶紧忏悔，不久还是死去了。

在这座庙里，玄奘还遇见了同样前来礼敬佛迹的般若羯罗，这是一位杰出的小乘学者，名满印度，和玄奘一见如故，"相见甚欢"。玄奘遇到了这样一位值得请教的高僧，干脆就停留了一个多月，跟从般若羯罗研究佛典。同时，玄奘还和那里另外两个有学问的僧人达摩毕利、达摩羯罗交上了朋友，共同研讨。

玄奘魂牵梦萦的是印度，当然是一心一意想早点赶到心目中的圣地的。但是在我们的历史记载当中，玄奘在这里出现了一段停顿，因为他的声名越来越大，不停地有别的国家，或者当地的君主邀请玄奘去巡礼拜佛。玄奘为了增广见闻、长进知识，也就接受了这些邀请。玄奘一路巡礼佛迹、一路求学，不但吸收了沿途各国的佛学长处，也为他以后在印度的辩经中博得最高的声名打下了基础。

然而，从那里到印度还有一段遥远而艰险的路程，在真实的历史中，玄奘并没有神通广大的徒弟一路相助，那么他是如何越过接下来的一个个险峰的？他在西域小国又有着怎样的见闻呢？请看下一讲"走进印度"。

第十四讲

走进印度

玄奘一步一步走近了心中的圣地印度。一路上，玄奘见到了著名的巴米扬大佛，并留下了弥足珍贵的记载。又在迦毕试国住进了一座叫做质子伽蓝的寺庙。玄奘在质子伽蓝的这段时间，还发生了哪些传奇的故事？离开质子伽蓝后，玄奘终于进入了古印度的疆界，玄奘在这个文明古国都观察记载了哪些有趣的事情？

玄奘从缚喝国往南进入揭职国，这个国家大致在今天的阿富汗境内，玄奘也没有留下太多的记载。再往东南穿越兴都库什山的伊拉克斯奇山，玄奘给了它一个名字叫"大雪山"，大概他一路经过这样的雪山实在是太多了，所以并不太关心这座山叫什么名字，但在《大唐西域记》里，玄奘用了一段非常干净漂亮的四字句来形容这段旅程的艰险："山谷高深，峰岩危险，风雪相继，盛夏合冻，积雪弥谷，蹊径难涉。山神鬼魅，暴纵妖祟。群盗横行，杀害为务。"这段路有六百里，玄奘穿越了它过后，进入了一个很著名的国家——梵衍那国。

梵衍那国本身就在雪山之中，是一个重要的佛教圣地，也就是今天阿富汗首都喀布尔西部约一百余里的巴米扬城。玄奘在此逗留了半个月，留下了弥足珍贵的记载。梵衍那国无论是货币、文字、风俗、教化和居民的相貌，都和前面的睹货逻国接近，这和后来的考古发掘和历史研究是相吻合的。《大唐西域记》记载说这个国家"淳信之心，特甚邻国，上自三宝，下至百神，莫不输诚竭心宗教"，"伽蓝数十所，僧徒数千人，宗学小乘说出世部"。所谓"说出世部"，是小乘佛教十八部派之一，其中心就在这个地方。这里当然有很多著名的寺庙，玄奘都去礼佛，留下了记载。最为重要的是，玄奘留下了关于举世闻名的巴米扬大佛的记载：

王城东北山阿，有立佛石像，高百四五十尺，金色晃曜，宝饰焕烂。东有伽蓝，此国先王之所建也。伽蓝东有鍮石释迦佛立像，高百余尺，分身别铸，总合而成。

玄奘特别注意到当地的两尊大佛。一尊高一百四五十尺，是在山上摩崖雕刻的石佛，这就是举世闻名的巴米扬大佛。这个佛大家应该都非常熟悉，不久以前被人为地毁掉了。另外一尊是铜佛，它是分身合铸的，玄奘注意到了它的技术细节，因为这个佛太大，必须把各个部位分开铸造再合成。玄奘关于这两尊佛的记载可以和波斯的《世界疆域志》相互印证，这是非常精彩的一件事。《世界疆域志》中提到当地有两个佛，一个叫红佛，一个叫白佛，就是指一个铜佛和一个石佛。

离开了梵衍那国，玄奘往东又进入了茫茫的雪山，不料却迷路了，幸亏得到山里猎人的指引，玄奘才脱险，而前面就是黑岭了。黑岭是中亚胡族和印度的分界岭，这是按照当时的地理和文化概念讲的，不是按照今天现实的政治地理讲的。在当时人的心目当中，翻过黑岭就是离开了中亚胡族的部落和地区，从而进入了印度——这对玄奘当然是有里程碑的意义的。

这一带是中亚和印度交汇的一个模糊地带，其中还有一个不小的国家，叫迦毕试国。玄奘在《大唐西域记》里对这里的记载非常翔实可靠，他说这个国家"北背雪山，三陲黑岭"，出产好马和郁金香。玄奘对这里的国王赞美有加："有智略，性勇烈，威慑邻境，统十余国。爱育百姓，敬崇三宝，岁造丈八尺银佛像，兼设无遮大会，周给贫窭，惠施鳏寡。"既然有这样的国王，这里的佛教当然很兴盛了，"伽蓝百余所，僧徒六千余人"，而且这些佛寺都"崇高弘敞，广博严净"。更为可贵的是，这里的僧人多数是研习大乘佛教的。这里有无数的佛教胜迹，流传着大量的传说。若是没有玄奘的记载，恐怕都逃脱不了被湮灭、失传的命运。玄奘是人类文化遗产的重要守护人之一，这样的评价是绝对不会过分的。

尽管在迦毕试国有漂亮的寺庙，有精彩纷呈的宗教活动，但玄奘在迦毕试国最关注的是一座非常特别的庙，这座庙的名字叫"质子伽蓝"。玄奘不仅在《大唐西域记》里把它放在这个国家下面的第一项予以记载，求法回国后还几次三番地向得意弟子充满感情地谈起过这座寺庙。

在佛迹盛多的迦毕试国，玄奘为何单单对质子伽蓝这座寺庙格外关注？玄奘和这座寺庙有什么特殊关系？质子伽蓝，这个名字的背后又隐藏着怎样的秘密？

原来，这座质子伽蓝隐藏着一个和中国有关的神秘传说，或者就是历史的事实也不一定。在离开自己的祖国那么遥远的异国他乡，居然有这样的奇遇，着实增加了它的神秘和浪漫。

在迦毕试国，玄奘受到了包括国王在内的僧俗民众非常热烈的欢迎，很多寺庙都想邀请玄奘入住，相互之间甚至发生了激烈的争吵。质子伽蓝在争夺玄奘的时候，有个僧人说了这么一句话："我寺本汉天子儿作，今从彼来，先宜过我寺。"这句话毫无疑问吸引了玄奘，在这么遥远的一个地方，居然有一座寺庙是中土天子的儿子，一个皇子造的，这怎么会不让玄奘心潮澎湃呢？当然，玄奘并不仅仅是听到这么一句话就下决心入住的。

质子伽蓝是这个庙的一个名字，这个庙同时还有另外一个名字——沙落迦，而"沙落迦"就是西域语言中的洛阳。换句话说，这座寺庙又叫洛阳寺，这当然太激动人心了。因为玄奘是河南人，洛阳是他小时候生活、学习、游戏、成长的地方，在他远行万里到那么遥远的地方，突然看到一座以洛阳为名的寺庙，当然是心潮澎湃。我想，这才是玄奘选择入住一家小乘寺庙的根本原因所在。

那么，为什么又叫"质子伽蓝"呢？据说贵霜帝国的著名君主迦腻色迦在其势力极盛的时候，势力一度伸张到葱岭以东，"河西蕃维，畏威送质"。在大家想像当中，人质的生活都很悲惨，而这个质子的生活之好却出乎大家的想像。据《大唐西域记》记载说：

> 迦腻色迦既得质子，特加礼命，寒暑改馆，冬居印度诸国，夏还迦毕试国，春秋止健驮逻国。故质子三时住处，各建伽蓝。

也就是说，质子一年四季在贵霜帝国的各地有别墅、行宫，洛阳寺就是根据这位质子的夏季别墅改建的。质子在的时候，这座寺庙是他的住宅，而质子也是个信佛之人，所以他在住宅旁边的山上凿了几个石窟，作为自己打坐修佛的一个地方。一直有传说，质子在这几间石室里藏了大量的珍宝，墙上还有铭文和壁画作说明，而且有药叉在那儿守护，只要有人想盗取，这个药叉就会像变形金刚一样发出各种恐怖的声音，吓阻这些有非分之想的人，玄奘写的《大唐西域记》就讲到这点。但是大家别忘了，《大唐西域记》是呈交给唐太宗的一部著作，而玄奘给自己的得意弟子讲述情形更丰富、更具体，这些都留在《大慈恩寺三藏法师》传里面。《大慈恩寺三藏法师传》里的细节跟《大唐西域记》里面不完全一致，按照《大慈恩寺三藏法师传》的记载，质子在建造这个寺庙的时候，就在东门外一座佛像的脚底下，预先埋藏了很多珍宝和金钱，以后他如果回国或者去世了，这些珍宝就作为维修这个寺庙的基金。可见这个质子是一个非常有心的人，而且是一个虔诚的佛教徒。这件事在当地不是秘密，有一个恶王也得到了这个消息，就曾经几次三番地带着兵来挖这个珍宝，但是每到挖的时候就会地动山摇。据玄奘记载，神像顶上还有一只鹦鹉鸟的像，每当有人挖宝，它就会发出完全不像鹦鹉叫的那种非常凄厉、恐怖的叫声，把这些想盗宝的人吓跑。不仅如此，连这个庙里的僧人想要动用这批珍宝来维修寺庙都不行，所以当他们看到质子的家乡来了这么一位玄奘法师，大家都觉得机缘到了，就去跟玄奘商量，把这个故事原原本本地告诉了玄奘。

庙里的僧人认为玄奘一定有能力帮助他们挖宝，虽然僧人挖宝是为了修缮寺庙，但玄奘有什么办法能帮助他们呢？对于这些僧人的请求，玄奘会作何回答呢？

对于这样于弘法有关的事，玄奘当然是责无旁贷，于是就带着这些僧人到质子画像前去祈求，焚香祷告：

> 质子原藏此宝拟营功德。今开施用，诚是其时。……如蒙许者，奘自观开，称知斤数以付有司，如法修造，不令虚费。

意思是说，您当年留下这批东西就是为了给后人用的，现在正当其时。如蒙允许，今天我玄奘监督着来打开，并亲自把它的份量给称好，交给有关部门，我保证每分钱都会花在正当的地方，绝不虚废。

这段话大概是感动了质子的在天之灵，玄奘说完了以后命人开挖，地也不动，山也不摇，鹦鹉也不叫，挖到地底下七八尺的时候，挖到了一个大的铜器，里面有"黄金数百斤、明珠数十颗"，而玄奘就用这笔金钱对这个洛阳寺重新进行了维修。

关于质子，玄奘又留下下面这个非常有趣的记载：

> （印度）土无梨、桃，质子所植，因谓桃曰至那你（唐言汉持来），梨曰至那罗阇弗呾逻（唐言汉王子）。

不懂梵文的话，这段话听起来跟天书一样，懂梵文就很有意思了，这是中外文化交流史上一段有趣的事实，而玄奘把它记录了下来。他说印度这一片，包括古代，不出产桃子和梨子，他们把桃子叫做叫 Cinānī，意思是从支那来的，在今天还这么叫。梨子则叫 Cinārājaputra，也就是中国王子的意思。也就是说，印度原本没有这两种水果，正是这个作为人质一度生活在那里的王子，把种子带过去并在那儿种植，桃子和梨子才从中国传到了印度，而这两个名字充分证明了这一段古代中外文化交流的史实。

玄奘恋恋不舍地在质子伽蓝住了一段时间，然后往东行进了六百多里，再次穿越了积雪皑皑的黑岭，终于来到了当时地理概念中的北印度。也就是说，玄奘历尽艰险，屡经生死的考验，抵抗了各种各样的侵袭和折磨，终于到达了他心目当中的圣地——印度。

善于观察的玄奘，把在印度的所见所闻，都详尽地记载在著名的《大唐西域记》中。《大唐西域记》绝对是了解这个时期印度最珍贵、最详实的文字资料，这一点没有人可以怀疑。好多印度学者曾经说过，没有玄奘、法显、马欢等中国求法僧人的著作，重建印度历史是不可能的，因为印度没有信史的传统，尽管这个民族擅长玄思，擅长各种各样的宗教实践和学说，但他们恰恰不擅长记录自己本国的历史。而在诸多中国求法僧人中，玄奘无疑排在最重要的地位。印度也有很多学者说，印度的历史和文化欠玄奘的债怎么评价都不过分，这是包括阿里教授在内印度专家们的意见。

《大唐西域记》是玄奘西行求法回国以后写的，所以这部著作是经过他精心的构思和安排的。第一卷主要记载了玄奘经过的西域和中亚的三十四个国家，这些国家并不一定他都亲自去过，有些是得自传闻，但他还是记下来。第二卷开始就是非常珍贵和有趣的"印度总述"，用了很大篇幅，从十七个方面详细记录了当时印度的情况。里面的很多内容，今天印度还有保存，有些是见不到了。

第一部分是"释名",就是解释印度这个国家的名字。这个事情我们在第十二讲中已经说过了,玄奘其实是闹了个误会。只不过,玄奘在这里有一段解释很有意思:"良以其土圣贤继轨,导凡御物,如月照临。由是义故,谓之印度。"他认为印度这个国名有非常好的含义,因为在这块土地上,各种圣贤接连不断地降临,这个国家对凡俗的指导就像月亮照临。很奇怪,为什么不说像太阳照临呢?这仍是一个谜,反正玄奘留下了这么一段记载。

第二个部分是"疆域"。玄奘非常准确地描绘了印度的疆域,具体指出了印度当时有七十多个国家和各种小邦国。

第三部分是"数量"。玄奘观察得非常仔细。我们知道,印度的数学很发达,今天的阿拉伯数字实际上是印度数字,只不过是印度传播到阿拉伯以后,再通过阿拉伯传播到西方,而学习它的人因为得自阿拉伯,就把它叫阿拉伯数字了。

第四部分是"岁时"。我们现在挂在口头上的"一刹那",其实是个梵文的外来词,它到底是多长时间?这个问题一般没法回答,但是玄奘记载了,他后来翻译过《俱舍论》,里面讲到:"壮士一疾弹指顷,六十五刹那。"这还是没具体说明"一刹那"有多长,玄奘记载说:"百二十刹那为一呾刹那。"而"一呾刹那"我们是知道的,那就是 1.6 秒,用 1.6 秒除以 120,得出"一刹那"应该是 0.013 333 3 秒。尽管我们现在已经不会用这些单位来计数了,但了解我们平常所说的"一刹那"究竟是一个什么概念,也是一件有意思的事。

第五部分是"邑居"。他的观察就更细致了:"地涂牛粪为净,时花散布，斯其异也。"就是说，地面干净的标志是要涂满牛粪，还要在牛粪上撒花。这个是玄奘道听途说的吗？不是，印度的传统认为牛是最神圣的，到今天为止，印度的牛没有让车的，在马路上如果有牛待着，你就得慢慢走。所以，在印度的传统中，牛粪当然是干净的，无论是你的居室还是讲经的神圣讲坛，都必须用牛粪擦一遍，擦完以后才算干净，没有牛粪反而不干净。

第六部分是"衣饰"，详细介绍了印度的服装，包括面料、款式，这些记载可以看做是印度古代服装史料。有些风俗今天还在，比如"人多徒跣，少有所履"，人们都光着脚，很少穿鞋。而有些习惯，今天的印度已经几乎看不到了，比如"染其牙齿，或赤或黑"。把牙齿染黑是过去很多民族都有过的风俗，比如越南京族就有这个传统，很多女孩子把牙齿染黑视为美，但是很少听说有人把牙齿染红的。玄奘去印度的时候还有这个风俗，把牙齿染红，一张嘴都是血盆大口。当然，玄奘对印度人的相貌是很夸赞的，并不像叶护可汗的人跟他说的那样丑，玄奘不这样认为。

第七部分是是"馔食"，主要是强调印度人的卫生清洁，因此这部分包括的内容不止是饮食。印度留给玄奘的印象是极其讲究食物卫生和清洁的，比如"残宿不再"（隔夜的饭菜绝对不吃），"食器不传"（不共用餐具，瓦木做的用完就扔，金属做的经常擦拭）。吃完饭了，"嚼杨枝而为净"。这是很特别的习惯，其实这就是所谓的嚼齿木，一根杨枝，像小指那么粗，把住一头嚼，每天早晨用来刷牙、刮牙，不但刮牙还刮舌头，把舌苔刮干净，这是印度非常独特的口腔保健，是印度的一个传统，如今已不复存在。不过，在我国敦煌壁画中，还可以看到嚼杨枝的图像。玄奘还强调，在大家还没有澡浴的时候，身体不得接触（澡漱未终，无相执触）。大凡只要解手，就必须马上洗澡（每有溲溺，必事澡灌）。

接下来的第八部分是"文字"、第九部分是"教育"、第十部分是"佛教"、第十一部分是"族姓"、第十二部分是"兵术"，这里不专门讲了。

作为一名佛教僧人，玄奘还专门注意了古印度的"刑法"，这就是第十三部分。

出家人以慈悲为怀，作为一名大德高僧，玄奘为什么会去留意到印度的刑法？印度的刑法又有什么特殊之处呢？

由于宗教的原因，印度几乎没有死刑，主要是花钱去赎罪，或者砍掉鼻子、耳朵、手、足，再就是驱逐出国，予以流放。当然，不同的种姓在刑法上有很大的差距，首陀罗骂婆罗门是要割舌头的，这在法律中是有规定的。此外，古代印度的刑罚还有非常奇怪的地方，也就是玄奘所记录下来的：如果有人被告，需要查明事实，一般有四种办法——水、火、称、毒（欲究情实，事须案者，凡有四条：水、火、称、毒）。其实，这就是所谓的"神判"，也叫裁判对证法，这在古印度流行得很早也很久，在公元前后成书的印度著名法典《摩奴法论》上就有明文记载。

所谓"水"，就是"罪人与石，盛以连囊，沉之深流，校其真伪。人沉石浮则有犯，人浮石沉则无隐"（如果有人告发，没有办法判定的话，就把嫌犯绑上一个口袋，口袋里放块石头往河里一扔，如果嫌犯沉下去而石头浮上来了，那就是有罪的，相反的话就没事了)。其实这个逻辑比较奇怪,主要是看嫌犯会不会游泳、拖得动拖不动这块石头,和犯罪不犯罪没有关系。

所谓"火"则是"烧铁,罪人踞上,复使足蹈,既遣掌案,又令舌舐,虚无所损,实有所伤"。这实在是很惨,不知道有什么人受得了:把铁给烧红了,让嫌犯的脚在上头踩,把手按上去,还要拿舌头去舐,如果没罪就会毫发无伤。但印度毕竟是个宗教国家,很讲道理,如果你怕烫,可以换一个办法:"捧未开花,散之向焰,虚则花发,实则花焦。"就是捧一把还没开放的花骨朵,往火焰里扔过去,如果花开放了,那就是无罪,如果花焦了,那就是有罪。

第三种办法"称",那就更奇怪了,被告人站在一个秤盘里,旁边搁块石头,"虚则人低石举,实则石重人轻"。这听起来比较人性化,似乎对人没有什么伤害。

至于最后一招"毒",那只有听天由命了:用一头黑色的公羊"剖其右髀,随被讼人所食之分,杂诸毒药置右髀中,实则毒发而死,虚则毒歇而苏"。把黑羊右边剖开来后,把各种各样毒药放在里头,吃后如果毒发而死,那肯定有罪;如果再怎么吃都是活蹦乱跳的,那就是清白的。

《大唐西域记》第十四部分"敬仪",其中记载印度表示尊敬的仪式分九等:"一发言慰问,二俯首示敬,三举手高揖,四合掌平拱,五屈膝,六长跪,七手膝踞地,八五轮俱屈,九五体投地。"意思是很清楚的,只有几个地方需要加以解释。"五轮"指的是两臂两膝和头。此外,中国有三跪、九跪之说,印度则最多只有一跪。印度还有很特别的礼节,在中国是见不到的:一是吻尊者之足，二是顺时针绕尊者一到三圈。

接下来，玄奘还在第十五部分介绍了所谓的"病死"，描述了印度的三种葬仪——火葬、水葬、野葬，还提到一种类似"安乐死"的情形。比如有些老人年岁太高了，或者得了绝症、疾病缠身，太痛苦不想活了，怎么办呢？就由他的家人把他载在一艘布满鲜花的船上，奏响各种音乐，为他颂经，把他送到恒河的中游，让他自己溺水而亡，死在圣河恒河里面，那样就得以超脱了，称之曰"生天"。

玄奘还用接下来的两个部分介绍了印度的"赋税"、"物产"，这些我们就不一一介绍了。

玄奘终于踏上了印度的土地，在这个梦寐以求的佛国圣地，一心求法的他，究竟是怎样开始他的寻访学习的呢？请看下一讲"佛影谜踪"。

第十五讲

佛影谜踪

玄奘在印度首先参拜的圣地是醯罗城，那里供奉着佛陀的舍利顶骨，还有一个名叫佛影窟的洞窟，据说心诚的人可以看见佛像……

玄奘在历经千辛万苦之后，终于抵达了印度，当然这是指古代历史上的印度，而不是今天政治版图中的印度。抵达印度以后，他来到的第一个国家叫滥波国，这个国家不是很大，却非常有名，连托勒密的《地理志》上都记载了遥远东方这个偏僻的小国。但玄奘对这里印象却不太好，他提到这个地方的国王已经绝嗣好几百年，王族已经没有后代了，都臣服于别的国家；当地人相貌猥琐矮小，特别喜欢唱歌，整天地唱，但是性情怯懦，而且非常狡诈，不是一个很诚信的国度。玄奘从这里匆匆而过，进入了印度境内的第二个国家——那揭罗曷国。

那揭罗曷国有一座城市叫醯罗城，也就是古代汉文记载当中的佛顶骨城——这意思很明白，这个地方跟佛陀的顶骨有某种关联。醯罗城是极其著名的佛教圣地，历史上到过这里的中国求法高僧很多，晋代的法显、南朝的宋云和法勇、唐代的新罗僧人慧超等都曾不远万里来到这里，因为除了佛顶骨外，那里还保存着很多佛陀的遗物，如佛陀的骷髅骨、佛陀生前穿过的袈裟和法服，还有他的一些日常用具。这其中，佛顶骨是最为重要的，因为对于佛教的舍利来讲，顶骨的地位非常高。有很多国王曾经把这些佛顶骨和东西抢走，但是它们不久又自动地回到了醯罗城。当然，这些记载有一定的神话成分。法显比玄奘还要早到印度，在《法显传》里就留下了关于这块珍贵无比的佛顶骨的描写，还提到当地对这块佛顶骨有一套非常严密的管理制度："国王敬重顶骨，虑人抄夺,乃取国中豪姓八人,人持一印,印封守护,清晨八人俱到,各视其印,然后开户。"也就是国王怕这块佛顶骨被人抢走或者遗失,就在国家里面找了八个豪姓,即八个著名的人或者大族,来共同看护这块佛顶骨。每天早晨八个人要同时到,大家相互鉴定过印章或钥匙,然后才可以共同开启,把这个佛顶骨展览出来供大家瞻仰,这当然是套非常严格的制度。而且开了以后,每天必须奏乐,国王必须到场,必须有鲜花供奉,这一套仪式都是非常隆重的。

当地的人相信,佛顶骨是非常神圣的,除了顶礼膜拜之外,还可以通过一套仪式向它拜求福祸吉凶,这叫做"取印"。关于这点,《大慈恩寺三藏法师传》里有记载:"欲知罪福相者,磨香末为泥,以帛练裹,隐于骨上,随其所得以定吉凶。"意思是说:如果想知道你的祸福吉凶,可以先把香磨成末,再拿这种帛练(就是很好的绢或丝织品)把粉末包裹成一个团,轻轻地、很尊敬地放在佛顶骨上,然后在这个香粉上面就会留下不同的痕迹,显出不同的影像,据此可以判定你是有福还是有祸,是吉还是凶,这就叫"取印"。

玄奘当然不会放过这个与佛骨"亲密接触"的机会,因为这个太难得了。玄奘照着这个做了以后,得到的是个什么印呢?是菩提树像。大家要知道,"菩提"本身是个梵文的音译,它的意思是智慧,至高无上的智慧和觉悟,这对于一个高僧来讲,当然是求之不得的,也是非常希望得到的一个印。当地看护这个佛顶骨的僧人也感叹说很难得,因为他看到无数人来取印,都很少看到能取到菩提树像的,所以记载当中就讲,守护僧人向玄奘"弹指散花"。印度人比较喜欢弹指,这在古代印度是表示喜悦和致敬的一种举止,而且这种举止曾经有一段时期传入过我国,比如东晋的丞相、"三朝元老"王导,他在见到别人的时候也是弹指。也就是说在一千多年前,中国的宫廷就流行这个礼节,只不过在今天看来是很不礼貌的罢了。

跟玄奘一起去的两个小沙弥也都取到了很不错的印,一个是佛像,一个是莲花像,所以大家都是心想事成。

醯罗城之所以成为著名的佛教圣地,不仅是因为这个小城有佛祖神圣的舍利顶骨,还有一个更神奇的传说。

醯罗城的西南有一座山,山上有一座庙,这个庙荒芜已久,已经没有僧人居住了。庙西南的悬崖峭壁上有一个山洞,洞口非常小,但进去后里面很开阔,这就是著名的佛影窟。据说,佛影会出现在这个洞里,曾经有人,或者说有缘、有福的人,能够看到佛的影子和形象。《大唐西域记》的记载是:"昔有佛影,焕若真容,相好具足,俨然如在。"好比在这里有个电影院,能够让人看到一段历史纪录片,而这个纪录片的主角就是佛陀。对于玄奘这样一个求法高僧来讲,这简直是梦寐以求的事情。尽管玄奘到了醯罗城,但是到佛影窟的路并不是那么好走,而是艰险万分,途中经常会有强盗出没。那些迦毕试国国王派来护送玄奘的人觉得这个地方太危险,不愿意去,但玄奘还是毅然决定孤身前往,因为他说这个机会不是千载难逢,而是"亿劫难得"。

沿途找不着人带路,别人都不敢去,一来是路途很艰险,二来没准碰上强盗连命都不保。后来玄奘遇到一个小孩子，非常勇敢，就带领玄奘走了一段。接着又遇到一位识途的老人，他被玄奘远道而来求法所感动，也欣然同意带路。往前走了几里，果然遇见了五个强盗守在山道上，手里都拿着明晃晃的刀。玄奘这一路过来，强盗见得也实在太多了，有点见怪不怪了，所以看见这五个举着刀的强盗时，玄奘倒是非常镇静，只做了一个举动，把帽子给摘了。因为在旅行当中，尤其是走山路的时候，僧人跟俗人穿的行装往往没有明显的分别，但是把帽子一摘，那就等于明白地告诉这伙强盗：我是个僧人。这些强盗一见是位僧人，又是孤身一人，旁边就一个老头在带路，就问他想去哪儿，玄奘回答说："欲礼拜佛影。"这些贼很有意思，很把自己当回事儿，问了一句很奇怪的话："师不闻此有贼耶？"强盗们好像觉得自己很著名，而你这个僧人居然不知我们的来头，于是火气就上来了。玄奘的回答那就更棒了，因为他在应对强盗方面很有经验，而且处变不惊，说道："贼者人也，今为礼佛，虽猛兽盈衢，奘犹不惧，况檀越之辈是人乎？"这几个贼非常有意思，看来也似乎不是专业的贼，他们看见玄奘孤身一人，又是一个法师，再一看他身边也没带什么宝贝，居然放下了抢劫的念头，跟着老人和玄奘往前走，准备看佛影去了。

到了佛影窟，玄奘按照这个老人的指点，在洞东面的墙壁底下，在黑黝黝的洞里开始礼拜，拜了一百多拜却什么也没看见，漆黑如故，不见佛影。据记载，玄奘当时"自责障累，悲号懊恼"，他自己责怪自己障累，就是还有好多无名，还有好多挂碍，没有勘破真正的佛法，所以"悲号懊恼"，觉得自己的佛学境界和修养还不够。玄奘再念经、再礼拜，又一百多拜以后，东面墙壁上开始出现了朦朦胧胧的光像，很模糊，有僧人用的钵那么大，但是一闪即灭。玄奘悲喜交加，喜的是总算有光了，看样子这个佛影窟的确是有它的道理，他更有信心了，悲的是这个光太短暂了。玄奘没有办法，于是不停地礼拜，不停地念经，墙壁上又屡次出现一点点光，但也马上散去了。经过二百多拜后，玄奘发誓不见佛影绝不离开，后来这个墙壁上终于出现了佛影。据玄奘后来回忆说，佛是坐在莲花座上的，除了莲花座略微模糊一点以外，佛的形象非常清楚，不仅如此，佛身边的菩萨和身后的高僧也都非常清晰地呈现在玄奘面前。这可以想象，玄奘会是多么地激动！他赶紧呼唤躲在洞外的老人和跟来的强盗举火进来，因为必须有火来点香，然后才能礼拜。等这六人举着火进来的时候，佛影一下子又消失了。那么玄奘让六个人出去，自己又接着礼拜，于是终于满足了心愿，佛影又显现了。在同去的这六个人当中，有五人最终也看到了佛影，但是有一个人怎么都看不到，这就是佛家所谓的"机缘"了。玄奘在这里看到佛影，了却了自己的心愿，还有一个意外的收获：五个强盗把刀给扔了，请求玄奘给自己受戒，也成了信徒。

佛影窟为什么会显现佛像，玄奘的记载是真实可靠的吗？后来，有很多专业学者亲自到佛影窟去考察过，这其中就有日本的著名学者足立喜六，曾经研究过《法显传》，为了证实《法显传》里提到的这段记载，他到那里去进行考察，留下了一段话：

石窟在石山之绝壁，西南向，入口狭小，内深，有不完全之采光窗，斜阳射入，津滴内壁，故投映影象。

这位日本学者研究的结果是，这个洞很深且有缝隙，缝隙起到了采光的作用，像个不完全的采光窗，洞壁上经常有水气，因此洞里不是那么干燥，光线从采光窗透进来，映照在有水气的墙壁上，就会有影像出来了。和足立喜六的记载相互印证，可见玄奘的记载绝对不是凭空捏造的。

玄奘从这里继续往南进发，走了五百多里山路后，来到了历史上极其著名的健陀逻国。"健陀逻"（亦作健驮逻、乾陀罗）这个词是有意思的，根据《华严经音义》的讲法："乾陀是香，罗谓陀罗，此云遍也。言遍此国内多生香气之花。""健陀逻"是个音译，如果是意译的话，这个国家叫香遍国，也叫香花国、遍香国，总之是一个鲜花盛开的美丽国度。在世界古代史上，健陀逻是一个声名显赫的大国，公元前四世纪末，也就是我国的战国时期，马其顿的亚历山大大帝率兵东征，就曾经打到过这里，带来了希腊文化，在这里就形成了举世闻名的健陀逻艺术，而健陀逻艺术的主要成分是佛教艺术。我们知道，按照印度原始佛教的规定，佛教本身是反对偶像崇拜的，也就是说是不可以有佛像的。按照佛教最标准的教律，崇拜佛陀是通过一些象征，比如一棵菩提树、佛的一个足印来礼拜的。而就是在健陀逻，受到了希腊艺术的影响，从而形成了塑像的传统、壁画的传统，慢慢就出现了佛像。希腊艺术和印度艺术在这里交汇，形成独特的健陀逻艺术，这个艺术对中国的艺术史产生了巨大的影响。最起码，我国辉煌灿烂的佛教艺术、石窟、壁画、雕塑，都是很受健陀逻艺术的恩惠的。

大概到了公元四世纪，健陀逻衰落了，玄奘到达的时候，留给我们的记载给人一种苍凉的感觉："王族绝嗣，役属迦毕试国。邑里空荒，居人稀少。""僧伽蓝十余所，摧残荒废，芜漫萧条，诸窣堵波颇多颓圮。"佛寺都荒废了，没有多少人再信仰佛教了，佛塔也都倒塌了，这就是玄奘看到的景象。尽管如此，这里仍然是玄奘西行求法途中极其重要的一站。

一个人烟稀少的荒芜之地，为什么会成为玄奘西行求法的重要一站？原来，这个地方是许多印度著名的佛典作家的出生地，有很多神奇感人的传说。

在健陀逻国，玄奘参拜了由迦腻色迦王所建造的大佛塔和寺庙。在迦腻色迦王寺的参拜记载中，玄奘留下了两个非常重要的传说，而且也非常感人。第一个是关于胁尊者的。"尊者"很好理解，是非常值得尊敬的人，"胁"则是指左右两边的肋骨。这么一位高僧，怎么会起这么一个奇怪的名字呢？玄奘就留下这样一段记载，这个胁尊者出家的时候已经八十高龄了，此前他并不是佛教信徒。在健陀逻城里，有很多人就嘲笑他，说你这个老家伙，智慧浅薄到这个地步，都八十岁了你还出什么家。出家无外乎两件事情：一是修习禅定，你要修禅打坐；二是念经，你现在已经这把岁数了，怎么可能学业精进，在佛教上有所造诣呢？你只不过想在庙里混饭吃吧？面对这种嘲笑，这位老人就发了一个毒誓：如果我不能理解佛教三藏的教义，断不了欲念，得不到神通，这一辈子我绝不让自己的胁碰到席子（我若不通三藏理，不断三界欲，得六神通，具八解脱。终不以胁而至于席）。大家可能有点奇怪，发这么一个誓干什么呢？要知道，僧人不能仰卧，也不能趴着睡，而只能侧卧，也就是僧人睡觉的时候，"胁"是要接触席子的。他等于发誓，如果我不刻苦掌握佛教的所有道理，我就从此不睡觉了。后来，他的真名已经没人知道了，而大家却记住了他的这个誓言，所以就叫称他为"胁尊者"。

第二个传说是关于如意法师的，他是佛教史上一个著名的大师，玄奘在龟兹与木叉毱多辩经时提到的《毗婆沙论》，就出于如意法师之手。如意法师跟胁尊者不一样，他少年英俊，从小就很聪明，而且声名远播，一言一行都引人关注，僧俗们对他极其敬仰。当时有一个国王叫超日王，这个国王非常慷慨，每天都要施舍给国家里的穷人五亿金钱。这让大臣们非常担心，劝国王说您再这么施舍下去，国库就要空了，那我们就只能再增加赋税，这样老百姓就要造反了。超日王非常有意思，说这个钱又不是我自己浪费掉的，而是施舍穷人的，你们别管，依旧我行我素。看来，他的气度倒是很宏大。有一天，超日王出去打猎时碰到一只野猪，却没打到，超日王的倔劲就上来了，非要逮到这只野猪不可，下令说若有人能提供信息，让我抓到这只野猪，我就赏他一亿金钱。这个消息传出去后，当地的文人就把国王挥金如土，为了一只野猪花一亿金钱的事给记下来了。超日王还很为自己的慷慨大方、视金钱如粪土而沾沾自喜。就在同一天，如意法师剃了一个头，也顺手给了剃头的人一亿金钱。这样一来，超日王就很不高兴了，一个僧人竟然比我还慷慨？这个超日王出手大而心胸小，容不得别人盖过他，打算当众羞辱如意法师，于是就找了一百个学问非常好的人来向如意法师挑战，要和他辩经。不料如意法师是个了不起的人，学问实在太好，口才也好，非常善辩，把一百个人当中的九十九个都收拾掉了，论到最后一个，如意法师大概实在太累了，要么就是轻敌，在吟诵辩经的时候，把一个词组给颠倒了。他说到火与烟，而按照古印度的逻辑因明，是强调先有烟而后有火，不能讲"火烟"，只能讲"烟火"。要知道，辩经的技术要求非常严格，如意法师严重违规了，一帮子人跟国王就开始起哄，说如意法师浪得虚名，连那么简单的逻辑因明都搞不清。如意法师无从申辩，就干脆咬断自己的舌头，不跟他们辩了。他在临终前写字告诉他的弟子世亲："这些人跟着一起瞎起哄，根本不是追求佛发大义的。在这样一群糊涂人中，还辩论什么对错。"（党援之众，无竞大义。群迷之中，无辩正论。）留下这个遗言后，如意大师就去世了。后来，世亲成名以后，请求继位的国王再次召集辩论，重新论述了如意的论旨，击败了对手，为师父平了反。

更为重要的是，如意大师写《毗婆沙论》的地方，就在这个迦腻色迦王寺的二楼。《毗婆沙论》全称《阿毗达磨大毗婆沙论》，是研究小乘有部教义的重要著作，后来玄奘把它翻译成了汉语，对中国的佛教有重大的影响。有意思的是，世亲写《阿毗达磨俱舍论》的地方也离这个庙很近，就在寺庙三楼胁尊者房间东面的老屋里。《阿毗达磨俱舍论》是一部研究佛教的基本经典，后来不仅有玄奘的译本，还由此形成了一个俱舍宗，在日本也广为流传。

这真是佛教历史上一段奇妙而动人的因缘啊！玄奘离开健陀逻以后继续前行，又到达了哪些地方？留下了什么样的记载？请看下一讲"巴国奇闻"。

第十六讲

巴国奇闻

玄奘进入了今天意义上的巴基斯坦境内。在印度河的某个渡口，玄奘记下的一个传说，竟跟小说《西游记》中的情节十分相似，那就是唐僧西天取经路上遭遇的第八十一个磨难——在通天河遇到神兽，取回的佛经落入了水中。在真实的历史中，玄奘有没有遭遇到风浪的袭击？

离开了迦腻色迦王寺之后,玄奘往东北走了五十多里,渡过了一条大河,进入了今天的巴基斯坦境内。当然,这在古代都被视为印度的范围。玄奘进入心目中的圣地,心情一定非常激动,也充满了好奇感,可以说是有闻必录,有见必记。我们在看他留下来的有关文献记载时,也是如入宝山,目不暇接。

玄奘首先来到的是跋虏沙城,据近人考证,这个地方在今天巴基斯坦重要城市白沙瓦东北偏东约六十五公里处。这里有一座不大的寺庙,只有五十多名僧人,但却是一个非常重要的寺庙,因为印度历史上著名的自在大师就是在这里撰写了《阿毗达磨明灯论》。这部著作在佛教哲学史上占有十分重要的地位,但没有汉文译本,也没有藏文译本,只有一部梵文本。有意思的是,这部论著的梵语原本在印度找不到了,却默默地保存在我国西藏,而今天则作为"当地写本第 24 号",珍藏在我国民族文化宫的民族图书馆里。你们看,那么遥远、那么小的一座庙,竟然跟我们的民族文化宫联系在一起,这是中印文化交流中一件非常神奇和有意义的事情,也是佛教历史上非常动人的因缘。

接下来,玄奘来到了乌铎迦汉荼城,也就是今天的 Ohind,就在喀布尔河和印度河交汇口的东北,是印度河的一个重要渡口。从这里可以渡过印度河,是中亚、波斯、迦毕试、健陀逻国进入印度的必经之地。这个渡口有一个非常奇怪的现象,据《大慈恩寺三藏法师传》记载:"有持印度奇宝名花及舍利渡者,船辄覆没。"也就是说,你从印度往回走时如果带了奇宝(印度特产)、名花(印度有名的花,如不打磨花)、舍利,这条河往往风浪大作,船就会被打翻。这种情况在当时应该是时常发生的,而人们却没有办法解释,就说河流里有很多洞窟,洞窟里住着各种各样的毒龙猛兽,只要看见有人试图从印度带出宝物,就会兴风作浪,把他们留在这条河里,使得印度的宝物不外传。据说当年亚历山大大帝东征后班师回国,也是过了这渡口。我们的玄奘法师在后来回国的时候,就是在这里遇上了大麻烦。他带着大量的佛经、花的种子,还带了很多印度的特产,果真在这里遭遇了大风浪。

离开这个渡口后,玄奘来到了西北二十多里外的一个城市,叫娑罗睹罗邑,也就是今天的 Lahor,这里又是一个重要的地方——古代印度最伟大的语言学家、梵文文法的奠基人波尼你(亦作波腻尼)的家乡就在这里。

在现存的语言中,梵文的语法、音变和各种规则是最复杂的,而波尼你用八章对梵语语法作了非常完备的总结,这部书就叫《八章书》(俗称"波尼你经")。大家都觉得波尼你特别有本事,能够驾驭非常复杂的梵文,像仙人一样,于是都毕恭毕敬地称他为"波尼你仙",没有人单独称"波尼你"的。玄奘也留下了关于波尼你仙的传说的记载。据说是印度古代的一个大神叫波尼你写《八章书》的,稿子写完后,呈交给国王。国王当然很看重,下令全国人民学习,只要能流利地背诵,就重赏一千金钱。所以,经过波尼你仙总结过的梵文很快普及开来,这个地方的人梵语很好,有学问的人也很多。

但是,梵语水平和佛教信仰之间并没有直接的关系。根据我的老师季羡林先生的研究，佛陀是主张比丘用各自的语言来研究和传播佛法的，在佛教的历史上，很多大师的梵文并不符合波尼你仙的文法要求。佛教后来所使用的梵文，叫佛教混合梵文，也就是说，很多语法其实会出现一些病句和白字，因为佛教僧人的梵文水平并没有那么高。

然而在波尼你仙的故乡，佛教信仰的程度非常高。玄奘记载了当地口耳相传、尽人皆知的一段传说，来解释为什么这里佛教特别昌盛。大概在佛陀圆寂以后的五百年，有一个大罗汉云游到波尼你仙的故乡，看见有个婆罗门拿着棍子在拼命地打一个小孩，小孩当然很痛，就在那哭着哀求。罗汉就问这个婆罗门为什么要打孩子，婆罗门回答说，我让他好好地学习《声明论》（《八章书》的别名），可这孩子就是不长进，我只能打他了。这个罗汉非常有意思，听了以后就在旁边微笑着，无动于衷。婆罗门觉得很奇怪，说：您是个佛教僧人，是个罗汉，不是应该有慈悲心的吗？罗汉微微一笑，说：你正在拼命狠揍的这个孩子，他是波尼你仙投胎转世的，所以你打的是波尼你仙的化身啊！波尼你仙因为"唯谈异论，不究真理"，白白浪费了神智，所以在生死轮回中流转不停，本来是不能再投生了，但只不过因为他还有点剩余的公德，把梵文整理得很好，所以才投胎成了您的儿子。可见学习世俗的经典、文辞是吃力不讨好的，怎么能像如来圣教那样带来福报和智慧呢？说了这段话以后，罗汉就施展了大神通，一下子在婆罗门面前消失得无影无踪了。这下子婆罗门当然是非常钦佩和信仰了，知道遇见的真正是个有神通的人，就赶快把这段奇遇跟街坊邻居们讲了，并且让自己的孩子剃度为僧。从此以后，波尼你仙的家乡就特别信仰佛教,后来成了佛教的圣地。

经过了一些小国后,玄奘来到了和中国有着密切关系的乌仗那国。在这里玄奘见到了著名的观世音菩萨像,但是他却说,"观世音"这个被口口相传的名字是个巨大的错误,这到底是怎么回事呢?

玄奘往北走了六百多里,又来到一个著名的国家——乌仗那国,它跟中国有特殊的渊源。比玄奘还要早一百来年,宋云、惠生这两个求法僧就到过这里,还留下了记载。他们见到了乌仗那国的国王,向他详尽地介绍了中国的情况,令这个国王对中国倾慕不已,还发下过这么一个誓愿:"我当命终,愿生彼国。"也就是说,我此生的生命结束以后,如果有来世,我愿意生到中国去。据《册府元龟》记载,唐开元八年(720年)的四月,唐朝还派人前去册封那里的国王,赏赐了不少东西。

玄奘来到这里的时候大约是在公元629年,乌仗那国依然繁荣,但佛教却已经不在最鼎盛的时期了,从前有一千四百所寺院,多半已经荒芜,从前有一万八千僧人,现在也减少了许多。当然,这里还是崇信佛法的,而且是信仰大乘佛教的,但玄奘对这里的僧人和民风的评价并不高:"寂定为业,善颂其文,未究深义。戒行清洁,特闲禁咒。"说这里的人整天在那里入定,却不去探究佛教的精义,也就是说他们的学问很肤浅。当地人的长处是非常守戒律,而且非常擅长念诵各种咒语。对这里的民风,玄奘也没什么好印象,说这里的人胆小怕事,非常诡诈,喜欢学习,但是不肯花力气（人性怯弱，俗情谲诡，好学而不功）。尽管如此，这里还是有大量的佛教圣迹，对玄奘还是有吸引力的。

在这里，我不多说玄奘对这些圣迹和佛教遗址的记载，而是想介绍他在《大唐西域记》里一段很短的话。这段话其实不在正文里面，而是夹在里边的小注，这条不起眼的注解特别重要，因为它彻底打破了我们的一个佛教常识。

玄奘在这儿的寺庙里看到了一尊佛像，音译过来叫阿缚卢枳低湿伐罗菩萨。据《大唐西域记》记载：

> 唐言观自在。合字连声，梵语如上；分文散音，即阿缚卢枳多，译曰观，伊湿伐罗，译曰自在。旧译为光世音，或云观世音，或观世自在，皆讹谬也。

玄奘说这尊像叫"观自在"，在此之前大家都叫它观世音是错的。在前面我讲过，玄奘在《大唐西域记》的讲很多梵语翻译错了，其实都未必错。但在这个问题上很遗憾，或者很幸运，玄奘是对的：我们口里心里经常念颂的救苦救难的观世音菩萨的名字的确是一个翻译错误，正确的叫法应该是"观自在"，也就是说要关照和领悟自在本身，领悟这种最深的本质。阿缚卢枳低湿伐罗，乃是梵语 Avalokiteśvara 的音译，这个词语由 avalokita（阿缚卢枳多，义为"观"）和 īśvara（伊湿伐罗，义为"自在"）两个字复合而成。根据梵语文法，前一个字的最后一个字母"a"和后一个字和第一个字母"i"连在一起必须读 e。看来翻译这个名称的人梵文不好，读错了两个字母，把 Avalokiteśvara 看成了 Avalokitasvara,

而"svara"就是"声音"的意思，于是就翻译成了观世音。也就是说，一千多年来我们汉族的佛教徒读的是一个错误的名字。可是，习惯的力量实在是太强大了，就连玄奘如此高的权威都没能把约定俗成的这个错误改过来，到今天我们还说观世音菩萨，没有人说观自在菩萨。尽管如此，玄奘在一千四百多年前就指出了这个错误，我们起码应该知道，这是一个无奈的误会。

在这里游历了一番后，玄奘来到了更为重要的迦湿弥罗国，也就是今天的克什米尔，它是南亚次大陆上最早和我国建立起友好关系的地区，《汉书·西域传》就有记载："户口胜，兵多，大国也。"从汉武帝时期开始，迦湿弥罗国就和我国有正规的使节往来，可见古代人对外部世界的了解，并不像我们今天想像的那样贫乏。唐朝时期，迦湿弥罗国很强大，周围很多小国都臣服于它。到过这个地方的人也远不止玄奘一人，比如唐朝有个叫悟空的人就到过这里。

在小说《西游记》中，孙悟空曾一路陪伴师父唐僧到西天取经，那么唐朝的这个悟空是不是《西游记》中孙悟空的原型？他和玄奘究竟有没有关系？

唐玄宗年间，迦湿弥罗国有个使节在唐朝出访，完成使命后便要回国复命，这个悟空就跟着这个使节来到了迦湿弥罗，并且在迦湿弥罗出家。这样一来有两种可能：第一，悟空去的时候是个俗人，到迦湿弥罗后才剃度出家；第二，他在唐朝的时候还是个沙弥，没有受过具足戒，没有正式获得僧人的身份，到了迦湿弥罗后按当地的戒律成了一个外国僧人。可以断定的是，他绝对不是孙悟空，因为他跟唐僧碰不着，生活的时间不对，记载里很明确，悟空是唐玄宗时候的一个人。后来吴承恩在《西游记》中构思孙悟空这个人物，给这只猴子起名字的时候，可能会注意到历史上这个悟空，然而孙悟空这个形象还包含了印度流传的神猴故事，以及中国南方流行的神猴故事，而孙悟空的各种神通变化则完全是受印度传说的影响。

在迦湿弥罗国，玄奘还遇到了更大的惊喜。玄奘刚到这个国家西部边境的重镇石门，国王就派了人带着车马来迎接，那时玄奘的声望已经很高了。入城以后，玄奘就礼拜了那里的寺庙，并住了下来。非常有意思的是，就在玄奘到达的前一天，这座寺庙的僧人都做了一个同样的梦，梦中有个神对他们说：有个客僧从遥远的摩诃脂那（"脂那"就是China，"摩诃"就是大，意为大中国）来，想到印度去学经，巡礼佛迹，是为求法而来的，身边有很多善神陪着，此人马上就要到了。你们这些和尚有福了，应该赶快用功，该念经的念经，该敲钟的敲钟，该打坐的打坐，这样才能让这样一位僧人心生景仰，你们怎么现在还在睡觉呢？这些僧人都从睡梦中惊醒，赶紧经行的经行，禅定的禅定，念经的念经，一直等着玄奘。玄奘来了一看，不得了，这个庙的僧人半夜都在做功课，于是果然佩服。

玄奘不仅见识了这里僧人的虔诚，受到了国王非常隆重的接待，更为重要的是，迦湿弥罗有着比较完整的佛教经典，玄奘在这里花了将近两年时间学习佛法。

玄奘在国王派来的人的护送下前往都城——拨逻勿逻布逻城。有趣的是，无论是《大唐西域记》还是《大慈恩寺三藏法师传》里，都没有提到这个都城的名字，而这个名字居然在《新唐书》里有。玄奘到了拨逻勿逻布逻以后，要经过一个地方，叫达摩舍罗。国王非常尊敬玄奘，他没有在拨逻勿逻布逻城等玄奘，而是带着一千多个随从和华丽的仪仗队，浩浩荡荡地来达摩舍罗恭迎玄奘。玄奘用了"烟华满路"四个字来形容当时的盛况。见到玄奘以后，国王亲自抛洒鲜花表示欢迎，再请玄奘乘坐大象往京城进发，先在国舅所立的寺院安顿下来。第二日正式将其迎入王宫里隆重供养，进食以后，就请玄奘讲经。大家要知道，印度是佛教的发源地，而这里的国王请一个从中国来的僧人在王宫里讲经，并且请他和当地的僧人辩经，这是一种交流的方式，更是一个崇高的礼遇。有一位僧称法师，是迦湿弥罗的第一高僧，他严守戒律，思想深刻，学问渊博，才华横溢，见多识广，而且非常爱才。他见到玄奘被国王奉为上宾，于是对玄奘更加倾心接纳。玄奘当然不会放过这个请教的好机会，就"晓夜无疲"，请僧称为他讲授佛教经典。当时僧称已经七十多岁了，体力和精力都不再健旺，但是为了玄奘这么一个"释门伟器"，全力为玄奘讲授。根据记载，他上午讲《俱舍论》，下午讲《顺正理论》，夜里讲《因明》和《声明论》，日程排得满满的。僧称法师在迦湿弥罗国地位崇高，已经很久没有开课了，所以当他为玄奘专门开课的时候，本国和周围的僧人纷至沓来，借着玄奘的光，终于能听到一代宗师讲经。玄奘对每个细节都精益求精地钻研，他的佛学修养很快就得到了僧称的认可和欣赏：

> 此支那僧智力宏瞻，顾此众中无能出者，以其明懿足继世亲昆季之风，所恨生乎远国，不早接圣贤遗芳耳。

意思是说：这个支那僧人的才智实在是太高了，在迦湿弥罗都没有人能够超过他，他的智慧足以继承世亲大师，遗憾的是，他出生的地方太遥远了，没有机会早点亲近佛教圣贤的教泽。

能够遇见僧称这样一位学识渊博、诲人不倦的大德，对于西行求法的玄奘来讲，当然是一个巨大的惊喜。然而，还有更大的好事情在等着我们的玄奘法师呢！

这必须从迦湿弥罗在佛教历史上的特殊地位说起。迦湿弥罗是佛教历史上第四次结集佛典的地方，也就是迦腻色迦王结集。所谓"结集"，梵语叫 sangiti，就是合唱，指佛教徒为了编集佛教经典而举行的合诵。我们知道，在古代历史上，佛经主要是口耳相传的，经过漫长的岁月可能会出现丢字拉字的情况，所以每过一段时间就要把高僧们召集起来，大家坐在一起念诵，如果念的都一样的，就写成定本，也就是大家都同意的标准本。如果念的时候不统一，就先讨论哪个是对的，再把大多数人赞同的意见写下来，作为比较固定的版本，这就叫佛典结集。虽然学者们的意见有不小的差别，但多数人认为佛教历史上有四次大结集：第一次是在如来涅槃后第一年，就是公元前 486 年左右；第二次是吠舍离结集，在公元前 300 多年；第三次是华氏城结集，在阿育王时期；第四次就是在迦湿弥罗，在迦腻色迦王统治期间。

根据《大唐西域记》的说法，迦腻色迦王在佛陀涅槃后第四百年即位，国力强盛，信仰佛教，每天请一个僧人入宫讲经，但是学说很紊乱，彼此矛盾。我们前面提到的胁尊者就对国王说，如来去世已经很久了，弟子分成很多部派，意见纷纭，互相矛盾，建议国王利用自己的权威召开大会，统一佛说。国王接受了这个建议，传令召集远近高僧。于是高僧们从四方云集，在七天内大事供养，但是人实在太多，鱼龙混杂，喧闹不堪。国王就恭恭敬敬地进行有秩序的淘汰工作，先留下已经证圣果的，再要求已经证得四果的留下，再要求只有具有三明、有六神通的人留下，最后把要求提高到"内穷三藏，外达五明"者才能留下。这样还有四百九十九人。国王专门建立寺院，开始准备工作。

这其中最关键的人物叫世友，开始他并不在这四百九十九人之列，而是穿着粪扫衣（用人们抛弃的破衣服缝纳而成的法衣）站在寺院门口。那些人瞧不起他，叫他赶紧去证得四果再回来，先退到一边去。世友说：我看证得圣果很容易，就像涕和唾一般容易。我志求佛果，不走小路，现在我把这个丝团抛上天，在它掉下来之前，我就可以证得圣果（我顾无学，其犹涕唾。志求佛果，不趋小径。掷此缕丸，未坠于地，必当证得无学圣果）。别人当然说他是自吹自擂。于是，世友就把丝团抛上了天，空中有神接住丝团，说世友应该在今世证得佛果，然后在来世接弥勒的班，怎么能在这里求这样的小果呢？这下子那些僧人全相信了，就请世友为上座，请他裁决疑义。这五百个圣贤先后写成了解释经藏的佛经十万颂、律藏十万颂、论藏十万颂（"颂"是梵文里一种特殊的体裁，汉语佛经一般是四句，这四句就叫一颂，也叫做一偈，即一个偈语），佛经于是完整了。迦腻色迦王就把这些经文刻在铜上，用石函封起来，再在上面建造佛塔，想学习的人可以在此阅读。

这就是说，迦湿弥罗国藏有相当完整的佛经，有得天独厚的优势。这对于西行求取真经的玄奘来说太重要了。

国王本来就欣赏玄奘，看见他千里迢迢来求法求学，但是没有经本可以阅读，就派给玄奘二十名书手为他抄写佛经，还派了五个人照料他的生活。总之，国王给了玄奘他所需要的一切。玄奘在这里的阇耶因陀罗寺停留了很长时间，钻研梵语佛经，为日后周游印度和回国翻译佛经打下了初步的基础。玄奘带回国的佛经里面，应该就有在这里抄写的吧。至于玄奘在这里停留的时间，《大慈恩寺三藏法师传》说是首尾两年，这是大概说的，并不是完完整整的两年。

玄奘于贞观三年（629年）秋离开了迦湿弥罗国，不久就遭遇了很惊险的一幕。在后来的旅途中，玄奘留下了关于东女国的记载，许多专家认为，这段记载就是小说《西游记》中女儿国的灵感来源。请看下一讲"真假女国"。

第十七讲

真假女国

在小说《西游记》中，唐僧师徒四人在女儿国有一段令人哭笑皆非的遭遇，而在《大唐西域记》中，玄奘用了一段扑朔迷离的文字，记录了一个由女性做国王的神奇国度东女国。这两部著作中的女儿国是不是同一个地方？

离开迦湿弥罗国以后,玄奘大体的方向是朝南而行,经过了几个小国家,来到了相对大一点的一个国家——磔迦国。玄奘一路西行多次遇盗,在这里的波罗奢森林里,又遇见强盗了。

这群强盗大概有五十多人,算是一个比较大的团伙了,把玄奘和随行的人抓住以后,剥掉他们的衣服,把他们随身带的稍微值钱的东西都抢掉,还要杀人灭口。强盗们把玄奘和他随行的人员驱赶到一个干涸的池塘边,准备杀掉他们,然后弃尸于此。在这个危急时刻,跟着玄奘的小沙弥眼尖,发现池塘南岸有一个水洞,刚够一个人钻过去,就赶紧悄悄地告诉了玄奘,两个人先后钻洞而出,总算拣了一条命。但玄奘并没有自顾自,而是赶快到周围去找人解救他的同伴。根据记载,他此时正好看见一个在种地的婆罗门,就把遇贼被抢之事告诉了他。这位婆罗门尽管听了一惊,但很是见义勇为,把牛交给玄奘,自己朝着村庄方向吹响了海螺。看来,印度的乡村有守望相助、结寨自保的传统。顿时鼓声大作,八十多个村民举着家伙出来,朝强盗们冲过去。强盗见状,也就分散逃到树林里作鸟兽散了。玄奘赶紧给别的人解绑,带着他们到附近的村庄投宿。这些人都悲戚不已,但是玄奘却笑着,无忧无虑的样子。同伴们大感不解,对玄奘说:"我们的东西都被抢光了,性命也几乎丢掉,还有比这个更危险和倒霉的吗?法师您不仅不和我们一起忧伤,反而笑嘻嘻的,这是为什么呢?"玄奘的回答气度非常宏大,令人感佩:"人最珍贵的是生命。既然生命还在,还有什么可以担忧的呢?我国的书上讲'天地之大宝曰生',说的就是这个道理。那么一点点衣服财物,有什么舍不得的呢?"(居生之贵,唯乎性命。性命既存,余何所忧。故我土俗书云"天地之大宝曰生"。生之既在,则大宝不亡。小小衣资,何足忧吝。)

春去秋来,玄奘依旧迈着匆忙的步伐前进,经过了无数个大大小小的国家。转眼到了贞观五年(631年),我们的玄奘法师三十二岁了,离开祖国也有五六年的时间了。尽管西行的旅途无比精彩,但这中间的艰辛甘苦,只有玄奘自己才能体会吧。

这一年年初,玄奘在秣底补罗国匆匆而过,又经过了几个国家或者城市,到了前面一个很不重要的国家婆罗吸摩补罗国,而在这个国家,玄奘留下了一段关于东女国的扑朔迷离的记载。很多人认为,这个东女国就是《西游记》里边女儿国的灵感来源,激发了《西游记》作者的创作灵感,这到底是怎么一回事呢?

让我们先回过头去看看《西游记》。《西游记》第五十回以后是讲玄奘师徒过了通天河,来到金𫘦山、金𫘦洞,接着的一段路都跟黄金有关,地名都带着"金"字。到了第五十三回,师徒几个喝了"照胎泉"的水后,突然觉得肚子疼,遇见了几个半老不老的妇人,望着玄奘"洒笑",不是傻乎乎地笑,而是放开了笑,很高兴的样子。孙悟空大怒,抓住老婆子便要她们去烧热水。那老婆子惊吓之余说,这里是西梁女国,我们这一国尽是女人,没有男子,所以见了你们很欢喜,还说玄奘师徒喝了会使男性怀孕的水。师徒四人当然急得不得了,东折腾西折腾,最终每个人都从肚子里折腾下来好多血团肉块。孙悟空这个时候还有心情开玩笑，提醒玄奘不要被风吹了，"弄做个产后之疾"。八戒更好玩，认为自己"左右只是个小产，怕他怎的？"一口气吃了十几碗粥，居然不够，还自己去煮饭。接下来第五十四回的标题是"法性西来逢女国　心猿定计脱烟花"，师徒四人到了所谓的"西梁女国"，这里"农士工商皆女辈，渔樵耕牧尽红妆"。这个国家的人管男人叫"人种"，男人的地位很低，就是人的种子。那里的人推推攘攘来看热闹时，八戒还大叫"我是个销猪"（被阉割掉的猪），很是有趣。这里发生的事情大家都知道，玄奘又被女王看中，差点被迫成亲。玄奘一如既往地意志坚定，"咬钉嚼铁，以死命留得一个不坏之身"。在猪八戒的眼里，女王"说甚么昭君美貌，果然是赛过西施"，这且不去管它。女王怎么看玄奘的呢？"丰姿英伟，相貌轩昂。齿白如银砌，唇红口四方。顶平额阔天仓满，目秀眉清地阁长。两耳有轮真杰士，一身不俗是才郎。好个妙龄聪俊风流子，堪配西梁窈窕娘"。女王看得十分高兴，连连叫玄奘平身，把玄奘弄得"耳红面赤，羞答答不敢抬头"。

小说《西游记》以玄奘记录的东女国为灵感，描绘出了一个带有魔幻色彩的女性王国。然而玄奘并没有亲历过东女国，我们不禁要问，历史上真的存在过这个神奇的国家吗？它究竟在哪里？

从记载来看，玄奘并没有到过东女国，而是到了这个国家的附近，听到很多关于这个国家的传说。在《大唐西域记》里，他对东女国有一段魔幻般的记载：

此国境北大雪山中，有苏伐剌拿瞿呾罗国（唐言金氏）。出上黄金，故以名焉。东西长，南北狭，即东女国也。世以女为王，因以女称国。夫亦为王，不知政事。丈夫唯征伐田种而已。土宜宿麦，多畜羊马。气候寒烈，人性躁暴。东接吐蕃国，北接于阗国，西接三波诃国。

玄奘记载说，我所到这个国家（婆罗吸摩补罗国）以北的大雪山里，有个苏伐剌拿瞿呾罗国，这个名字是梵文，意思是金氏，因为这个国家出产上等的黄金而得名。他们世代以女性为王，尽管女王的丈夫也是王，但是这个王不知政事，实际上起不了什么作用。这个国家的男子地位低下，只管种地和打仗。

我前面讲过，玄奘并没有亲自到过这个国家，而是得之于传说。《大慈恩寺三藏法师传》里没有提到这个东女国，自然也可以理解。但是，这绝对不等于说这个东女国是子虚乌有的。众多的历史资料充分地表明，这个东女国在现实历史中确实存在。

慧超是唐玄宗时的西行求法高僧，也到过印度，他有部书叫《往五天竺国传》，里面也提到了这个国家，除了强调他们是以女为王以外，还说"属吐蕃国所管，衣着与北天相似，言音即别，土地极寒也"（这个国家是归吐蕃管的，语言文字和北印度很相似，但是语音不同，这个地方极其寒冷）。《新唐书·西域传》则记载得很详细，说他们是"羌别种也，西海亦有女自王，故以东别之"。也就是说，这个女儿国的居民是羌族，而且在这个国家的西边还有以女性为王的国家。更为重要的是，西域和中亚的史料很贫乏，用当地的语言文字保留的史籍很少，而恰恰在这个女儿国的问题上，出现了一个例外。迦湿弥罗国的古籍中也提到，这里附近有个国家叫Strīrājya，意思就是女子的王国。现在我们大致可以确定，这个东女国确实是存在过的，它是古代西藏西北部山区靠近印度的一个小国家，应该位于喜马拉雅山以北，新疆和田以南，拉达克以东，正处于母系氏族制度时期，就像我国的摩梭族一样。所以说，玄奘虽然只是听说过东女国却没有亲历过，但这个国家在历史上是真实存在的。

《西游记》里面的有关女儿国的描写，虽然也可能有受其他传说的激发，其诸多的灵感来源当中起码有一个，甚至说很重要的来源是这个东女国。第一，《西游记》的作者把这个女儿国放在所谓的金𪩘山、金𪩘洞的后面，也就是在强调这个女儿国的周围是出产黄金的，而东女国恰恰就是《大唐西域记》里很少见的出产高质量黄金的地方。第二，《西游记》在这里为什么把这个女儿国叫做"西梁女国"？我想这个恰恰是欲盖弥彰露出的马脚，《西游记》的作者应该是看到东女国以西还有一个女国，况且"西"更遥远，和玄奘西行更吻合，所以把这个女国改成了"西梁女国"。第三，所谓的"西梁女国"，我估计在吴承恩的内心深处，用的应该是"西凉女国"，就是暗指这个地方极度寒冷，而凉州又是我国西北地区相当著名的一个地名。当然，这些只是我的个人揣测而已。

玄奘接着又经过了若干国家，来到中印度的劫比他国，在这里留下了一条很有意义的记载。有意思的是，《大唐西域记》里的这段文字居然被改动过，被删掉了二十七个字。为什么有人在高僧的著作上动手脚呢？被删去的内容究竟是什么呢？

玄奘来到了劫比他国，它还有一个古老的名字叫僧伽舍，意思是"天下处"，是神话里面梵天、帝释和佛陀自三十三天下降尘世的地方。经过后来的学者们的研究，玄奘《大唐西域记》里关于这里的记载被人动过手脚，删掉了二十七个字，这二十七个字还保留在引用过《大唐西域记》的《释伽方志》和《法苑珠林》里，它们是：

皆作天像，其状人根，形甚长伟。俗人不以为恶，谓诸众生从天根生也。

其实，这是古印度的男性生殖器崇拜。玄奘在这里看到有一个雕塑，很高大，就是把男性生殖器作为一种崇拜塑在这里。从民俗学的角度来讲，这种崇拜在古代世界是非常普遍的，今天在我国的很多少数民族中仍然存在。今天《大唐西域记》的本子之所以没有这段文字，是由于后来某些僧徒出于中国佛教特殊的伦理氛围，觉得对这个东西的描述太露骨，留在一代高僧玄奘的著作当中不合适，于是干脆把它删掉了。由此可见，中国和印度的思想有不吻合的地方，即使是高僧的著作，后来的僧徒出于某种善意，比如为了维护玄奘崇高的声望，或者是自己没有办法接受剧烈的冲突，就把原著中某些文字删除了。从被删的这二十七个字中也可以看出，玄奘原来的记载是很详实的，是有见必录的。

玄奘在这里还提到了莲花色尼，她是佛教史上非常著名的一位尼姑，名字叫莲花色，她的故事揭示了佛教传播史、中外文化交流史上最基本的一个道理或准则。佛教故事里关于莲花色尼的传说很多，传播也很广，在我国敦煌文书当中也有记载。1932年著名学者陈寅恪先生就发表了《莲花色尼出家因缘跋》（收入《寒柳堂集》），说她前世遭到了七种恶报，这七种恶报让她幡然悔悟，看透了世间的俗相，所以便出家为尼了。所有地方都是说"七种"，然而在汉语译本里却只有六种，即丈夫被蛇咬死、儿子被狼吃掉、淹到水里差点淹死、自己身体不断有毛病、居然还吃了自己儿子的肉、父母被火烧。那么，这第七种恶报到底是什么呢？为什么在汉语典籍中没有？陈寅恪先生是懂梵语、巴利语的，他在巴利文佛典《长老尼偈》中找到了汉语译本里没有的第七种恶报——那就是莲花色尼在前世屡次嫁人，跟每个丈夫都生了很多孩子，儿女们间彼此都不相识，而且她居然还和自己的女儿一起嫁给了自己的儿子！这种伦理之间的混乱，或者说乱伦，在印度并不奇怪，佛经里经常用这样的故事来激发世俗之人的羞恶之心，说明最好应该断欲出家的道理。这样的思想和做法到底对不对，我们不在这里评论。但是，中国传统的伦理观念是绝对接受不了这样的事情的，君臣父子这种传统的伦常，在早期还有不少僧人信徒对其发起挑战，惟独男女之间和性有关的事情，中土佛经基本是闭口不言的。所以，就连笃信佛教的人，也摆脱不了中国传统伦理的深厚影响，不能接受印度的这类事情和说法。但是，佛经又是神圣的，他们不敢说佛经说得不对，只好把它们悄悄地删掉了事。

和这个国家相关的、玄奘记载下来的两件事情，以及它们在后来被删改的命运，都揭示了这么一个道理：我们在接受外来文化的时候，历来就不是被动接受、全盘照搬的，而是充分考虑到中国本身的国情和特有的文化传统，是经过选择和改造以后才吸收的。这大概也就是鲁迅先生说的"拿来主义"，也是中外文化交流的正确途径吧。

玄奘在印度游历期间记载了许多见闻和传说，使《大唐西域记》成为一部珍贵的历史资料，而其中有关印度的一些圣僧的传说，更是充满了神奇的色彩，他对于世亲菩萨的记载就是其中的一例。

世亲是玄奘心目中的圣僧。玄奘回国以后的翻译工作，就主要是以无著和世亲的著作为中心的，他的记载可能是我们了解世亲的一个最佳途径。世亲原来是小乘佛教徒，他学问渊博，记忆能力超群，在小乘佛教领域早就声名卓著了。他的亲哥哥无著也是由小乘佛教出家的，但是他比较早就转信了大乘佛教。这兄弟两个都是公元五世纪的人，和玄奘去的时候相差了差不多两百年。在玄奘记载的一处佛教遗迹当中就提到，在恒河边上有一座用砖做的古佛塔，这里就是世亲改变信仰，从小乘佛教徒转变为大乘佛教徒的地方。这其中的经过非常有意思。当年的某个晚上，世亲从北印度到这里的时候，他的哥哥无著已经在这里了。无著故意没有马上见弟弟，而让自己的弟子在世亲所住房间的窗外高声吟诵《十地经》。世亲非常聪明，在夜深人静的时候听到这部佛经，当即明白自己以前信仰的小乘佛教的学说不完备，过去花费的好多精力可能白费了。不仅如此，他突然忏悔，因为他以前作为一个小乘佛教的著名的论师，经常攻击大乘佛教，所以觉得自己犯了诽谤教法的罪过。他就开始反思，对过去追悔莫及，竟然一下子把自己所有的过错归结到舌头上，因为他口舌伶俐，都是舌头惹的祸。想到这里，世亲就拿出一把非常锋利的刀子，准备把自己的舌头给割了。其实无著一直在旁边观察着，想看看这个弟弟能不能幡然改悟，这个时候就赶紧出来阻拦，开导他说："大乘佛教是佛教的最高道理，所有的佛都赞叹它，圣贤都以大乘为正宗。我本来想开导你，现在你自己觉悟了。这么及时地醒悟，还有什么比这个更好的呢？过去你用舌头诽谤大乘，今天也可以用舌头颂扬大乘啊，又何必要把舌头给割掉呢？"就这样，世亲把自己的舌头了留下来，接着第二天便到无著住处请教大乘佛说，改信了大乘佛教，后来成了一代宗师，写了一百多部大乘论著，其中有一部很重要，叫《十地经论》，就是专门解释《十地经》的。

关于世亲的另外一个故事，玄奘是从一位叫众贤的高僧开始讲起的。众贤这个人在《大唐西域记》里不止提到一次，他从小就非常聪明，也非常勤奋，在印度的佛教界有一定的声望，对小乘佛教有非常精湛的研究。而当时的世亲岁数已经不小，在印度佛教界已经是泰斗一级的人物了。世亲曾经写了一本《阿毗达磨俱舍论》，这是非常重要的一部经典。这位众贤法师当时很年轻，但门徒很多，他对世亲并不服气，于是埋头阅读，花了十二年的时间研究世亲的这部论著，然后自己也写了一部经，叫《俱舍雹论》。众贤很得意，对自己的这部书很满意，希望能像冰雹一样，把世亲的《阿毗达磨俱舍论》打得稀巴烂。他对自己的门徒讲，以我这样超凡的能力和对佛教的出众理解，我完全可以驳倒世亲，挫掉他的锋芒，我不能让他在这个世界上独得大名。听到这个消息以后，世亲展现出一种了不起的风姿和气度。他沉吟了很久，说：众贤论师是一个非常聪慧、杰出的晚辈，他言词锋利，但道理论述得不够充分，我现在想批驳他的观点实际上并不难，但为了佛教的大义，我并不打算这样做。他的这本书原本是打算破除我的理论，但在某种程度上也是在阐述我这个宗派的主张，甚至说得比我还清楚。于是，世亲把这部《俱舍雹论》改名为《顺正理论》，字面意思就是顺着正确的佛理来论。这部经现在还在，也有汉文译本。

玄奘从这里又前行两百余里，到达了羯若鞠阇国。这个国家还有一个名字叫"曲女城"，是古代印度鼎鼎大名的地方。玄奘到的时候，这里由著名的国王戒日王统治着，正处于极盛的时代。玄奘在这里的经历实在是太丰富了，完全可以称得上是西行求法路上的一个高峰。请看下一讲"在劫难逃"。

第十八讲

在劫难逃

玄奘来到了曲女城，在这里详细记载了一个仙人和戒日王的神奇传说，然后沿印度的恒河顺流而下，遇到了一帮信仰突伽神的强盗，他们不仅抢劫财产，还选中了玄奘做祭祀用的人牲，玄奘努力辩解，还是被这群强盗拖上了祭坛。这是玄奘西行以来遇上的最危险的一次劫难，他自己都确信躲不过这一关了……

玄奘来到了羯若鞠阇国,也就是恒河和卡里河合流处。此时的羯若鞠阇国正处于极盛时期,由戒日王统治,他是印度历史上非常重要的一个国王。这个国家还有一个名字叫"曲女城",在汉语史籍中非常著名。从字面意思来看,难道这个地方的女人是弯曲或驼背的吗?这其实来自一个神奇的传说,玄奘把它记下来了。

这个地方过去有个国王,他非常贤明,很有威严。据说他有一千个儿子,而且个个都机智勇敢、能文能武,还有一百个女儿,个个都美丽端庄。那时候,有个仙人一直在附近打坐入定,时间一久就形如枯树,因此被称为"大树仙人"。照理说,他已经修行到这个份儿上了,应该不会再动凡心了,岂料有一天仙人在河边看见国王的女儿们正在洗澡,居然动了凡心欲念,于是来到王城,请求国王把女儿嫁给他,还说可以保佑这个国家繁荣昌盛。国王傻眼了,对仙人的法力很畏惧,也不敢拒绝,于是召集女儿们开会,问谁愿意嫁给这个大树仙人。这些女儿们尽管很崇拜这个仙人,但谁都不愿意嫁给他。这下国王发愁了,整天都愁眉苦脸,担心仙人发火,降下灾祸来。国王有个最小的小女儿很孝顺,知道了父亲的心事就挺身而出,答应出嫁。国王大喜,备好了嫁妆,还非常隆重地亲自把女儿给仙人送去。不料这个仙人很挑剔,居然大发脾气:"你对我这个老头子也太轻慢了吧,竟然拿这个丑女来敷衍我!"

这里和前面讲的似乎矛盾了:国王的一百个女儿都很美丽,

为什么仙人说这个小女儿很丑呢？因为在古代印度，人们对女性的美是有特殊要求的，不光要容颜标致，还要身材丰满，比如壁画当中的女性菩萨都比较丰腴。这个女孩因为是最小的女儿，所以应该还是个小孩子，仙人当然不会满意了。国王百般解释，大树仙人根本不听，还念了一个恶毒的咒语："九十九女，一时腰曲，形既毁弊，毕世无婚！"果然，国王那另外九十九个女儿一下子腰全弯了，形象全毁，都别再想能嫁出去了。国王和仙人之间的这场斗争，以仙人的胜利而告终，从此以后，这个城市就叫"曲女城"了。

玄奘记载的当然不仅仅是这些传说，还记录了古印度一代名王戒日王的世系和功绩。这在史料缺乏的印度，就格外显得珍贵了。玄奘记载了戒日王的父亲和哥哥的名字和生平，以及戒日王即位的经过，特别是戒日王是相信观自在菩萨的。戒日王执政的时间大约是在公元606年至647年，他东征西讨，成为北印度的霸主，连续三十年天下太平，政局稳定。他厉行节约，行善造福，命令百姓不准吃荤，不许杀生。他多才多艺，写过梵文诗歌和剧本。戒日王支持和保护佛教，还第一次派遣使者直接出使中国，热情接待回聘的中国使者。他在恒河沿岸建立了数量巨大的佛塔，只要是有佛祖遗迹的地方，都建立寺院。每年还召开各国佛教徒参加的大会，提供衣食、药物，让他们辩论。每五年举行一次无遮大会。戒日王还把每天三分之二的时间用来做善事，等等。总之，对于老百姓，特别是对于佛教徒而言，戒日王实在是一个非常理想的国王。

《大唐西域记》在这里还记载了戒日王会见玄奘的场面，非常详细、精彩。根据我们的研究，我们有理由认为，这场会面是历史事实，但时间应该是在公元 640 年，也就是玄奘四十一岁的时候，而不是在公元 631 年。十年以后的玄奘在印度如日中天，而这时的玄奘还没有到达那烂陀寺，名声远不是十年后可以比拟的。《大慈恩寺三藏法师传》就没有在这里提到这次在中印文化交流史上意义极其重大的会面，这么处理是正确的。玄奘和戒日王确实是好朋友，但不是在这一年。

玄奘还注意到了曲女城附近的佛迹，据他记载，这里保存着佛牙舍利，每天都吸引了成千上百人来朝拜。守护佛牙的人讨厌这样的繁杂和喧闹，便规定如果瞻仰佛牙，必须交纳大钱。玄奘对于这种做法似乎颇有微词。

在那里的跋达罗毗呵罗寺住了三个月后，玄奘继续向东南走了六百余里，抵达阿逾陀国，这里是中印度地区了。从这里再往东三百多里，玄奘顺恒河而下，前往另外一个国家——阿耶穆佉国。在这次旅途当中，玄奘遇到了他降生以来最危险的一次劫难。

玄奘自从西行求法以来，大灾小难遇到了无数，无论是边关被擒、沙漠断水，还是遇到强盗、劫匪，每次都能化险为夷。而这次遇到的强盗，不仅仅是要钱财就罢休了，还要把玄奘作为人牲杀掉，来祭祀他们信奉的突伽天神……

玄奘离开了阿逾陀国，和八十多个人结伴，坐船沿恒河顺流而下，前往阿耶穆佉国。恒河两岸都是非常茂密的树林，风光旖旎。船开了一百多里，平安无事，船上的人都沉醉在圣河的美景当中，突然，从两岸树林遮蔽住的地方冲出来十几条船，船上都是强盗，显然是事先埋伏好的。玄奘等人顿时惊慌失措，有几个人甚至选择了跳河这样危险的逃生办法。强盗们来势汹汹的，逼迫玄奘和同伴们所乘坐的船靠岸，又命他们脱掉衣服搜身，寻求财物珠宝。花钱消灾也就罢了，不料这伙强盗和以往的完全不同，要严重得多。因为他们不是抢完东西就完了的乌合之众，而是有着特殊信仰的强盗，据《大慈恩寺三藏法师传》讲，这些强盗"素事突伽天神"。在我们的脑海里，一般的宗教信仰都是向善的，可是这伙人是信仰突伽天神的，情况就迥然不同了。

"突伽"的梵语叫 Durgā，大家比较陌生，若是说起这位天神的另外一个名字"难近母"，那可就是大名鼎鼎了，雍和宫里就有她的像，在藏传佛教里，它如今依然声威赫赫。难近母其实是印度教雪山女神的化身之一，身兼两职，既是湿婆的妻子，又是印度教一个独立的、地位很高的降魔女神，更是性力派崇奉的主神之一。所谓"性力派"，是印度教三大派之一，主要崇拜难近母、时母、吉祥天女等女神。性力派的主要教义认为，这些女神从男神那里得到的性的力量，是宇宙万有创造和诞生的本源。他们有自己的经典，叫 Tantra，很古老，据说有六十四种，很多已经失传了，残存的多是七世纪的产物。性力派的主要仪式有牺牲（包括人祭，即用人做祭品）、轮座（男女杂交）、特殊的瑜伽、魔法四种，但反对种姓制度和寡妇殉葬制度，分为左道和右道两派。左道不受成规的限制，右派的活动则比较正规和公开。突伽天神形象威严，甚至可以说是狰狞恐怖：她身穿红色法衣，坐骑是狮子或者老虎，手有八只、十只或十八只不等，拿着各种兵器，里面一定有一支长矛或者一条毒蛇。至今在孟加拉地区每年春、秋两季都要祭祀她,而祭祀她的日子则是当地最热闹的节日,举国同欢。当然,人们不会再拿活人来献祭了。而玄奘到达印度的时候,恰恰是这个教派在印度比较兴盛的时候。这些强盗既然信奉突伽天神,那一定要在秋天找个人杀了,取其血肉来祭祀。

和一起被捕的其他同伴相比,玄奘所面临的危险特别严重,这是为什么呢?首先,强盗在任何时候、任何地方都算不上正当行业,他们对祭祀往往特别看重。而且就人祭而言,他们这个行当有着特殊的便利,经常能抓到人。在信奉突伽天神的这伙强盗看来,杀一个活人祭神,或许可以抵消他们的罪过,说不定还能积累他们的功德。其次,根据《大慈恩寺三藏法师传》的记载,这些强盗抓住玄奘等人时这样说道:"我等祭神时欲将过,不能得人。"原来那个时候是夏末秋初,正好是例行要杀人来祭祀突伽天神的时候,而这些强盗却还没抓到合适的人,眼看祭祀的时间就要过去了,不祭当然是罪过。在古代印度,祭祀是有严格的时间规定的,过了以后就不能再补了,所以这些强盗的心情很迫切,抓到了那么多人,既抢到了很多财物,还能解决祭祀所需要的人牲问题,自然很开心。第三,这个人牲并不是谁都能充当的,因为突伽天神对人牲很挑剔,对人的相貌、身材、皮肤都有要求,这些强盗因此"每年秋中觅一人质状端美",才能供给天神,所以相貌出众、又白又嫩的玄奘在这八十多个人里一定是非常出挑,一下子就被这些强盗看中了,高兴万分,觉得"今此沙门形貌淑美,杀用祠之,岂非吉也"。

果然，这些强盗选中了玄奘，把他单独拖了出来。玄奘所做的努力都失败了，强盗们的祭祀仪式马上就要开始了。这一次，玄奘觉得是在劫难逃了，正准备念着经化灭……

在这种情况下，玄奘当然不会束手待毙，也没有放下尊严苦苦哀求，而是冷静地用一种出乎意料的方式劝说这些强盗："我这样污秽、丑陋的身躯，竟然可以充当天神的祭品，我实在是很荣幸、很愿意的。但是我远道而来礼佛、求经问法，我的心愿还没有达成，施主们现在就把我杀了，恐怕不太吉利吧？"（以奘秽陋之身得充祠祭，实非敢惜。但以远来，意者欲礼菩提像耆阇崛山，并请问经法。此心未遂，檀越杀之恐非吉也。）作为一个佛教徒，玄奘此时并没有去指责崇奉突伽天神的性力派杀生行为，这样肯定会进一步激怒这些突伽信徒。在如此危急的关头，聪明的玄奘首先肯定了对方的宗教信仰和祭祀行为，说做人牲的这个要求也没有什么不对的，但我实在不够格，况且我求法的目的还没达到，还不是一个圆满的人，所以不吉利。但不幸的是，玄奘的努力完全没有奏效，没能打动那些强盗。同行的人中有人苦苦地为玄奘哀求，甚至有人要代替玄奘献祭，但这些强盗只认准了玄奘。

杀人祭天的行动一板一眼地开始了。这是神圣的祭祀，自然有一套严格的规范。强盗们派人先去恒河取水，一般来讲先要把长途跋涉的玄奘洗洗干净，然后在树林里平整土地，建起一座坛来，再用和好的泥抹平。祭坛准备好了以后，两个强盗拔刀在手，把玄奘拖上祭坛，准备开刀祭天。玄奘马上就要成为突伽天神的祭品了，而脸上居然毫无惧色，非常平静，这让强盗们暗暗诧异。

实际上，玄奘这次确信自己难逃此劫，于是不再去作任何徒劳的努力了，他对这些贼说："请你们稍微给我点时间，不要逼迫过甚，容我安心欢喜地自己化灭吧！"（愿赐少时，莫相逼恼，使我安心欢喜取灭。）在自己的生命行将结束的那一刻，虔诚的玄奘就安坐下来，一面念诵着弥勒菩萨，一面发愿，将一切置之度外了。

眼看着玄奘被强盗拖上祭坛，他的那些同伴也觉得已经绝望了，他们觉得玄奘肯定难逃此劫，而且他们一定会觉得，其实玄奘是替他们中某一人或者某几人去死的。带着这么一种心情，这些同伴放声大哭，哀声一片，他们想用自己这种悲痛的心情来为玄奘送行。同伴的哭声，当然打动不了一心急于完成自己的神圣宗教使命的强盗，他们正一步步按照突伽女神的祭祀程序，来进行这一次杀人祭神的活动。

在这样的紧要关头，玄奘为什么会念诵弥勒佛，而不念诵观自在菩萨呢？念诵这个弥勒佛，又给玄奘带来什么样的好运呢？他能逃过这一劫吗？请看下一讲"绝处逢生"。

第十九讲

绝处逢生

玄奘被一群强盗劫持，并把他作为人牲推上祭坛，而此时的玄奘已经抱定了必死的打算。然而，就在强盗举起屠刀的那一刹那，奇迹出现了。那么，在玄奘和强盗之间，发生了怎样离奇的故事呢？

在一切努力都不起作用之后，玄奘抱定了必死之志，安坐下来，一面念诵着弥勒菩萨，一面发愿。那么在这个时候，玄奘为什么念诵的是弥勒菩萨呢？实际上，就在自己生命行将结束的那一刻，玄奘心里牢记着的还是他西行求法的最终目的——求得《瑜伽师地论》，而这部经相传正是由弥勒菩萨口授的。所以在这个当口，玄奘念诵弥勒菩萨是希望自己在此世的生命结束以后，能往生在弥勒菩萨身边，学习《瑜伽师地论》。所以他念诵弥勒菩萨是有道理的。

与此同时，玄奘还在默默地许愿。我们知道佛教徒追求的一个境界是解脱，解脱就是跳出轮回，摆脱轮回的苦难，不再投胎，但是玄奘许的愿却恰恰与此相反。玄奘许愿，学会了《瑜伽师地论》以后，还要降生在人世，带着自己从弥勒菩萨那里学到的《瑜伽师地论》，来教化正在杀害他的这批强盗。这充分体现了一个大乘高僧无比宽广的胸怀。玄奘发完愿，就一心一意地进入了入定的状态中，他想自己化灭，把自己的心神收摄起来，这个时候他已经感觉不到身边的事情了。他入定的时候完全忘记了自己的处境，忘记了这些强盗，忘记了正举在他头顶的屠刀，他觉得自己在攀登苏迷卢山（就是须弥山），隐隐约约看见了在庄严的莲花宝座上端坐的弥勒菩萨，菩萨周围围绕着很多天上才有的人物。当然，在我们看来，这显然是一种幻觉，但我个人相信，这是玄奘这样一位高僧，在那个时候非常切实的心理写照。正在这些强盗要开始下刀的时候,《大慈恩寺三藏法师传》又用了四句十六个字,来描写了一幕突发的场景——"黑风四起,折树飞沙,河流涌浪,船舫漂覆"。

我们知道,恒河是多沙的,在印度,在佛教史上形容数量很大的一种方法叫做如同恒河沙数,就是数量大到像恒河里的沙。当时的情景就是,狂风把恒河岸边的沙子都吹起来了,树也吹断了,而平静的恒河在此时突然涌起滔天巨浪,强盗们所乘坐的船,漂的漂、翻的翻。这一幕恐怖景象的突然降临,让强盗大惊失色,赶紧放下了屠刀。有宗教信仰的人,对自然界的敏感程度跟我们是不同的,他们相信,自然界显现的东西和人间是有某种关联的,这就类似于我们儒家传统文化中"天人合一"的观点。于是强盗赶紧就问依然在号啕大哭的玄奘同伴,玄奘是何方神圣,他们隐隐约约觉得,这个被他们选择的"形貌淑美"的法师,可能是大有来历的。玄奘的同伴听到强盗这么问,赶紧回答,说是从唐土来求法的就是这个僧人。那个时候玄奘的声名已经在一路上传播开了,因为这在当时毕竟是一种国际行为。一路从支那唐土来求法的僧人就是这位法师啊,那就等于告诉强盗,如果杀了玄奘,那就是无量大罪啊!再看看现在突如其来的狂风巨浪,天神已经发怒了,还是赶紧放下屠刀,忏悔为好。就这样,玄奘的同伴利用强盗的犹豫、迷惑和惊恐,开始了拯救玄奘的举动。

这些强盗是特殊的强盗,他们都有非常虔诚的信仰,不然他们不会那么急切地、认真地去选择一个祭品。一看这突如其来的情况,他们也觉得一定是自己的突伽天神不允许他们用这位支那的法师祭神。于是他们一个个叩头如捣蒜,"相率忏悔",他们在这一刻，看到了玄奘身上的一种神性，觉得这位法师一定不是普通人。

这时候，突然出现了极其怪异的一幕。底下那么多强盗在那儿磕头，不停地请求忏悔，而玄奘在这个临时搭起的祭坛上却毫无反应，端坐不动。高僧自己坐化，就是打着坐圆寂，这种情况是不少见的，难道这时玄奘已经化灭了吗？

面对端坐不动、毫无反应的玄奘，强盗心中真的害怕了，因为如果玄奘化灭了的话，那对于这些强盗来讲是一个天大的尴尬事情：祭神没祭成，可因为他们的行为，却导致一位重要的、有影响的法师化灭了，那对于强盗来讲是怎么都没有办法接受的一件事情。所以强盗是真的发急了，史籍记载有一个强盗就战战兢兢、哆哆嗦嗦地爬上祭坛，去"触"玄奘。他不敢使劲晃，因为他觉得这已经是个有神性的人，但他又想知道玄奘到底是活着还是已经化灭，于是就轻轻地去"触"玄奘。就这一个"触"字，把强盗的心理、神态跃然纸上，精彩极了。这一触，使玄奘从入定的状态中清醒过来，他睁开眼睛，对强盗说了一句带有点黑色幽默的话："时至耶？"意思是说：时候到了？是不是该动刀了？我不是说让你别来打扰我，让我自己化灭吗？

强盗们当然顾不上回答，一时间欢欣雀跃："哎呀，这个法师没有化灭！"同时，惊喜万分的强盗又赶紧忏悔："不敢不敢，哪里还谈什么时间到不到？我们哪里敢杀害师父您啊？师父您不是一般人，请你们接受我们这些人真诚的忏悔吧！"强盗不停地磕头，玄奘坦然地接受了他们的忏悔，并且还利用这个机缘对他们说法，告诉他们一些浅显的佛学道理。一个伟大的高僧，不仅善于利用一切可能来学习、完善自己的佛学修养，同时也非常善于利用一切机缘来宣扬佛法。玄奘真的是一个了不起的人物，他智力水平、聪明程度，和他情况的判断，真是了不起啊！刚开始这些强盗要杀他的时候，玄奘对他们崇拜的神丝毫没有指责，只是强调自己的形像好像不合格，那么按照这个说法，玄奘还是非常高度评价这位天神的。而此时，玄奘看机缘到了，他就明确地表示，你们现在做的事情是不正当的：杀人不正当，抢劫不正当，祭祀不正当的神也不正当。也就是在这个时候，玄奘公开地表明了自己对突伽天神的看法。你们做这些不好的行为，将来是要受报应的，你们何必用这短暂的今生今世来种下无边无际苦难的种子呢？玄奘用了四个字来形容今生今世的短暂："电光朝露。"玄奘对这些强盗讲，我们这些人在这个世间过的这一生，其实就像闪电、露水一样，是稍纵即逝、转眼即过的，应该好好珍惜这一生。这些不久以前还凶神恶煞般把抢劫当作职业，把杀人当作祭祀的手段，把突伽天神奉为自己最正当、最伟大神的这些强盗，完全被玄奘所折服，赶紧磕头，向玄奘谢罪："这都是我们不分是非，做了不应该做的事，如果不是遇到了师父您，我们哪里有这个机缘，来明白我们的错误呢？我们发誓，今后再也不作恶了，请师父您给我们做一个见证。"（某等妄想颠倒，为所不应为，事所不应事。若不逢师福德感动冥祇，何以得闻启诲。请从今日已去即断此业，愿师证明。）于是强盗把他们抢劫用的凶器全部扔进了恒河，从玄奘和同伴那里抢来的东西，当然也一一归还。更妙的是，玄奘利用这个机缘，应强盗所请，为他们授了五戒，也就是说这些强盗在这一刻也变成了佛教的居士，变成了善男。

这是玄奘在西行求法过程中遭遇的最危险的一次劫难。脱险以后，玄奘经过了今天确切位置已经不可考的几个国家，来到了钵逻耶伽国，这就是今天的阿拉哈巴德，位于恒河和阎牟那河的交汇处，是印度自古以来非常著名的圣地。我们知道古代印度有两大史诗，一部叫《摩诃婆罗多》，还有一部叫《罗摩衍那》，在这两部举世闻名的古代史诗里面，都把这个地方称为神圣之地。

恒河和阎牟那河都是印度的圣河，那么，两河的交汇处又会有什么特殊含义呢？玄奘到达这里的时候，又碰到了什么奇怪的事情呢？数以百计的古印度人又在这里做什么呢？

《罗摩衍那》描绘说恒河和阎牟那河交汇的地方，水的颜色是不一样的，这一点很好理解，这种现象在世界许多地区的两河交汇处都能见到。这里是古代印度非常著名的宗教浴场，古代印度人相信，在圣河里沐浴可以洗涤一切罪恶，这跟基督教的洗礼，跟其他古代宗教有很多相通的地方。而且古代印度人认为，在两条圣河的交汇处洗澡，更具有加倍的功效，所以据玄奘记载，这地方每年都有数以百计的人来自杀。因为大家认为，如果想要升天，全世界最好的选择就是找一个最神圣的地方，在那里绝食七天，然后自杀。而在钵逻耶伽国，这个两河交汇的地方就是一个圣地，所以人们纷至沓来，人潮汹涌。

玄奘还记载了一个非常奇怪的情况，这地方不仅有好多人企盼在这里升天以洗清罪恶，还有好多外道在这里进行苦行修炼。外道进行苦行修炼并不奇怪，奇怪是这种修炼的方法实在是太滑稽：他们先在河流中竖起一根很高的柱子，旁边再竖一根稍微矮一点的柱子，每天早晨，成群结队的外道爬上柱子，一只手搭在高柱子上，一只脚踩在矮柱子上，剩下一只手和一只脚伸展开，头抬高，脖子伸直，看着太阳的方向，随着太阳慢慢旋转，以此修行，据说有神奇的功效。他们看着太阳在天上转，于是人也跟着转，他们把这视做一种轮回，等到他哪天修行的时候"扑通"掉到圣河里死了，那就是升天了。有的人在这里一练几十年，练到升天为止，这是那里的一个非常奇特的场景，玄奘大概也觉得匪夷所思，就非常详尽地记录了下来。

古印度的外道近乎滑稽的苦行修炼，如果没有玄奘的记载，这对于我们现代人来说是匪夷所思的。那么，外道和佛教徒之间的辩经又会是什么样子的呢？玄奘又留给我们哪些有趣的记载呢？

外道的苦行修炼，在我们今天看来确实近乎滑稽，但这个地方还不仅是外道修炼的地方，还有很多佛教的圣地，例如佛陀和著名的提婆菩萨（在梵文里"提婆"就是"天"的意思），都在这个地方降服过外道。作为一个菩萨，降服外道是常事，但是提婆菩萨在这里降服外道，却采取了一种非常特别的辩论的办法。玄奘非常欣赏这场辩经中提婆菩萨的机智和辩论的巧妙，于是他把这场辩经原原本本地记录了下来。

提婆菩萨从南印度来到钵逻耶伽国的寺庙时，城里边住着一个非常著名的外道，平时高谈阔论，口才雄辩，名声远扬。这个外道是很厉害的一个人，而且这个外道还有非常拿手的一招，他善于根据名字，或者根据名称、一个名词，展开辩论，然后把你绕进来，达到说明他自己想要说的最本质的的目的。你若是被他绕进了这个辩论的套子里，他就会反口不停地质问你，把你逼到言穷辞尽为止。所以他一听说提婆来了，就准备发挥自己所长，从名字入手来跟提婆菩萨折腾一番，看看能不能击败他，一场辩论就这样开始了。

　　大家要记住，第一，提婆菩萨的名字，"提婆"的意思就是"天"，他名字的意思其实就是天菩萨。第二，辩经一问一答是非常快的，大家如果见过西藏的辩经就会知道，双方的问答是极快的，不给你反应余地的。辩论开始时，这个外道一看到提婆菩萨就问："你叫什么名字？"提婆菩萨就回答："我名叫天。"然后这个外道接着问："天是谁？"提婆说："天是我。"那外道又问："我是谁？"提婆说："狗。"其实提婆菩萨在此时已经把人称代词给换掉了，外道一时还没有醒悟过来，其实提婆是说他是狗啊！外道接着问："狗是谁？""你！"外道在那儿听着，又问："你是谁？""天。""天是谁？""我。""我是谁？""狗。""狗是谁？""你。""你是谁？""天。""天是谁？""我。"这样绕来绕去，反正这提婆总是天，这外道总是狗，他就是绕不出这个圈子。

　　其实这是印度因明，也就是古代逻辑学辩论技巧一个很好的例子。提婆把人称代词在不断地换，提婆有的时候说"我"是指我自己，但是等那个外道问"我是谁"的时候，外道其实想问，你说的那个"我"是谁？但是提婆就认为你不是来问我，你自己是什么吗？我就告诉你你是狗。就这样一串大绕，把这个外道给降服了，外道佩服得五体投地。

这一段降服外道的记载极其好玩，我每次读到这一段的时候都要笑，大家粗听的话，有时候不一定听得出它的妙处，你要仔细来品味这一段车轱辘轴似的对话，你就知道这个里面是有技巧的。印度辩经的技巧，要赢不是那么容易的，要输基本上是输得明白。而这里除了让我们哈哈一笑以外，我们还领悟到提婆菩萨出众的机智，同时我甚至可以品出一点禅机在里头。他只不过在告诉这个外道，你不是擅长从名字入手，擅长于从名称入手来揭明事物的本质吗？其实名称都是虚幻的，怎么说都行。像你这么说，你不一直就是个狗吗，而且你这么给我绕下去，绕个三天三夜你也是狗，永远绕不出去的，他想揭示这么一个佛教的道理。

玄奘离开了这个神圣的地方以后，往前走了五百多里，前方就到达了对于任何一个佛教信徒来讲都非常重要的憍赏弥国。这个国家是古代印度的十六个大国之一，无论在我们前面提到过的印度古代的两大史诗里，或是在原始佛典或者婆罗门教经典里，这个地方都是很著名的。我国的求法僧到过这里的不少，但玄奘到达这里的时候，外道的势力已经大大超过了佛教，玄奘在这里所能做的基本上只是"发思古之幽情"了，因为现实当中他看到的佛教是一片衰败。特别重要的是，这里是护法菩萨降服外道并一举成名的地方。因为这个护法菩萨跟玄奘有特别的渊源，玄奘马上就要到达留学的目的地那烂陀寺了，而护法菩萨曾经是那烂陀寺的寺主，而护法菩萨的学生戒贤法师则是现任那烂陀寺的寺主，玄奘到了那烂陀寺之后就是拜戒贤为师修习佛法的。正是出于这样一个特殊的原因，所以玄奘详细地记载了这次护法菩萨降服外道的辩论经过，而更重要的是，在这场辩论当中护法菩萨所采取的辩论策略，后来被他的徒孙玄奘在他成名的那场著名辩论当中吸收了。

那么，这场辩论的过程到底是怎样的？护法菩萨到底采取了什么样的一种方式和策略？请看下一讲"佛陀故乡"。

第二十讲

佛陀故乡

护法菩萨是一位伟大的佛教理论家,他的名字"护法"是意译,音译为"达磨波罗","波罗"的意思是法,"达磨"就是保护,所以把他译成"护法菩萨"。他写的《成唯识论》,玄奘回中土后把它译成汉文,成为唯识宗奠基性的理论著作。那么,护法菩萨究竟是怎么降服外道的,他又是如何成名的呢?

在憍赏弥国境里，有一座已经毁圮的寺庙遗址，早年这里有一个比较大的国家，国王有意想毁灭佛教，但他又想不使自己显得很野蛮，于是他营造一种气氛，使别人认为佛教是因为理论上不如别的宗教信仰，所以他才支持别的宗教信仰。而在印度比较容易被大家接受的方式，就是由国王出面来组织一场辩论。所以那个国王就有意识地寻找了一个学问很好的外道，这个外道非常有才能，他写过一部有一千颂的书专门攻击佛法，国王就有意识找到他，安排他和佛教僧人进行辩论。开出的条件（在印度辩论之前都要开出条件，赢怎么样，输怎么样）是："外道有胜，当毁佛法；众僧无负，断舌以谢。"意思是说，如果外道赢的话，国王就要彻底摧毁这个国家的佛教；如果僧人不输的话，就割掉这个外道的舌头。

前面我们屡次讲过，在印度如果学习佛法，舌头是最危险的器官，因为动不动就有被割的危险。这个条件不是乱开的，外道赢的话，摧毁佛法不必讲，但是相对的条件是僧人如果不输，他没有说如果僧人赢的话，外道就要割掉舌头，这一方面体现了外道本人的高度的自信心，第二也显示出这个国王对这个外道的信心。第三点呢，也反映出在这个将要举行这场辩论的国家里，当时的僧人中没有那种被大家认为像世亲菩萨那样，特别善于辩论，完全具备应对一切挑战能力的高僧，所以才开出这么一个从表面上来看佛教徒还略微占了点小便宜的条件。

当时那个地方的僧人中的确没有出类拔萃的高僧，而且这些僧人通过各种渠道了解到，国王举行的这场辩论，实际上是事先安排好的，国王跟这个外道是事先勾结的，所以这些僧人根本没有自信。其次，又看到国王在旁边拉偏手，所以都很悲观。大家就商量着，与其等国王来毁灭我们的佛教，还不如我们自己放弃这里。在这群僧人中就有当时年轻的护法菩萨，他挺身而出，对这些僧人讲："我虽然算不上是一个非常聪明的人，但我认为我们还是应该去接受国王安排好的这场挑战，而且我觉得应该让我来出面参加这场辩论。如果我们侥幸赢了的话，那是因为佛祖保佑，就算输了，那你们也可以说，我们这边派出的是最差的一个年幼无知的僧人来参加辩论。这样的话，我们胜败都有理由，也不至于对佛法的声望造成太大的损害。"（愚虽不敏，请陈其略，诚宜以我疾应王命。高论得胜，斯灵佑也。徵议堕负，乃稚齿也。然则进退有辞，法僧无咎。）大家都同意了护法菩萨的提议，于是护法菩萨就挺身而出，参加这场辩论。

这个外道本来就知道这些僧人中没有什么了不起的高僧，现在居然又派出这么一个乳臭未干的小孩子，心里当然就非常轻视。这个外道先诵读了自己书里的一些观点，这按印度的习惯是要吟诵出来的，带有音乐性的，他抑扬顿挫，声音非常美妙地吟诵了自己的论点，就等着护法菩萨来应对、辩驳。谁知道，护法菩萨的反应真是非常奇特，他开口就说："行了，我赢了。"

辩论才刚刚开始，连自己的观点都还没有提出来，护法菩萨为什么开口就说自己赢了呢？其实这都是辩论的技巧，古印度的辩论技巧真是精细极了。护法菩萨不讲他为什么赢了，却问那个外道："那您是让我顺着背，还是倒着背呢？"意思是说，我把你这部书从头到底跟你学样背一遍，你总不能说我输吧。护法菩萨的记忆力极好，古印度高僧都经过非常严格的梵文训练，这是大家公认的人类语言当中最复杂、最精细的一种语言，所以他们的记忆力都是超群的。护法菩萨说"您是让我顺着背，还是倒着背"，这一下更把这个外道给激怒了，你也太自大了吧，别说倒着背，你只要正着背能背得下来，我就认输。于是，就大言不惭地说："子无自高也。能领语尽，此则为胜。"谁知道，这护法菩萨年纪虽不大，可他记忆力好，他把外道的书一字不差地背了下来，并且还惟妙惟肖地模仿了他的语调。这一下这个外道就下不来台了，于是他拔出刀子准备把自己舌头给割了。但在这个时候，护法菩萨显露出来一种少年老成，他当然不会让这外道割掉舌头，劝说道：割掉舌头也于事无补啊，我看也不用了，你只有改弦易辙，才是真正的悔悟（断舌非谢，改执是悔）。护法菩萨在那么年轻时，就在这场生死攸关的辩论中占尽了优势，而他也因为这场辩论而一举成名。

请大家务必记住这一年——唐太宗的贞观五年（631年），我们前面讲的好多事情，包括玄奘几乎被作为人牲祭神在内，一大串的故事都是发生在这一年。这一年玄奘三十二岁，他经历了太多太多的事情，也遭遇了巨大的危险，在我们看来真可谓是高潮迭起。玄奘自始至终心里都非常清楚，他最终的目的地永远是，也只能是佛教世界的最高学府那烂陀寺，而那烂陀寺就在前面不远处等着他。

玄奘历经四年时间，徒步十多万里，终于快要到达他心目中最高的求学圣地——那烂陀寺了。然而沿途的佛陀遗迹却使他忍不住放慢了脚步。

玄奘的兴奋和急迫我们完全可以理解，在经过了秋天这场差点被祭神的劫难以后，玄奘就加快了脚步继续前行，一路上他也不会放弃瞻仰佛教遗迹、记录佛教重要传说的机会。赶了一千多里路以后，到达了室罗伐悉底国。在我们汉语典籍中，这个地方被译成"舍卫城"，这只要对佛教略有了解的人都知道，这是印度古代十六国之一的憍萨罗国的国都，这里是印度的很多宗教的圣地。释迦牟尼本人在舍卫城生活的时间长达二十五年，佛陀把自己在这个尘世的二十五年留在舍卫城，宣扬了很多的教义。在佛教史上同样有举足轻重地位的早期几座寺庙之———祇洹精舍就在这里。祇洹精舍是王舍城的一个长老——给孤独长者，花很多钱买下了祇陀王子在城南的花园而建成一座精舍，供佛陀在这里居住、宣扬佛法。其实这个王子只不过是把地皮转让给了给孤独长者，而把这个精舍当中所有的树木、花果作为一种供养送给了佛陀，所以这个精舍也叫"给孤独园"。这个精舍与王舍城另外一个地方的竹林精舍并称为佛教早期历史上的两大精舍。

竹林精舍不仅在佛教史上有意义，它对中国还发生过一次非常奇妙的影响，而这个影响是由陈寅恪先生提出来。他经过研究，发现竹林七贤的居游之所周围并没有竹林，可他们为什么会叫"竹林七贤"呢？其实就是用了这么一个佛教的典故，借用"竹林"来指称像竹林精舍那样的群贤毕集、高人荟萃的地方。魏晋南北朝时期佛教在中国非常盛行，当时有七个贤人经常聚在一起，大家没有办法去形容他们，就用了一个佛教的典故来称他们为"竹林七贤"，这也是中外交流史上一个非常有趣的现象。

舍卫城旁有一条河，通往王舍城和西南方的几条重要商道都汇聚在这里，我们在一开始就讲过，佛教跟商业的关系是非常复杂的，古代的宗教中心，在兴盛时期往往和商业中心有一种重叠，而宗教传播的路线也往往与商路重合。所以这个在佛教史上地位极其崇高的舍卫城也是北印度的商业中心之一，市场繁荣，人口众多，人口曾经达到过五万七千户，这也是玄奘留下的记载，这在古代社会当然是个很大的城市。但是，在佛涅槃以后的五百年，关于这个佛教的非常神圣的地方居然没有任何的文献记载。而就在这段时间，这个地方急剧衰落。这至今还是一个谜，但是可以肯定的是，从佛陀在世一直到十二世纪的将近一千八百年时间里，舍卫城在佛教史上占据着非常崇高的地位，佛教有盛衰，但是，祇洹精舍始终是僧徒朝拜的中心。在玄奘之前中国另外一位著名的求法高僧法显于公元五世纪到达这里的时候，这里居然已经只剩下两百多户人家了，但是在祇洹精舍周围还有十八座寺庙，其中只有一座是空着的。这也就证明，在那个时候作为一个大都市它虽然已经衰落了，但是作为一个佛教的中心，他依然还保持着兴盛状况。而到玄奘来的时候，这里已经是满目荒凉。

这个地方的重要性，我们不作过多地介绍了，而在此特别要给大家介绍的是，玄奘在这里注意到的一处遗址，跟早期佛教史密切相关，而且跟一般的佛教信徒不太了解的一件事情有关，它揭示了佛陀在创立佛教初期所经历的极其严酷的斗争。在我们的印象中，佛教是非常平和、慈悲的，是不讲争斗的，但在历史上，佛教一直是在与各种力量的非常激烈、残酷的斗争中发展起来的。玄奘在这里注意到提婆达多这个人，"提婆"是"天"的意思，"达多"是"授"的意思，他的名字就是天生的意思，这个人是佛陀的堂弟。在佛教早期的斗争中，提婆达多是一个非常重要的角色。

佛陀的堂弟提婆达多，在佛陀创建佛教的早期和佛陀发生过激烈的斗争，那么，提婆达多为什么要反对佛陀？佛陀和提婆达多之间经历了怎样的较量？

我的老师季羡林先生曾经写过一篇很著名的文章《佛教开创时期的一场被歪曲了被遗忘了的"路线斗争"——提婆达多问题》。季先生详尽研究了佛教的历史，发现在佛教历史中，提婆达多始终被描写成一个十恶不赦、罪大恶极，死后堕入地狱的恶人，而且是一个天生的不肯改悔的恶人。佛教基本上是劝人为善、劝人改过的，而在佛教的史籍中提到佛陀的堂弟却都是咬牙切齿的，季先生经过研究梵文、巴利文的语言资料，发现这个提婆达多不简单，他是有他的理论，有他的组织，有他的信徒的。他提出过"提婆达多五法"，也就是五条戒律来对抗佛教，来和佛陀进行争斗，争夺信徒，这五条戒律是：

第一，至寿尽着粪扫衣。就是说一生中只穿粪扫衣，粪扫衣是印度苦行者穿的一种衣服，佛教僧人也穿这种非常破烂的衣服，就是不追求任何光鲜的衣服。

第二，至寿尽常乞食。就是这一辈子只去要饭乞食。而很多佛教徒定居了以后因为有施主，所以往往是有人供养的，或者是自己做饭，并不出去乞讨。

第三条，至寿尽唯一坐食。这一辈子我每天只坐下来吃一顿饭，佛教是讲过午不食，过了中午就不进食了，而他是每天只吃一顿饭。

第四，至寿尽常露居。一辈子就睡在露天里，佛教徒都已经有居所有寺庙了，会住在能遮风避雨的建筑物里，而提婆达多提出要露居。

第五，至寿尽不食一切鱼肉血味盐酥乳。一辈子绝对不碰鱼肉这些血腥的东西，不吃盐，不吃乳酪，不喝乳制品。我们知道小乘佛教是可以吃三净肉的，而佛陀在修行的时候，曾经接受了一位施主的一碗奶酪，可能里面还有一点碎肉，他才能在恢复了体力后觉悟的。

提婆达多提出的这五法，在古代印度是非常有说服力的，因为古代印度崇尚苦行，越是苦行大家就越佩服、越信仰你。佛陀刚出家的时候也像别的宗教一样实行极端的苦行，所以现在留下来早期的佛陀塑像有这么一尊，每根肋骨都是历历可数，血管都暴在外面。但是佛陀后来悟道了，他提倡的是中道，不能太苦行，要取中，所以佛陀后来是放弃了苦行的。而对于这一点，在早期印度好多宗派，对佛陀不是没有非议，也有很多人因为这个离开了释迦牟尼转投到提婆达多门下。

玄奘详尽记载了提婆达多用来对付佛陀的方法，比如放醉象，就是把喝醉的大象放出去，希望它把佛陀撞死、踩死；比如使狂人，就是派出一个非常狂暴的，甚至是精神有点不正常的人，去行刺佛陀；还有投大石，就是躲在释迦牟尼路过的山上，推下一个大石头，把释迦牟尼压死。然而我们都知道，今天留下来的佛经是释迦牟尼的信徒留下来的资料，它把提婆达多描写成一个十恶不赦的罪人，这个我们完全是可以理解的，但这并不等于史实。从历史上来看，提婆达多的徒众，法显看到过、记载过，玄奘本人看到过，玄奘以后的义净也看到过，这说明在佛陀创立初期有一个反对派，他们的首领是提婆达多，而提婆达多的徒众绵延一千多年始终在印度存在，而且人数也不少。从这一点我们可以看出佛教历史的复杂，也可以看出释迦牟尼为了创立佛教、传播佛教所经历过的危险、考验，同时我们又可以记住一点，玄奘是一个非常伟大的僧人、旅行家、学者，他留下的《大唐西域记》非常翔实，但是这并不等于说他说的每一句话都是绝对客观，不带有任何主观色彩的，当然，这完全无损于玄奘的伟大。

从室罗伐悉底国往东南八百多里，玄奘来到了对于任何一个佛教徒来讲更为重要的地方——迦毗罗卫国，这是佛陀的故乡。佛陀出生在什么样的地方？他出生在一个什么样的家族？有着什么样的生活环境？

离开室罗伐悉底国之后，玄奘来到了迦毗罗卫国（亦译作劫比罗伐窣堵）。这个地方从公元前六世纪开始是释伽族的聚居地。我们都知道佛陀叫"释迦牟尼"，"释伽"是氏族的名称，而"牟尼"就是圣人、觉悟了的人，有高度智慧和道德的人，所以，"释迦牟尼"的意思就是释伽族的圣人。释伽族从公元前六世纪开始兴旺发达，繁衍于印度北部和尼泊尔南部交界的地方。1971年到1974年，在尼泊尔一个叫比普拉瓦的地方进行考古发掘，出土了大量的文物，其中特别重要的是出土了五十多枚公元前的封泥，而四十多枚上面都是这个地方的地名——迦毗罗卫，这是最强硬的证据，也就是说佛陀的故乡就在今天尼泊尔的比普拉瓦，并不是在今天的印度境内。

传说中佛陀的故乡是日族（太阳族）的英雄乔答摩所建。佛陀真正的名字悉达多·乔达摩。"乔达摩"是他的姓，"悉达多"的意思是一切义成，成就了一切正义，成就了一切最高尚的东西，所以他叫"一切义成太子"。在释迦族里诞生佛陀这么一个人物不是偶然的。在佛陀的年代，正好是释迦族最鼎盛的年代，人口过百万，拥有十座城池，而佛陀的故乡劫比罗城是当中排名第一的。根据《普曜经》、《佛所行赞》等经典记载，当时的劫比罗城非常雄伟，有四座城门，里面有园林、市场，高高的塔楼俯瞰全城，城里还有议事厅可以处理一切公众事务。所以，佛陀的故乡学术界认为是一个共和国，这个国体对于佛教的产生也有很大的影响。这一切都证明，佛陀在世的时候这个地方非常繁华，但同时一切又很无奈地向我们揭示，佛陀故乡的衰亡速度之快也是惊人的。但衰亡的证明我们找不到印度当地的记载，只能靠中国历代求法僧的记录。五世纪初，也就是公元400年左右，法显到达这里时"城中都无王民，甚丘荒，止有众僧、民户数十家而已"。在法显以后将近两百年，玄奘到达的时候，"空城十数，荒芜已甚"，曾经那么繁华的城市连人都看不见了，但是玄奘记载了数量巨大的、质量上乘的基址，也就是房子的遗址，在这一个个地基上，曾经有过上千所寺院。到了八世纪，玄奘之后的僧人慧超到这里的时候，"彼城已废，有塔无僧，亦无百姓"，这个城已经完全废弃了。也正因为如此，我相信这个跟玄奘脑海当中想象的，或者他内心深处所期望的，一个辉煌绚烂的佛陀故乡相比，实在是差距太大了。

玄奘离开佛陀的故乡，来到了同样荒芜不堪的蓝摩国，他在这里留给我们一段又很有意思的记载。他在这里发现了一座非常奇怪的寺庙，名字叫沙弥寺，正如它的名字所揭示的那样，这个寺庙的传统是由一个沙弥，一个没有受过具足戒的沙弥来充当寺庙的住持，这在佛教史上恐怕是绝无仅有的。

出家人希望有更高的修行就必须受具足戒，而这个寺庙的住持为什么没有受过具足戒呢？只是一个沙弥又为何会做上住持呢？

据玄奘记载，从前这里有座舍利塔，有一群比丘到这里来敬拜佛舍利，看见一群象在来回奔走，有的用牙除草，有的用鼻子撒水浇花，并用鼻子从别的地方卷来了鲜花供养在这里，大家看了都很悲叹、感动。实际上这批僧人来的时候这个地方已经荒芜了，只有野象在这里照料，僧人都没了，于是其中有一个沙弥就发愿放弃受具足戒的机会，留在这里供养舍利塔，因为这里空无一人，在这里没有办法受具足戒。他对跟他一起来的僧人讲："我有福气得以出家，但其实只不过是滥竽充数，日子一天天过去，却毫无成就。这座塔里有佛舍利，有那么多象在这里撒水除草，我甘愿留在这里与象同群，了结余生，我将感到非常荣幸。"（我惟多福，滥迹僧中，岁月亟淹，行业无纪。此窣堵波有佛舍利，圣德冥通，群象践洒。遗身此地，甘与同群，得毕余龄，诚为幸矣。）这是一个很了不起的而又切切实实的沙弥，大家都被他感动了。这里边又隐含一个佛教道理，就是你出家学习佛法，是不是成为僧人也并不是很要紧的一件事，如果你把受具足戒，把获得一个正规的僧人的身份看得比佛法更高的话，这也是俗念。所以同伴们就说："这是件好事情啊，我们的俗念太重了，竟然没有想到这样做，那么你就好好在这里照顾这个舍利塔吧。"（斯盛事也，吾等垢重，智不谋此。随时自爱，无亏胜业。）于是这位沙弥就高高兴兴地留了下来，天天在这里跟大象们一起除草、浇水、种花，慢慢地修建、恢复这个残破的寺庙。后来他的行为感动了附近的国王，国王们纷纷施舍，共同建成了一座恢弘的寺庙，而这个寺庙从此便形成了一个传统，主持者必须是沙弥，而不能是受过具足戒的正规僧人。玄奘显然在这里悟到了佛学的道理，所以他才会非常正式地留下了这么一段记载。

离开这里再往前走，就是那烂陀寺的所在地摩揭陀国了，玄奘在即将到达那烂陀寺的途中，还经历了哪些事情，留下了哪些记载？请看下一讲"情怯圣境"。

第二十一讲

情怯圣境

马上就要抵达那烂陀寺了，玄奘之所以千里迢迢、冒死西行，就是希望能到那里求佛法、取真经。可是，当离那烂陀寺仅有一步之遥的时候，玄奘却驻足不前了。面对自己心中的圣地，玄奘为什么迟疑徘徊？眼看就要实现自己取经求法的愿望了，玄奘又为什么思绪万千？

那烂陀寺所在的摩揭陀国就在不远的前方,所以玄奘一定是满怀着一种急迫的心情往前赶,这一路虽然是布满了佛教历史上的胜迹,比如娑罗林就是佛陀涅槃的地方,比如鹿野苑就是佛陀初转法轮的地方。所有这些地方,玄奘在记载上留给我们的感觉都是匆匆而过,很明显,他心目当中有一个更重要的地方在吸引他,那当然只能是那烂陀寺。

在这一路上,玄奘只是在一个地方,给我们的感觉稍微做了一个比较长时间的停留,就是在一个叫吠舍厘国的地方。这个地方是佛释迦牟尼本人说《毗摩罗诘经》的地方。《毗摩罗诘经》在中国佛教当中有极其特殊的地位,它大概是大乘佛教中除了《大般若经》以外最重要的一部经典。它的主人公叫维摩诘,是一个很富有的居士。这个居士佛学修养很高,在佛学世界里面有极高的声望,有很多菩萨居然都来向他请教问法。这样的一个人物形象,是非常适合中国佛教徒的心理的。在中国,出家跟我们传统的伦理和礼教是有冲突的,中国是讲究孝道、以孝治国的地方,同时你又要放弃很多世俗的享乐,这个对于汉族人来讲也是一个很艰难的选择。在汉传佛教中有一个特点,就是居士佛教特别兴盛,像晋代的谢灵运这些人都是居士,在世俗界有很高的地位,而僧人又对他们非常尊敬。所以像维摩诘这样既能够安享人间所有的荣华富贵,又能够在佛学修养上达到了菩萨这个水平,无疑非常适合汉族佛教信徒的一种特殊的需要。

同时，这部经传说又是由释迦牟尼亲口讲述的，那么它的正当性和地位的崇高性又是无可置疑的，所以这部经很早就被翻译成汉文。在三国时有个月支族裔的人叫支谦，他翻译了这部经，叫《维摩诘经》，两卷。而十六国姚秦时，另外一位与玄奘并列为佛教翻译史或者中国古代翻译史上两座高峰的西域龟兹僧人鸠摩罗什也翻译过这部经，叫《维摩诘所说经》，三卷。而在已经有了支谦译本、鸠摩罗什译本的情况下，玄奘本人后来又翻译了一遍，叫《说无垢称经》，六卷。这是同一部经，但篇幅越来越大。大家知道，玄奘当然是个了不起的翻译家，但是玄奘翻译的好多佛典并不是最流行的，佛教徒阅读经典，往往会觉得玄奘的翻译太忠实于梵文原本，不符合我们中国人的行文习惯，读起来比较拗口。而恰恰是这个不是汉族人的鸠摩罗什的译本，读者相当多，流传也广泛，《维摩诘经》也是如此。而《维摩诘经》对我们中国的影响，尤其对我们汉族的影响，只要通过一个很有趣的事例来说明，大家就可以体会到。

大家都知道唐代中期有位著名诗人王维，他也是一个居士，同时也是艺术史上非常重要的画家，所谓"南宗"画风的开创者。我们常说的"诗中有画，画中有诗"，正是后人对王维诗歌的评价。由于王维信仰佛教，所以他的很多诗、画作品都带有明显的佛教痕迹。比如王维最有名的画是雪中芭蕉，雪地里的芭蕉树，这完全是违背自然规律的，他是为了形容世间事物的短暂。王维的诗集不叫王维集，或者叫《王右丞集》，或者叫《王摩诘集》，这后一个名称是因为他名维，字摩诘。我们知道古人的名和字是相对应的，王维取这个名字，说明他很喜欢维摩诘这个人物，就把"维摩诘"三个字拆开,作为自己的名和字。但是很不巧,"维摩诘"在梵文里的意思,就是玄奘翻译的《说无垢称经》里边的"无垢称"。"无垢"意思是很干净、非常洁净,"称"就是相称、匀称。所以"维摩诘"这个名字的意思就是干净而匀称,而王维这么一弄就乱了,他叫王维,那就变成了王没有,"无"就是"没有"嘛,字摩诘就变成了又脏又匀称,很匀称的脏,遍布的全是脏。从这个趣事可以揭示出维摩诘这个人物对中国士大夫生活的影响,也可以反映出中国士大夫在接受佛教当中的一种为我所取,却不太顾及它本来意义的特点。

从吠舍厘国继续前行,玄奘终于到达了那烂陀寺所在的国家——摩揭陀国。

摩揭陀国也是古代印度的十六国之一,它就在今天印度比哈尔邦的巴特那和加雅这一带。这个国家从公元前七世纪开始就非常强大,他的国都是王舍城,这个城被毁掉过,到玄奘去的时候已经重建,所以又叫"新王舍城"。这个地方崛起过古代印度历史上很多强盛的王朝,比玄奘早一两百年的法显到达的时候,恰好是这个地方的黄金时代,所以《法显传》记载的摩揭陀国是"凡诸中国唯此国城邑最大,民人富盛,竞行仁义"。看来,那烂陀寺在摩揭陀国的存在不是偶然的,因为这个国家不仅强大、繁荣,而且到玄奘去的时候,它还比较繁荣,没有衰败得那么快,而且佛教极度兴盛,玄奘记载说有"伽蓝五十余所,僧徒万有余人,并多宗习大乘法教"。玄奘来到这里的时候,这个地方还有五十多所寺庙、上万名僧人,而且难能可贵的是,大多数是在修行大乘佛教,这对玄奘来说当然感觉就非常的好。当然同时玄奘也记录说"异道实多",但是无论如何它没有荒废,还有强大的物质基础和学术基础来支撑当时佛教世界的最高学府。

对于佛教徒来讲,佛陀的一生中的大部分时间就是在摩揭陀国渡过的,佛教历史上的四次佛典结集,有两次都在摩揭陀国境内(第一次王舍城结集和第三次华氏城结集),有关佛陀生平的圣迹绝大部分在王舍城附近,所以摩揭陀国本身就一直是个佛教圣地。

而且更为可贵的是,从唐朝开始,摩揭陀国就跟中国建立起了很密切的官方友好关系。玄奘访问这个国家以后不久的贞观十五年(641年),戒日王就曾经以摩揭陀王的名义,专门派遣使臣不远万里到达唐朝,这次出使很有可能是受到玄奘的影响。玄奘作为一个不被唐朝批准而偷渡出关的民间高僧,到达印度以后却促成了两国之间官方的交往,这一点是很重要的,而戒日王派遣的使臣还带有正规的国书,唐太宗非常高兴,因为在这之前麹文泰已经到过长安了,所以唐太宗很有可能已经知道,本国有一个高僧正在摩揭陀国,所以唐太宗马上派人回访,而戒日王又派人跟着唐太宗的使臣再回访,来来往往非常频繁,每次唐太宗都给予了很大的优待。

有一件事值得提一下,而且是跟我们的日常生活密切相关的,各位今天不可一天无此君的白砂糖,这个制作方法就是唐太宗专门派人到摩揭陀国学来的。在此之前,中国不会做砂糖,只会做麦芽糖,而正是摩揭陀国人教会了唐朝的中国人用甘蔗制成洁白、细腻、纯净的白砂糖。

当然无论这里的一切有多么美好、多么神圣,在玄奘的心目当中毫无疑问是比不上那烂陀寺的。但是玄奘这一路急匆匆地赶路，到了这里脚步却突然明显放慢，好像他的心情不再迫切，而那烂陀寺就在离玄奘前方大概两百多里的地方。我一直想了解玄奘那个时候的心情，总感觉有一种犹豫，或者有一点战战兢兢，这么一种心理状况突然出现在非常刚毅果敢、坚韧不拔的玄奘的身上。于是，玄奘就在这个方圆不大的地方，在一些并不太重要的地方停留，开始巡礼和礼拜。

玄奘的心中圣地——那烂陀寺已近在咫尺，到底是什么原因使得一直求法心切的玄奘，放慢了脚步？在马上就要到达佛教的发源地前，作为一名虔诚的求法僧，玄奘又为何嚎啕大哭？

玄奘在一个并不太重要的寺庙里停留了一段时间以后，就去参拜菩提树。菩提树是佛教的一个重要的遗迹，因为佛陀就是坐在这个树下面觉悟成佛的。这个树梵文原来称作"卑钵罗树"，而因为佛陀在下悟道，所以现在大家都知道它叫"菩提树"了。这棵树在佛在世的时候高数百尺，后来有好多不信佛教的恶王来摧伐它，到玄奘看到的时候只有四五丈高了。树干是黄白色的，枝叶是青翠的，冬夏不凋零，光鲜无比，整棵树有一种宝光，但是每到如来涅槃的日子，树叶会突然飘落下来，有一种凋零之感，不久又会恢复原样。于是每到佛陀涅槃的这一天，全印度很多人包括国王都会来这里浇树，而且是用用大量的牛奶来浇灌这棵树。其中有一个国王是阿育王的后代，有一次带了几千头牛到这里来挤牛奶，用鲜牛奶浇灌这棵树。

在佛涅槃以后，有位国王在当地竖了两尊观音像，南北各一座，全部面向东方。当时大家都相信，如果观音像没入土中的话，佛教就消亡了，所以它是有重大象征意义的。而玄奘到的时候，南面的那尊观音像土已经没到胸口了。我们一再强调过，玄奘当年是抱着西行求法的决心到佛教的发源地印度来取真经、求佛法，但是显然，玄奘对印度佛教的现状并不是特别了解。他一路过来，看到的是佛教的衰败、寺庙的残垣断壁，记录的是几百年前佛教兴盛的传说，他看到这尊土已经没到胸口观音像，玄奘五体投地，悲哀懊恼，哭倒在地。他边哭边说：

佛成道时，不知漂沦何趣，今于像季方乃至斯，缅惟业障一何深重。

意思是说：我到了这里，看到这个样子，我就在想，佛成道的时候我在哪里啊？我为什么不早生一千年，能够和释迦同一个时代啊？今天我居然到了像季（这是佛教的专门说法，"像季"是指已经不再兴盛，但还没到末法时代），就是已经到佛教比较衰落的时候了，我才赶到这里啊？玄奘想到这里就"悲泪盈目"，于是在这里嚎啕大哭。正好在那个地方有几千个僧人，刚好"解夏"（结束了佛教戒律规定的一段居住生活）以后到达这里，所以大家都很感动，很多人跟着一起落泪呜咽。

那么，为什么玄奘没有迫不及待地赶往仅仅在百余里之外的那烂陀寺，这点路程对于玄奘一路跋山涉水经过的以万里计的路程来说，太微不足道了，他为什么不兼程前往，而始终在这方圆一二十里的范围里逗留？在一二十里的方圆里，玄奘花整整九天时间。这里胜迹再多，难道不应该先到了那烂陀寺安顿下来，再出来游历吗？我百思不得其解。

离心中圣地越近，玄奘的心情越复杂。令玄奘意想不到的是，在佛教的发源地，他誓死追求的佛教事业却是一片衰败。那么对于玄奘来说，前方的那烂陀寺，那所佛教世界的最高学府会是什么样子呢？玄奘驻足不前的真实原因又会是什么呢？

我一直在寻找可以形容玄奘此时的心理状态和心情的词句，忽然我脑子当中出现一句古诗："近乡情更怯。"一个离乡很多年的游子，终于回到自己家乡的时候，他的内心会有一种胆怯的感觉。我相信，那烂陀寺在玄奘的心目当中，绝对是个精神的家园，与其说他这一路是前来求法，不如说他这一路是在精神上回家。他到达了这个精神家园的门口，他情怯了，我想在这么一种心态下，玄奘的这种非常出人意表的举止，才能够被我们了解。我想，玄奘在这个时候是想安顿一下，他千里迢迢而来的这样一种疲惫而又激动的心情。在到达那烂陀寺之前，玄奘毫无疑问进行了很多准备，他整理一下行装，进行沐浴，做好拜见那烂陀寺方丈、高僧和僧众的准备。

那烂陀寺也确实得到了这位一路奔波而来的唐土高僧已经到达附近的消息，并派人前来迎接，派来的人还不是一般的人，而是四位高僧大德，有的版本说是四十位，反正至少是派了四位那烂陀寺的高僧去迎接玄奘。这就好比在今天，有个人到世界一流的大学去上学，快到大学附近的时候却不走了，而这个大学居然派了四位一流的教授来接这个留学生，所以我讲玄奘是中国历史上绝无仅有的留学生。

　　前来迎接的四位高僧把玄奘先安顿到一个村庄里吃饭，然而，玄奘连饭都没有吃完，从那烂陀寺又来了两百多位僧人，随行的还有两千多位那烂陀寺的施主。因为那烂陀寺是个非常兴盛的寺院，有好多世俗长老来支持这个寺院的，这样一支很庞大的仪仗队，举着华盖、携带着鲜花前来迎接玄奘。大家围绕着玄奘欢喜赞叹，不停地用梵文吟诵各种美好的诗句来赞颂玄奘，按照印度的习惯，把玄奘比喻为某一个跟他类似的菩萨，比喻为某一个跟他有类似经历的高僧，来赞颂他的美德、欢迎他的到来。这么一大群人簇拥着玄奘，把玄奘正式迎接到了那烂陀寺。不仅如此，那烂陀寺还有更隆重、更正式的礼节在等待着玄奘呢。

　　玄奘西行求法，留学的目的地是那烂陀寺，这是没有任何疑问的。既然那烂陀寺那么重要，而吴承恩的《西游记》虽说主要是凭借作者天才的想象力，但毕竟也是以玄奘西行求法故事为母体的，难道西行求法的目的地那烂陀寺居然会在《西游记》里毫无踪迹吗？我想，《西游记》当然没有，也不可能完全照搬真实的玄奘的事迹，但是在《西游记》里，唐僧取得真经，见到如来佛本人以及像阿难、迦叶这些重要的佛弟子菩萨的雷音寺，它的地位无异与玄奘真实经历的那烂陀寺完全相当。当然它们之间最大的不同是，那烂陀寺的主持、地位最高的这位僧人是历史当中确实存在过的戒贤法师，而在雷音寺，它的最高的主持者则是释迦牟尼——如来本人。

那烂陀寺的住持、玄奘的老师戒贤法师究竟是怎样的一位得道高僧呢？玄奘与戒贤法师的会面会是什么样的情景呢？

当玄奘到达的时候，整个寺庙的僧人全部集合在一起，法师一一跟他们相见，一一问讯赞叹。大家给了玄奘特别崇高的礼遇，在那烂陀寺寺主的座位旁特意为玄奘安排了坐床，请玄奘坐下来，大家随后才一一坐下。由寺庙的负责人叫维那（寺庙里有各种各样职务的，比如鲁智深就当过管菜园的，这叫园头，还有汤头等等，这个维那是管礼宾的），击响犍椎（这是一种乐器），向远近宣告玄奘的到达。从此往后，这也代表着玄奘已经是那烂陀寺的正式一员，可以和这里的僧众共享那烂陀寺的一切。

欢迎仪式还没有结束，那烂陀寺又按照三条标准，精心挑选了二十位高僧法师：第一，精通经律，在学问上有造诣；第二，威仪齐整，相貌比较威严端庄；第三，非老非少，与玄奘的年龄差不多。因为玄奘那时候是三十二岁，按照古人的标准已是中年，所以精心选择了跟玄奘年龄相当，具有相当的学问，还有威仪的二十人，陪同玄奘去正式拜见那烂陀寺的寺主戒贤法师，也就是前面讲到的护法菩萨的弟子。

这么隆重的礼节，当然是有多重的考虑的，一方面是对玄奘表示高度的重视，另一方面也向玄奘展示，那烂陀寺不是一个一般的地方，有一套非常严整的佛教礼仪，有人数众多的高僧法师。同时也为了显示戒贤法师的尊贵与地位的崇高，要经过这么一些仪式以后，才可以拜见戒贤法师。

这位戒贤法师（"戒贤"是梵文的意译，音译就是尸罗跋陀罗）的生平已经无从详考。那么重要的一位高僧，如果没有玄奘这个中国高徒给他留下的记载，他在印度历史上就可能湮没无闻了。据玄奘记载，戒贤法师出身王族，而且种姓是婆罗门，原来也不是佛教徒，而是婆罗门教徒，后来出家，他继承了护法菩萨的学问，特别精通《瑜伽论》，是戒日王时代全印度大乘有宗的最高权威，主持那烂陀寺。

唐代道宣《续高僧传》的玄奘传中说，他与玄奘相见时"年百六岁"（有的本子觉得不过瘾，说成了一百六十岁）。《续高僧传》还说他"博闻强识，内外大小一切经书无不通达"，学问极其渊博，覆盖佛学的所有领域。大家极其尊重他，所以不称他的名字（这一点跟中国的传统一样），叫他"正法藏"（正法的宝藏，"正法"就是佛教最正确、最高的大法）。《大慈恩寺三藏法师传》则说他"一切穷览，德秀年耆，为众宗匠"（什么他都了解，年龄高，辈分也很高，道德非常优秀，是一代宗师巨匠）。玄奘曾经跟随他学习，一部经学了十五个月，这就是《瑜伽师地论》，也就是玄奘在龟兹辩经，跟木叉毱多讲的要念的这部经，也就是他在临送上祭坛之前，心中念念不忘的那部经。而这位法师本人也有著作，后来由玄奘译成汉文，那就是非常重要的《佛地经论》。

戒贤法师本人就是在那烂陀寺出生，跟从护法菩萨学习。当时，南印度有一个外道，听到护法菩萨的大名，就跋山涉水找上门来要跟护法菩萨辩论。那个外道也很有意思，他不直接找护法菩萨，而是先去找摩揭陀国王。到了国王的门口，又是敲鼓又是敲门的，说我听说你这里有个高僧叫护法，我要跟他辩论，国王说好，就通知了护法菩萨。护法菩萨是一个非常有智慧的人，他一听到这个,拎起衣服就往外跑,被当时还是护法菩萨弟子的戒贤给拦住了。当时,戒贤已经是护法菩萨门下翘楚,他愿意替护法菩萨去跟外道辩论,戒贤那个时候才三十岁,大家都觉得他年纪太小,有点不放心,而大家忘了,护法菩萨本人就是很年轻的时候以辩论成名的,他对戒贤充满了信心,支持他出去辩论。而戒贤这一场辩论就把这个气势汹汹打上门来的外道驳得体无完肤,摩揭陀国王为了奖励戒贤,送了他一座村庄,戒贤法师屡拒不得,就把它改建成一个寺庙,这个寺庙就是著名的戒贤寺。

玄奘能遇见这么一位本师,当然是求之不得,所以,玄奘行了非常隆重的拜师礼,按照当地的规矩和仪式,表达出最尊敬的意思,完全跪在地上,用肘和膝走过去,亲吻戒贤法师的脚(这是印度的特殊礼节),并用梵文问讯赞叹(既见,方事师资,务尽其敬,依彼仪式,膝行肘步,呜足顶礼,问讯赞叹讫),那个时候玄奘肯定是精心准备了一首颂词对戒贤法师进行赞叹。在这一套极其隆重的礼节以后,戒贤法师就下令让玄奘跟陪他来的那么多僧人都坐下,开始问话。

当玄奘向戒贤法师表达了想要跟从他学习《瑜伽师地论》的愿望后,不料放声大哭起来,这一下举堂皆惊,那么戒贤法师为什么会哭呢?请看下一讲"求学奇缘"。

第二十二讲

求学奇缘

玄奘终于到达了心中的圣地那烂陀寺，当寺院住持百岁高龄的戒贤法师得知，玄奘是特意从东土而来求取真经时，他突然放声大哭起来，玄奘和遥远的那烂陀寺有着怎样的奇特因缘呢？

唐太宗贞观五年（631年），玄奘三十二岁，他在历尽千辛万苦之后终于抵达了那烂陀寺。在经过了一番礼节以后，他拜见了那烂陀寺的寺主戒贤法师。戒贤法师当然就要问这个从东土大唐来僧人，到这里来做什么？玄奘当时心情是很激动的，就毕恭毕敬地回答："我是专程来跟老师您学习《瑜伽师地论》的。"这实际上是一个再正常不过的问答，而戒贤法师的反应非常奇怪，使在场的人都大惊失色，他竟然号啕大哭起来。

根据当时的记载，这位一百零六岁的高僧还不是一般地号啕大哭，而是一把鼻涕一把眼泪地哭。这当然使得大家都很震惊，谁心里都会有这个疑团：这是为什么？一件很好的事情，为什么会有那么激烈的反应呢？玄奘是初来乍到，当然不敢问，但他心里一定会觉得很奇怪，戒贤法师自己并没有做任何的解释，而是从旁边叫了一位那烂陀寺的高僧，说："你就给大家解释一下，三年前（大家千万注意，这正是玄奘从唐朝开始西行之际）我病痛苦恼的这段故事。"这位高僧就是戒贤法师的亲侄子觉贤法师，在当时他也已经是年逾古稀了。戒贤法师之所以请觉贤法师，自己的侄子来给大家讲这么一段故事，我想无非是出于两种考虑：一种考虑呢，是觉得自己的岁数已经很高了，已经一百多岁，而情绪又那么激动，自己恐怕也没有力量来把这件事情说出来。第二呢，也想让别的人来讲，以增加下面要讲的这段话的公信力。

觉贤法师在那烂陀寺里面是以博通经论、善于言谈而著称的一个人物，他听了叔叔戒贤法师对他的嘱咐以后，就给大家讲述了三年前一段非常奇特的故事，而这种故事在佛教的概念当中称作"因缘"。这是怎么样一个令戒贤法师感泣的故事呢？

原来戒贤法师曾经患有一种病，看来就是今天的痛风，以那么高寿的人得了痛风病，每到发作的时候手脚抽筋，身上各处关节都疼痛难忍，二十几年来，它就一直这么折磨着戒贤法师。三年前病痛又突然加剧了，使他痛不欲生。这个痛苦到了什么样一个程度呢？到了连戒贤法师这样的得道高僧都实在无法忍受，这个时候戒贤法师就动了一个脑筋，准备绝食，其实是想自己了结这个痛苦的生命。在这个绝食的过程中戒贤法师做到了一个梦，在梦中出现了三个仙人，相貌非常庄严，面容非常慈祥，而这三个人呢，一个是通身黄金色，一个是通身碧绿色，一个是通身白色。其中有一个仙人就对当时决心了结自己生命的戒贤说："你准备就这样了结你自己的生命吗？那么佛经上讲，人生就是苦（佛经是讲苦的，苦、集、灭、道是佛教的基本原理），但是佛经上并没有倡导过因为人生苦，你就可以采用自杀的方法来摆脱这种苦。你会有这种痛苦，是因为你前世是一个国王，因为你对众生不是很爱护，所以招来今世这个报应。如今，你应该真诚地忏悔，来反省自己过去的罪孽，诚心诚意地改过，这样才可能减轻你的痛苦，而且同时你必须忍受这个痛苦，来宣讲佛经，这样做，你的痛苦自然就会消除。而仅仅是简单地厌弃你的肉身，并不能从根本上减除你的痛苦。"戒贤法师在梦里听到这番话以后，当然赶紧去礼拜这三位仙人，三位仙人里边那个浑身黄金色的仙人就指着那个碧绿色的仙人给戒贤法师做了个介绍，说："你认识他吗？这就是观自在菩萨。"

前面已经讲到过，观自在菩萨就是我们中土所讲的观世音菩萨。在印度的观世音菩萨，他的形象是男性，留着两撇小胡子，而到了中国以后，到底是什么原因，使他变成以女性形象出现了呢？其中有各种解释。一种解释说，观世音菩萨的信仰是在唐朝开始大规模流行起来的，唐朝人以肥胖为美，人一胖的情况下，大概两性的特征就会有一点模糊，而在传播的过程当中两撇小胡子不知道怎么没了，渐渐的就成了一个中年妇女的形象，于是有了这么一个比较丰满、匀称、端庄的观世音像。当然还有另一种解释，认为观世音菩萨有各种法相变化，女性形象也是其中的一种，由于汉传佛教中的神像都是男性形象，中土的僧徒为了吸引女性信徒，就把观世音菩萨的女性法相固定下来。不过，不管怎么说，在戒贤法师的梦境里，观世音菩萨毫无疑问是有两撇胡子的。

浑身黄金色的仙人然后又指着那位浑身银白色的仙人，说这就是慈氏菩萨，也就是弥勒佛了。戒贤听了马上就跪倒在慈氏菩萨的脚下。道理很简单，因为按照印度的传统说法，《瑜伽师地论》是弥勒口授的。戒贤说："菩萨，我希望我来世能够转生在您的身边，您看可以吗？"慈氏菩萨就回答他："只要你广传正法，你就可以生在我的身边。"这个时候，黄金色的仙人介绍完了其他两位仙人，就自我介绍说："我是文殊菩萨。我们三个人，看见你正在徒劳无益地准备放弃自己的生命，而没有考虑忍受痛苦、利用你这有限的一生去做有益的事情,所以就来劝你,你应该依照我们的话去宣扬《瑜伽师地论》,去教授、传播这部由弥勒菩萨口授的重要的佛典,把它传播给那些还没有机缘听到这部经的人,那样你的身体就不会有什么妨碍了,不用担心你的病不会好起来。"接下来这段话很重要,文殊菩萨继续说:"中土有一位僧人希望能够学习佛法,打算跟从你学习,你要等着他来,教导他。"(有支那国僧乐通大法,欲就汝学,汝可待教之。)戒贤当然是谨尊教诲,就忍受这个痛苦等待着这个梦变为现实。而从此以后,戒贤法师的痛苦的确是减轻了。

戒贤法师通过他的侄子觉贤法师,第一次把三年前自己的一个梦当着那烂陀寺众僧的面公开地讲了出来,也就是说,玄奘跟戒贤大师存在着一种冥冥之中的因缘。戒贤看见玄奘不远万里终于求法到了西天,当然就一下子想起了三年前的这个梦,所以欣喜无限,不能自已。

听完了觉贤法师介绍的戒贤法师的这个梦,大家当然都是赞叹未曾有过,真是闻所未闻的事情。玄奘本人更是最为激动和兴奋的,他再一次礼拜戒贤法师,表达自己希望能够跟着戒贤法师学习佛典的心愿,戒贤法师非常高兴地答应了下来。到了这个时候,戒贤法师还是有点不放心,就亲自问玄奘:"你一路上走了几年?"玄奘回答说:"我走了三年。"这一下,当然再次印证了与戒贤法师三年前的梦,在时间上是吻合的,戒贤法师当然心里觉得更加快慰。于是,玄奘就在那烂陀寺正式安顿下来。

玄奘终于到达了留学的目的地那烂陀寺,可以开始自己梦寐以求的学习生涯了。但印度寺庙众多，玄奘为什么一定要在那烂陀寺留学？那烂陀寺为什么在佛教界具有如此崇高的地位呢？

"那烂陀"是梵文的音译，它的意思是"施无厌"，也就是永远不知疲倦地施舍。它究竟在今天什么地方呢？毫无悬念，早在 1861 年，考古学者就是根据玄奘《大唐西域记》的精确记载，非常准确地把它了发掘了出来，它就在今天印度的巴特那县境内，旧王舍城西北七英里处一个名叫"巴罗贡"的村庄。上个世纪 50 年代，印度政府因为那烂陀寺遗址是根据玄奘《大唐西域记》的记载找到的，就在那里附近修建了玄奘纪念堂，中国政府非常支持这件纪念两国友好交往、文化交流的事情，在 1957 年捐赠了人民币三十万，这在当时是笔巨款，不仅捐助了现金，而且连这个纪念堂的设计图纸都是由中国政府提供的。现在这个纪念堂已经成为人类文化交流史和佛教史上的一个纪念碑式的建筑。

"罗马不是一天建成的"，这句著名的谚语放在那烂陀寺身上最恰当不过了。我们与其把那烂陀寺看作一座寺庙，还不如把它看作是一组寺庙，它是不停地在建设，不停地在完善。公元六至九世纪是那烂陀寺的极盛时期，玄奘也恰恰在这个时候来到了这里。直到公元十世纪，那烂陀寺依然非常繁荣。作为印度古代的最高学府，那烂陀寺规模宏大、建筑壮丽，除此以外，有两个方面特别重要。哪两个方面呢？

第一是藏经丰富。大家千万别忘了玄奘到印度是去求法的。求法的一个重要的组成部分是去求取佛经，求取印度最重要的佛经、最新的佛经，而那烂陀寺恰恰就是佛教世界首屈一指的藏经的地方。那烂陀寺里有三座殿堂用来储藏佛经，并分别用了三个非常美丽的名字来称呼它们，第一座叫"宝彩"（或者叫"宝云"），第二座叫"宝海"，第三座叫"宝洋"。就是形容里面像浩瀚的海洋、像无边的云彩一样充满了佛法的瑰宝。

第二是大师云集，高僧辈出。求法不仅仅是得到经典，还要研习对经典的解释，和有关的各种学术知识。而这个地方恰恰是大师云集、高僧辈出的地方，玄奘到达那里的时候，正是那烂陀寺如日中天的全盛时期，经常住在那里的僧徒就有四千多人。而且那烂陀寺虽然是佛教的学术中心，但是态度极其开放，印度古代的学问在这里应有尽有，有很多非佛教徒也在这里学习，数量比佛教僧人更多。《续高僧传》里说"外客道俗通及正邪乃出万数"，《大慈恩寺三藏法师传》也说"僧徒主客常有万人"。正因为如此，当时的世界各地很多人都到这里来留学。先不说别的国家，就说我们中国，大家不要以为玄奘是唯一一个到过这个地方的人，我们现在在历史上能够查到的、百分之一百可以断定的、到达过这个寺庙的、读过书的、访问过的、求过经的、求过法的中国僧人，起码就有义净、慧轮、智弘、无行、道希、道生、大乘灯等一大批人。当然，玄奘是其中最著名的。他们都在这里渡过了非常难忘的留学岁月。不仅如此，大概是因为到这里来的中国僧人实在是太多的原因，这里居然有一座寺庙叫汉寺。在敦煌曾出土过一个古代写本，叫《西天路尽》，书中就有这样的记载："寺东五十里有汉寺，汉僧在此也。"也就是说，后来中国僧人到那烂陀寺留学都有自己固定住的地方，就离那烂陀寺五十里，可见去那烂陀寺学习的中土僧人多到什么地步，只不过很多人的名字湮没在历史的尘埃中,我们今天不知道他们是谁。所以,那烂陀寺这么一个遥远的寺庙,对中国文化的恩惠,对我们的影响是非常巨大的。玄奘在《大唐西域记》里说它"德重当时,声驰异域",并非虚誉。

这座辉煌一时的那烂陀寺毁于公元 1200 年左右的兵火之中。伊斯兰历史学家敏哈吉(Minhaj‑i‑Siraj),他有一本书叫 Tabarāt‑i‑Nasiri,这本书里记载,有一位伊斯兰的首领率兵打到了那烂陀,因为他们宗教信仰不同,就在当地大肆劫掠,并把当地的绝大部分居民,包括"削发者"(当然是指佛教徒)在内,统统处死,无数珍贵的佛经被付之一炬。此后那烂陀寺就一蹶不振,虽然也有人小规模地修复过,但是一直到上个世纪初才被人在荒草丛中发现。所以它在公元 1200 年以后就已经没有什么影响了。

那烂陀寺规模宏大、学科齐备,玄奘在这里将会怎样开始他的留学生涯?远道而来的玄奘,在这所高僧云集的寺院里将得到什么样的待遇?玄奘能不能适应这里的留学生活呢?

据玄奘的记载,那烂陀寺的管理水平也相当高,"寺内讲座日百余所,学徒修习,无弃寸阴",学术风气好,道德水准也特别高,戒律非常严明,大家对自己的道德管束都非常严格(戒行清白,律仪淳粹。僧有严制,众咸贞素),所以整个印度都对它崇敬有加。待在这样一个地方,如果平时不去讨论佛经的各种高深理论,就觉得难为情,觉得待不下去(其有不谈三藏幽旨者,则形影自愧矣)。就像在一个学风很正的大学里，如果你天天不去追求学业，天天讲乱七八糟的事情，当然待不下去，会觉得日子很难过。

不难想象，要在这样高水平的学府里出人头地，绝对不是一件轻而易举的事情。玄奘一路求法过来，虽然他拥有在中土就已经打下的一点基础，但这点基础到了那烂陀寺当然不算什么。他一路风尘仆仆，随时请教、求学，也积累了一点佛教的基础，在到达那烂陀寺以前，从一路上遇到的国王以及周围人的反应来看，玄奘的佛学修养应该不低了，而到了这里，恐怕也未必值得一提。玄奘通晓五十部经书，成为那烂陀寺仅有的十个通晓五十部佛经的大师之一，那是后来的事情，刚进去的时候是完全不可能的。可是，玄奘一进入那烂陀寺，就得到了几乎是最高规格的待遇。也许是因为戒贤法师三年前的那个梦，使玄奘成为一个与那烂陀寺有着特殊因缘的留学生，也许是玄奘不远万里西行求法的精神感动了戒贤法师，玄奘在高僧云集的那烂陀寺得到了非同一般的待遇。

首先我们讲住。玄奘一进来就被安排在幼日王院觉贤法师居舍的四楼。这种安排应该说是非常特殊的，因为那烂陀寺新来的僧人有他们自己住的地方，把玄奘安排在法师的居舍里，这个安排已经很特殊了。不仅如此，玄奘在四楼这间宿舍仅仅住了七天，又被安顿到了戒贤法师的老师护法菩萨故居以北的"上房"里面，给了他一套高级的宿舍。从一开始就没有让玄奘和各地来的普通学生住在一起，这难道不是一种非常特别的安排吗？

再讲吃的方面。玄奘在那烂陀寺用今天的话说是享受特供的，这份特供单记载在《大慈恩寺三藏法师传》里：

> 日得瞻步罗果一百二十枚，槟榔子二十颗，豆蔻二十颗，龙脑香一两，供大人米一升。

这里的"供大人米"是一种什么样的米呢？《大唐西域记》里曾提到过它，说："有异稻种，其粒粗大，香味殊越，光色特甚，彼俗谓之'供大人米'。"《大慈恩寺三藏法师传》则说："唯摩揭陀国有此粳米，余处更无，独供国王及多闻大德，故号为'供大人米'。"看来，这种米是摩揭陀国的特产，而且只供应"国王及多闻大德"，显然，玄奘属于"多闻大德"，才得到这样的供应。玄奘所记这种"供大人米"，今天仍然是全世界鼎鼎大名的印度优质米。

除此之外，每个月还给油三斗，酥乳更是敞开供应（月给油三斗，酥乳等随日取足）。这是玄奘在吃的方面的特殊待遇。

除了吃、住以外，玄奘在那烂陀寺还在哪些方面得到了戒贤法师的特殊照顾呢？他是怎样开始在那烂陀寺的学习生活的呢？请看下一讲"雁塔传奇"。

第二十三讲

雁塔传奇

玄奘在那烂陀寺正式学习之前，先到印度各地进行了游历。那么，玄奘到那烂陀寺之后为什么不马上开始学习，而要出去游历？这是否也属于玄奘所享受的特殊待遇呢？

玄奘到达那烂陀寺以后，就因为与这座寺庙以及戒贤法师的特殊因缘，享受了出乎意料的、非常独特的待遇。那烂陀寺是有严格的戒律规定的，也有一套非常严格的管理制度，而这个管理制度也体现在等级区别上，玄奘作为一个初来乍到的留学生，完全突破了已有的规则，享受到了极其特殊的待遇。除了前面已经介绍的在食宿方面的特殊待遇，接下来讲讲出行的方面。

大家知道玄奘要离开那烂陀寺出行会享受什么待遇吗？他是乘坐象舆的！也就是说他是骑着大象走的，当时在印度来讲也不是每个人都有资格坐大象的，更何况还在大象上面铺设一个华丽的座位。不光如此，那烂陀寺还专门派了一个（有的记载讲是四个）"净人"来伺候他。这个"净人"，可能就是我们古代所谓的太监。此外，还专门给他配备了一个婆罗门做仆人。大家知道，在印度的四大种姓里面，婆罗门排名第一，但是这并不意味着婆罗门就不能做仆人。能够配一个婆罗门来做仆人，至少说明被服侍者的地位是很高的。

此外，按照佛教的戒律，既然生活在这个僧人的大团体里，是有义务承担这个僧团的某些工作的，而玄奘在那里却免除了所有的杂务（免诸僧事）。

这样的待遇非常高，也非常特殊。在作为佛教世界的最高学府，并拥有一万多僧人的那烂陀寺，到底有多少人能够得到玄奘这样的待遇呢？还好，我们有足够的、非常准确的史料依据来回答这个合情合理的疑问。在整个那烂陀寺，能够享受这种待遇的只有十个人，也就是千里挑一，千分之一的比例，在《续高僧传》的玄奘传里记载得非常明确：

> 寺素立法，通三藏者员置十人，由来阙一，以奘风问，便处其位。

也就是说，那烂陀寺历来有个规矩，被认定为精通佛教的经、律、论三藏者只有十个名额，这十个人有资格享受前面所说的那些特殊待遇。有很长一段时间，寺里只认定了九名，玄奘来到后，出于他的特殊经历和已有的佛学修养，马上被寺里认定为能够填补这个长期空缺的第十个名额。可见这是很难得的。

除此之外，玄奘还有什么特别的待遇吗？还有！玄奘在那烂陀寺安顿下来以后，既不承担任何寺里面的事务，也不用干活，又享受着特供，还不用马上去上学。干吗去了？玄奘离开那烂陀寺到周围去游历、去礼拜佛迹去了。大家或许会以为，玄奘到达那烂陀寺以后的游历和礼拜佛迹，跟他一路西行万里求法没有什么本质区别，他也只不过再在印度多走一些地方罢了。其实不是这样的。

到达那烂陀寺以后的这次游历，给玄奘留下了非常特别的记忆，激发了他非常特别的灵感，而这个记忆和灵感，在一千三百多年以后的今天，我们还可以用自己的眼睛亲眼看到。这是怎么一回事？为什么说我们还可以亲眼看到这次游历给玄奘带来的灵感呢？

玄奘先来到了一座名叫"因陀罗势罗窭诃"的山，他到这座山上去礼拜佛迹。这座山的东北一百五六十里的地方有一座寺庙，叫"迦布德迦"，就是鸽子的意思。在中国以这样的名字命名的佛寺是很少见的，而在印度则很多。这里有一个很感人的故事。

据说有一次佛陀就在这里为大众说法，说了整整一宿，正好附近有一个捕鸟的人，张了一张网在这里捕鸟，结果张了一晚上连个鸟毛都没捞到，于是这个人就恼羞成怒，说我怎么那么没福气啊，什么事也干不成，我在这儿等了一夜连个鸟都捕不到。他看到释迦牟尼在这边说法，便就迁怒于佛陀，跑到佛陀面前大叫大嚷，说："今天你释迦牟尼到这里来传法，闹得我什么都没捕到，我的妻儿没有东西吃，你叫我怎么办？"如来就告诉他："你别闹，你去点一堆火，我来给你解决吃的问题。"那么这个捕鸟的人想你是个有大德行的人，你当然有办法给我解决吃的问题了，于是赶快把火点好，等他点好火，释迦牟尼就变成一只鸽子，投火而死。那么这个捕鸟的人当然就把它烤熟了拿回去，妻子、孩子饱餐一顿。后来这个人知道这只鸽子是佛陀变化的，受到了感悟，后来也成为了虔诚的佛教徒，证得了圣果。所以这座寺庙就叫鸽子寺了。

无独有偶的是，在这座山的东面有座塔，也是以鸟类命名的，叫亘娑（hamsa）。在汉文记载当中经常把它读错，"亘"这个字按照现在的字典读作 gèn，但要是这么读就错了；"娑"，在汉文记载当中好多地方把它误写为"婆"，因为这两个字的字形很接近。其实这两个字应该读作 héng suō，就是大雁的意思，如果意译的话，这座塔就叫大雁塔。

这里也有一个故事。这里的僧人原来都是修炼小乘佛教的，也就是说都是吃肉的。小乘佛教虽然对所吃的肉有一定的限制，但是吃来吃去呢，这个三净肉不怎么好搞，搞不到肉了，大家很恼火。一天有个僧人不知为什么在这个地方踱来走去（经行），可能是搞不到肉，正在那儿发急呢，忽然抬头看见一群大雁从天上飞过，就开玩笑地对着天说："今天这里的僧人可是没吃的了，菩萨您应该知道啊。"谁知话音刚落，里边就有一只大雁离开队列，"噗通"掉了下来，死在了这个僧人面前。这个僧人见状大惊，赶紧把这件事情告诉了大家，说我抬头刚一叫菩萨，一只大雁就死在我面前。大家一下子领悟到，这应该是佛陀释迦牟尼在用一种因缘、一种变化告诉我们一个道理。什么道理呢？我们不是为搞不到肉发愁吗？看来吃肉，也就是修炼小乘佛教，并不是件很完善的事。大乘佛教是不主张吃肉的，佛陀显然是化身为大雁在点化我们改宗大乘。从此，这些小乘僧人开始断肉，并把那只死了的大雁埋起来，还造了一座塔，这座塔就是亘娑塔。

之所以讲这两个故事，我想告诉大家的是，倘若没有玄奘到达那烂陀寺以后不久进行的这次游历，很有可能就不会有今天依然耸立在西安的大雁塔。大雁塔是玄奘在回国后的唐高宗永徽三年（652年）修建的，这个塔名的灵感就是来源于此。换句话说，大雁塔现在是西安的一个标志，能让我们感受到盛唐文明，如果没有这次游历就不一定会有这样一座塔，即使有，也不会有今天中国老少皆知的"大雁塔"这个名字。我现在这么说，是有足够的理由的。

一千多年以前，玄奘在印度看见的大雁塔，和如今我们在西安的慈恩寺西院内看见的大雁塔，是不是一模一样的？它们究竟有着什么样的关联呢？中国的大雁塔又有什么特殊的文化含义呢？

永徽三年那一年玄奘五十三岁，已是年过半百，此时他已经回国，并正在长安的慈恩寺翻译他从印度带回来的佛经。他担心，从印度千辛万苦带回来的珍贵无比的佛教经卷、舍利、佛像会遭遇火灾，于是就奏报了当时的皇帝唐高宗，说明自己的担忧。唐高宗马上就批准在慈恩寺的西院造一座塔，玄奘原来打算造一个高三十丈（约九十米）的石塔，但是因为工程太大，所以唐高宗就建议玄奘造一座砖塔。是谁把唐高宗的这个旨意传达给玄奘的呢？又是一个鼎鼎大名的影响了中国历史进程的人物，他就是后来坚决支持唐高宗把武则天列为皇后的李义府。李义府当时担任中书舍人，由他向玄奘传达了唐高宗的旨意。

造成的这座塔，四方的塔基，每面一百四十尺，高一百八十尺，一百八十尺跟玄奘原来的打算相比当然就要低很多了，每一层的中心都藏有大量的舍利。根据当时记载，说每一层少则一千粒，多则上万粒。从最近陕西法门寺地宫的发现可以证明，典籍中对佛舍利的记载基本是正确的，甚至连这件佛宝是怎么安放保存的都跟历史的记载一模一样。因此，我们也有理由相信，这座塔在初建时确实安放了大量的舍利。

塔的最上层是一间房间，南面就是当时的大书法家褚遂良书写的《三藏圣教序》和《述圣记》两块碑。在建造这座塔的时候，玄奘尽管已经年过半百，但是仍然亲自参加施工，搬运土石，这样的好事情又是皇帝赞成的，又是功德无量的，大家当然都是欢喜随喜，所以这个塔的工程进度极快。根据记载，只花了两个星期，这座塔就建成了。玄奘还专门为这个塔的建成上了一道表文，这个表文到今天为止还完整地保留着。但是玄奘本人从来没有说过这座塔叫什么名字，就说在慈恩寺的西院造了一座塔，《大慈恩寺三藏法师传》也只是说："仿西域制度，不循此旧式也。"所以大家知道，今天西安的大雁塔是非常特别的一座塔，它不是按照中国当时通行的样式造的，但玄奘并没有明确指明它到底模仿的是哪座国外的塔。

那么，我们不禁要问，大雁塔这个名字是怎么来的，到底跟玄奘在印度游历看见的这个大雁塔有没有关系？

虽然是佛塔，供养了那么多舍利，但是玄奘造的这座塔过了三十年就塌了。看来如果工程进度太快，古今中外都难免会有质量问题。而当时已经是武则天在位，武则天就跟王公贵族一起集资，把这个塔重修，高十层，这个时候开始才正式命名这座塔为大雁塔，不过那时玄奘已经圆寂了。后来的很多记载都忽视了这一点，含含糊糊地讲，玄奘在世时所造的这座塔是大雁塔，那就好像暗示玄奘本人在造塔的时候就正式管它叫大雁塔。实际上不是的。当时玄奘亲自造的这个塔，正式的称呼只能是慈恩寺西院浮图（"浮图"是梵文塔的意思，也就是西院的塔），或慈恩寺塔，但当时的人们在口头上却管它叫雁塔或者大雁塔，当时的人也许都明白，或者就是玄奘告诉他们的，这座塔模仿的对象是什么，所以到了武则天时代重修的时候，干脆就以这个作为它的正式名称了。

所以从这一点来讲是没有什么问题的，也就是说玄奘的这一次游历，留给了我们这样一个存留至今的带有象征意义的古代建筑。这座塔的命运当然也很坎坷，后来屡次遭到动荡啊，兵乱啊，五代的时候大规模重修过，历代都加以修缮。难得的是，这座塔经过古建筑专家详细研究，在好多部位，尤其像这种门檐上头原原本本地保存着唐朝的风貌和结构，所以它在1961年就已经被宣布为全国重点文物保护单位。

　　这座塔难道仅仅是一座普通的佛塔吗？或者说这座塔难道仅仅就在佛教史上有它的价值和意义吗？一座佛塔虽说是玄奘亲自造的，或者后来又是武则天造的，难道它还能有别的什么用途吗？有！而且还很重要。

　　大雁塔在当时是"气象雄伟，甲于海内"。公元八世纪，具体点说是神龙年间，也就是公元705到707年这两年之间，不知为什么在社会上忽然形成了一种风气，就是进士及第后，一定要登大雁塔，并且在大雁塔里面题上自己的名字，这是风靡一时的雅事。我们知道白居易二十七岁中进士，他就做过这样一首脍炙人口的诗，里面有这么两句："慈恩塔下题名处，十七人中最少年。"如果大家不了解这个背景就不能理解这首诗。当时跟白居易一块儿到慈恩塔底下题下自己的名字的共有十七个人，而他是里面最年少的，所以白居易很自豪。大家知道，唐朝的科举制度有好多类别，进士科只不过是其中主要的一种，另外还有一种也比较流行，叫明经科。这两种类别在当时社会上受重视的程度已经不一样了，明经科主要考的是对儒家经典的熟悉程度，你只要对儒家经典足够熟悉（大概唐朝有规定的，哪些经要考），你就可以考取明经；而进士科主要是考诗词歌赋，要看你的才华，因此考进士科的难度要远远大于考明经科。所以当时有这样的说法，叫"二十老明经"，即二十岁考取明经已经算年纪大的了，不希奇；"五十少进士"，但五十岁考中进士却是少年进士，可见考进士不容易。白居易在二十七岁中进士，显然是很难得的，所以他有点洋洋得意。

正因为如此，"雁塔题名"后来成为西安的一个著名文化景观，也因为有了这样一个风雅的习俗，所以大雁塔就保留了很多珍贵的唐朝著名文人的墨迹，以及唐以后著名人士特意到大雁塔来观摩它们所留下的墨宝，后来人们把它们一一描摹下来，刻成了碑，有拓本流传。大家看看，大雁塔是不是功德无量？它的作用和价值是不是远远超越了佛教的范围？

玄奘在那烂陀寺开学前的一段游历，给中国留下了千古闻名的大雁塔，那么游历之后的玄奘，是怎样开始他在那烂陀寺的学习，又是如何渡过五年的留学生活的呢？

玄奘游历完了以后，时间已经是年底，他出去走了一大圈，这才返回那烂陀寺，正式开始了在那里长达五年的求法留学生涯。而等玄奘非常舒服地游历完一圈回到那烂陀寺以后，那烂陀寺居然还有更大的惊喜在等待着他，什么样的惊喜呢？对于一心一意求法的玄奘来讲，这个惊喜恐怕才是他真正想要的，我相信玄奘是不会在乎住什么好房子，吃什么好东西，出门乘一头大象的，他要求的是一个顶级的学习环境，而这方面的又一个特殊待遇那烂陀寺已经给他准备好了,特殊到什么地步呢?就是由戒贤法师亲自为玄奘开讲他梦寐以求的《瑜伽师地论》,这当然才是真正能够满足玄奘心愿的一种待遇。

《瑜伽师地论》是弥勒所说五部大论里最根本、最重要的一部,瑜伽行派认为,它是大乘佛教里边规模最大、体系最完备、组织最严密、说理最透彻的权威著作。它的篇幅有多大呢?梵文有四万颂,我们汉译佛经把一颂翻译成四句,四万颂也就是说有十六万句。大家如果对梵文的长度觉得不大好想象的话,那么我告诉大家,玄奘的汉译本《瑜伽师地论》有一百卷,可见篇幅之巨大。由一位百岁高龄的大德法师,亲自开讲那么大一部经,应该说戒贤法师也是在自己使命感的驱使下才挺身而出,来讲这个经的。戒贤法师应该也有很长的时间没有亲自讲过课了,更不会讲授那么大篇幅的佛典,所以,当戒贤大师要开讲《瑜伽师地论》这个消息传开来的时候,就成为当时印度一件极其轰动的大事,也成为当时的佛教世界万僧注目的一件大事。那么听讲者当然就不可能是玄奘一个人,听讲者蜂拥而至,从印度各个地方,甚至从印度以外的地方纷纷赶来,一下子就达到了数千人之众。

戒贤法师的讲课刚刚开了一个题,也就是说,刚讲解了经书的名字题目,就在课堂上发生了一件咄咄怪事。在这个几千人的人群外头突然有个人悲号起来,有的记载甚至说是"悲嚎",在那边大哭大叫,而不光是哭,这个人"悲号而复言笑",就是这个人一会儿哭得惊天动地,一会儿又哈哈大笑,还不停在那儿自说自话。戒贤法师当然也一下子摸不着头脑了,派人下去一问,原来这是一个来自东印度的婆罗门。这个婆罗门曾经在观自在菩萨像前发过誓,他发的这个誓不怎么高明,他发誓要成为国王。据他讲,在他发了这个誓以后,观自在菩萨现身了,对他说,你不要有这种愿望,你这个愿望可笑。但是呢,也没什么大不了的,要做一个国王不值得你在我面前发这么大的愿,某年某月某日,那烂陀寺的戒贤法师要为一个中土来的僧人开讲《瑜伽师地论》,你应该前去听讲,听了以后,你就能够了解佛法,了解了佛法以后,你就等于见到佛了,那你还当什么国王啊?因为我们知道,在印度的观念当中,佛法就是等同于佛的,这两个观念是一致的,学会佛法就等于见到了佛。那么今天这个婆罗门终于等到了戒贤法师为玄奘开讲,这和他亲身经历的这段因缘若合符节,所以悲喜交加,在那里不知道是哭好还是笑好,就这么闹了一出。

他这么一说,大家当然愿意相信他是真的,都很高兴,戒贤法师就邀请他住下来听课。这件事情看样子是真的,的确是有个人在外面闹过,闹完了以后确实被叫进来一块儿听讲过,所以玄奘跟踪记录了这个婆罗门。这个婆罗门的学习成绩怎么样,玄奘没说,但是他原来发的愿好像还成功了,怎么回事呢?讲完以后,戒贤大师就派人把这位婆罗门直接送到了当时印度声威最显赫的戒日王那里。这个戒日王呢,他看到那烂陀寺戒贤法师居然莫名其妙地给他送了个婆罗门来,不明白是什么意思。大概是戒贤法师的威望太高了,面子也太大,不好推辞,但是这个婆罗门看来没有什么特别的,戒日王拿他也派不了什么用场,也不能任命他做大臣,也不能解答什么佛学上的疑难,结果戒日王就卖了个面子给戒贤法师,赏了这个婆罗门三个村庄,这么一来,这个婆罗门起码是个村长或者大队长。那么在古印度,有三个村庄也可以当一个国王了，印度的国王大家千万别当真，别拿他和我们这里"战国七雄"的国王，更别拿他来和秦皇汉武来比，有时在很小一块地方关起门来就可以说自己是国王，所以这个婆罗门至少是部分达到了他的目的。如果说这个婆罗门进行过有意的策划和运作的话，那么这个个案可就精彩极了。

戒贤法师这部经一讲就讲了十五个月，还有一种记载说是讲了九个月，无论怎么说，学一遍《瑜伽师地论》要用相当长的时间。印度的学法，就是要把这个经的颂一一诵出来，以戒贤法师这样地位的高僧是不会看本子的，他是凭记忆的就把这个经里的一颂给念出来，然后就问，懂不懂？如果懂的话就念下面一颂，如果不懂的话就提出来，当场解答，解答完了以后再问懂不懂，所以他讲经的速度是快不了的，必须一字一句地讲解。玄奘在那烂陀寺前后留学大致五年时间，但是见于明确记载，玄奘至少从头到尾学了三遍《瑜伽师地论》，可见这部经在玄奘心目中占有一种极其特殊的地位。

虽然说，玄奘在那烂陀寺学习了五年，很有意思的是，也可以说很遗憾的是，我们对玄奘在那烂陀寺五年的留学生活了解得非常少。今天，我们固然没有必要像玄奘这样，冒着生命的危险去跋涉万里留学了，然而，玄奘为了理想不避艰险的精神是有永恒价值的，而他的留学生涯也同样可以给我们提供一些有益的启示。今天我们所能够知道的是，玄奘在那里听过三遍讲解的经，除了《瑜伽师地论》外，还有《中论》、《百论》，听了两遍的有因明（古印度的逻辑学）、声明（梵文语言学）和《集量论》，《顺正理》、《显扬》、《对法》等论听了一遍。还有好多别的佛经，比如

《俱舍论》、《婆娑论》、《阿毗昙论》等等，当然也很重要，但是由于一路上都已经听过，所以在那烂陀寺主要是解决个别的疑难问题，不再系统地听讲了。而同时，玄奘还花了不少精力去学习佛教以外的经典，包括大量的婆罗门经典，对梵文（当时佛教世界的通用语，也叫"经堂语"，也就是在讲经的讲堂里使用的语言，或者叫"圣语"），玄奘更是下了巨大的工夫。贞观六年（632年）到十年（636年），玄奘都在那烂陀寺潜心攻读，学业大进。

五年时间很快过去了，戒贤大法师告诉玄奘，你的学业已成，应该早日回国，去传播佛法。但玄奘并没有回国，而是再次到印度各地游历去了。玄奘为什么没有听从戒贤大法师的劝诫呢？请看下一讲"何去何从"。

第二十四讲

何去何从

五年时间很快过去了,玄奘的学业已成,他离开了那烂陀寺,但并没有马上回国,而是到印度各地游历去了。他这样做是出于怎样的考虑,后来又是在什么情况下决定回国的呢?

在上一讲讲到，玄奘在那烂陀寺五年的留学生涯，是非常辉煌的。在道宣的《续高僧传》玄奘传记里说，玄奘在那里悉心钻研《瑜伽师地论》五年，学习非常勤奋，接下来还打算去学习别的东西，一时还没有打算回国（于《瑜伽》偏所钻仰，经于五年，晨夕无辍，将事博议，未忍东旋）。玄奘有这样的打算，他的恩师戒贤法师又是什么态度呢？

戒贤法师的态度很有意思，他老人家毫无疑问是非常看重玄奘的，在这个当口，当玄奘还想留在印度继续学习的时候，应该说戒贤法师应该是支持的，或者很高兴的。但是，这个时候戒贤法大师却告诫玄奘：

> 法贵流通，岂期独善？更参他部，恐失时缘。智无涯也，惟佛乃穷。人命如露，非旦则夕。即可还也。

意思是说，佛法有很重要的一面是要流通，要传播，难道可以过度地考虑独善其身，而忽略了传播佛教的使命吗？如果除了瑜伽派以外，你还想去学习别的部派的话，恐怕会失掉传播佛法的最佳时机和机缘。智慧是无边无际，浩如烟海的，只有佛才能够穷尽一切智慧。而人的世俗生命就像朝露，死亡是说不准的，也许突然就发生了。所以，他非常明白地告诉玄奘，你应该马上回去。

玄奘是怎么回答的呢？他说：

敢闻命矣。意欲南巡诸国，还途北指。

意思是说，老师您说得对，我接受您的指点。但是我还想往印度南方走一走，然后再回头往北返程。玄奘怕戒贤法师不理解他的做法，还加了一个补充说明，说他当初和高昌王麴文泰，也就是他的国王哥哥是有约定的，就是当初麴文泰所说的求法回来必须要经过高昌，既然有约定，那就不大好食言（以高昌昔言不得违也）。不过，从今天看来，这句话好象没有必要说，它跟前面的"南巡诸国，还途北指"也没有什么必然的逻辑关联？

玄奘就这样离开了那烂陀寺。

玄奘作为一名虔诚的佛学弟子，同时也是那烂陀寺的留学生，为什么一定要坚持去南巡诸国，而对戒贤法师让自己回国的劝诫置之不理呢？从后来玄奘的行踪来看，他除了对印度难免的恋恋不舍以外——这是可以理解的，有过留学经历的人都能理解，无论你对自己留学的国家有多么不满意，遭受到多大的委屈，经受过多大的苦难，真要走的时候，都会恋恋不舍——主要还是想在印度遍访那烂陀寺以外的学府和高僧。也就是玄奘从对那烂陀寺顶礼膜拜这个阶段，通过五年的学习，已经开始明确地意识到那烂陀寺也有所不足，并不能囊括当时佛教世界所有的学说和精华。所以，他想学习那烂陀寺没有能够提供的，或者尽管提供了但并不让他满意的东西。很明显，那烂陀寺的五年留学生涯让东土的玄奘成熟了，作为一个学者他成熟了。

但是，谁也没有料到，我想玄奘本人也没有料到，这一次本来应该是不太长久的南巡，居然耗时五年左右，跟他留学那烂陀时间是一样的。在这四五年时间里面，玄奘又做了哪些事情呢？

玄奘拜别了他的恩师戒贤法师，离开了那烂陀寺之后，遍访了以前没有到达过的印度其他地区，足迹走到了印度的最东面，也来到了印度的最西面的狼揭罗国，在这里又留下了这么一段扑朔迷离的记载：

> 西南海岛有西女国，皆是女人，无男子，多珍货，附属拂懔，拂懔王岁遣丈夫配焉，其俗产男，例皆不举。

他说在狼揭罗国西南面的大洋里面，有个西女国，这个西女国是附属于拂懔（拂懔应该是指东罗马帝国），拂懔王每年派男子上岛，去跟当地的妇女交配，延续后代。而这个西女国的风俗呢，假如生下男的，就不继续抚养他。所谓"不举"，按照汉族传统的理解，就是溺婴，一生下来就结束他的生命。为什么会形成这样的风俗，我们现在已经不得而知了。不过，这是玄奘留下的又一条关于女国的记载。

玄奘所谓的"南巡"，在本质上就是一次长时间的游学，只要遇见学有所长的人，玄奘都会停留下来。其中最重要的是，玄奘花了一到两年的时间，专门跟一位叫胜军的论师学习。胜军是当时印度和戒贤法师齐名的学者，但他不在那烂陀寺，在摩揭陀国鸡足山东北百余里的佛陀伐那山里，玄奘从他那里学到的东西不少是那烂陀寺根本没有开设的,或者那烂陀寺不重视的。这一切都足以说明,玄奘不仅拥有超越常人的旺盛的求知欲望,也表明他对那烂陀寺和戒贤大师的态度是尊重而不盲从,这难道不是最健康的求知态度吗?

那么我们能不能这么推论,既然他婉转地拒绝了戒贤法师要他马上回国的这个建议,他又自己决定去南游印度,是不是这意味着玄奘的心里不想回国呢?答案显然是否定的,这还不是仅仅从玄奘最终还是回国这一点去推测的,而是根据历史记载,当时玄奘的人虽然还在印度,但是他的心已经开始飞回遥远的故乡。

我们从一个例子来看,玄奘离开那烂陀寺后,曾来到伊烂拿钵伐多国,一般认为,这个地方就是现在印度比哈尔邦的孟格尔。途中经过我们前面提到的鸽子寺,在这个鸽子寺往南不远的孤山上供奉着一尊观自在菩萨,据说这尊菩萨特别灵验,于是玄奘就买了各种各样的花,穿成好几个花环,然后跪在菩萨面前礼拜,提出了三个要求,要求这个菩萨能够显灵,告诉他这事情会是怎么样。哪三个要求呢?

第一,我在这里的学习、求法马上就要结束了,如果可以在回国的路上平安无事,希望花环停留在菩萨的手上(于此学已还归本国,得平安无难者,愿花住尊手)。这说明,玄奘的第一个志愿就是回国。

第二,如果我的福气和智慧可以使我如愿以偿地生在弥勒菩萨的身边,希望花环留在菩萨的臂上(所修福慧,愿生睹史多宫事慈氏菩萨,若如意者,愿花贯挂尊两臂)。玄奘的第二个誓愿说明,尽管他以很开放、多元的态度学习,但还是认为自己心目当中最重要的是弥勒菩萨,也就是说是瑜伽派。他是既开放又坚持自己的本来的意愿和信念。

第三,佛教认为这个世界上还是有一些人是没有佛性的,我现在也不知道自己有没有佛性,如果我有佛性,并且可以通过修行最终成佛,希望花环停留在菩萨您的颈部,就是能够套在菩萨的脖子上(圣教称众生界中有一分无佛性者,玄奘今自疑不知有不,若有佛性,修行可成佛者,愿花贯挂尊颈项)。玄奘的第三个誓愿说明,他还非常关心自己学业是否有成,能不能修成正果。

玄奘发完这三个愿,礼拜以后,就把花环抛出去。结果,每一个玄奘希望的地方都有花环,脖子上、臂上和手上。玄奘自己当然是欢喜万分,而同时在一旁观看的僧众信徒都惊叹不已,说这是从来也没有见过的事。大家可以看到,玄奘把回国的愿望放在成佛之前,他发的第一个誓愿是希望回国,而成佛则是第三个。由此可见,玄奘一刻也没有忘记他的故土。

时间过得很快,转眼间到了贞观十四年(640年),玄奘已经四十一岁了,离开自己的祖国已经十多年了,那个时候他正在跟从胜军论师学习,他开始强烈地思念故国,决意东归。在这一段的时间里,玄奘的梦似乎特别多。说起来这也很正常,因为思绪万千,睡眠不安稳,就容易做梦,有个描绘想念的形容词"梦绕神萦",说的就是这种精神状态。这时候玄奘做了一个梦,改变了玄奘的行程;也就是这个梦,把玄奘推上了留学生涯的巅峰;也正是这个梦,使玄奘成为了不仅是中国历史上,恐怕是人类历史上几乎无可争议的最伟大的留学生。这是一个什么样的梦呢?

这个梦毫无疑问伴随了玄奘一辈子,以至于到晚年还没有忘记，后来玄奘原原本本地把这个梦的每一个细节都告诉了他的弟子，并由他们记载在《大慈恩寺三藏法师传》中。在梦面，辉煌的那烂陀寺一片荒芜，庙里没有一个僧侣，居然在神圣的佛教圣地、最高学术中心里边系着好多水牛，那烂陀寺都变成牛圈了。玄奘梦见自己从他最早被安置居住的幼日王院西门走进去，看见他住过的四楼房间里有一个金颜色的人，相貌庄严，散发出来的光芒照亮了整间屋子（大家还记得这个金色的人吗？他曾经出现在戒贤大师的梦里，这次也出现在戒贤大师的得意弟子玄奘的梦里），玄奘内心觉得欢喜，但是怎么都走不上去，他只好请那个人接引自己。那人说："我是文殊菩萨（就是当年托梦给戒贤法师的那个菩萨），因为你有宿业（玄奘那个时候当然没有成佛，他身上还有前世的一些业报），所以上不了楼。"这时文殊菩萨手指着那烂陀寺围墙的外面，说你看，玄奘抬头一看，寺外面火光冲天，村庄全都化为了灰烬，菩萨就跟他说："你应该早点回去了，这个地方十年以后，戒日王就要驾崩，印度将会陷入混乱，会出现很多恶人，相互攻击，你要想明白啊！"说完，文殊菩萨就不见了。

玄奘醒过来觉得很奇怪，就把这个梦原原本本地告诉了胜军。大家知道，古人要是做了一个梦，是要解梦的，这个态度有时候是很严谨的，需要跟人讨论或者去查梦书。所以玄奘就去请他当时的老师胜军解这个梦，胜军看来真的是一代高人，他之所以能够跟戒贤法师齐名不是浪得虚名的，他说："世界本来就是不安宁的，也许真的会如此，既然有了这样的告诫，我看还是你自己拿主意吧。"（三界无安，或当如是。既有斯告，任仁者自图焉。）后来，这个梦果然应验了，大唐使臣王玄策就亲眼目睹了这一切的发生，不过这已经是后话了。

因为梦见那烂陀寺十年后将遭毁灭之灾，玄奘决定在回国之前先绕道去那烂陀寺，再看母校最后一眼。然而玄奘没有料到的是，一回到那烂陀寺，他的回国计划又要改变了。那么，是什么事情拖住了玄奘东归回国的脚步？这一耽搁，又给玄奘的留学生活带来了什么巨大的影响呢？

玄奘决定在回国之前绕道回那烂陀寺，再最后看一眼生活过五年的母校，并作最后的告别。谁知这一回去，却被他的老师戒贤法师一把给抓了正着，原来，戒贤法师要他给大家开课，讲《摄大乘论》、《唯识决择论》这种非常高难度的佛经。这对于玄奘来说，当然是一种非常崇高的荣誉，也说明戒贤法师对玄奘这个留学生是多么青眼相加。尽管玄奘归国心切，对于恩师嘱托，是不得不照办的。

那烂陀寺像古今中外所有优秀的高等学府一样，奉行兼容并包的办学原则。当时有个高僧大德叫狮子光，正在给大家讲《中论》、《百论》，阐述自己的见解，攻击《瑜伽师地论》。大家看，那烂陀寺的学风是多么自由、活泼，戒贤法师就是《瑜伽师地论》的全世界头号专家，居然有个老师在这里讲课，就指着校长的专业在批评。但是没事，戒贤法师并没有把狮子光赶出去，而是派自己的得意弟子同时也开一门课来讲自己的道理。玄奘认为，圣人创立的教义各有侧重，并不互相矛盾，但是，不真正理解的人就走极端，不能融会贯通。问题在于人，不在于佛法本身。有了这样的看法，玄奘当然就会觉得狮子光的格局太过狭隘，于是就和他往复辩论。结果是狮子光显然没有办法自圆其说，在玄奘面前节节后退，而他门下的学生也渐渐地离开了他，汇聚到玄奘的门下。也就是等于说两个教授在那里开课，开始有两百个学生选你狮子光的课，大概只有一百个选玄奘的课，听到后来这两百个都跑到玄奘那里去了，狮子光当然觉得很没面子。狮子光一看自己辩不过玄奘，觉得大失面子，但他咽不下这口气，在佛教界的最高学府败下阵来，显然关系重大，必须得扳回面子。他离开那烂陀寺，请了自己东印度的一个同学来助阵，此人叫旃陀罗僧诃，什么意思呢？"旃陀罗"是月亮的意思，"僧诃"是狮子的意思，他叫"月亮狮"。狮子光找了月亮狮子来向玄奘挑战，希望能够替他出出气，谁知道这个同学比他更有意思，这个月亮狮子来了以后一听玄奘的课，居然就吓得连声音都不敢发，那自然什么辩论都没有了。那么这件事直接的结果是什么呢？"法师声誉益甚"，玄奘的声望一下子就在那烂陀寺，甚至整个印度佛教界高了起来。

声望越来越高的玄奘，回国的计划却越来越遥遥无期了。而后来在那烂陀寺发生的一系列事情，更是玄奘始料不及的。声誉大震的玄奘在此后情愿或者不情愿地，主动或者被动地，被卷入到一连串的辩论当中，对手越来越强大，辩论所悬的胜负奖惩条件越来越扣人心弦，辩论的舞台越来越大，从那烂陀寺到印度全国，规格越来越高，从戒贤法师到场到国王亲自到场，东土高僧玄奘的名字，随着一场接一场的辩论，在佛教的发源地，在佛教世界的中心印度，响彻云天。

这一串的辩论是一个分水岭,一方面是对玄奘留学生涯的一个总结,彻底奠定了他作为人类历史上最伟大的留学生的地位;另一方面又为玄奘回国弘扬佛法,创立一个佛教宗派,在汉传佛教界发生至为深远的影响,奠定了一个最良好的开端和一个极高的起点。这一连串的辩论是怎么发生的呢?请看下一讲"宗派之争"。

第二十五讲

宗派之争

玄奘虽然佛学修养高深，但他既不想在印度一夜成名，更不想在此因为辩论而丢了性命，那么玄奘怎么会一次又一次地，被卷入这种大规模的辩论之中的呢？

辩论，或者也叫"辩经"，并不像我们世俗的辩论，它辩论的主要对象是佛经、佛教学说，辩论就是通行的最主要的方式。印度的辩经是非常激烈的，失败者往往就会销声匿迹，有的人会割掉自己的舌头；有的人甚至不惜自杀，结束自己的生命；轻一点的，就必须改换门庭，变换自己的宗派，而心甘情愿地或者不那么心甘情愿地拜胜者为师。而胜利者就会一夜成名，一战成名，万众瞩目，结果是什么呢？当然是信徒云集，得到国王的尊崇，得到国王的大量的施舍，成为一代宗师。

那么大家也许会问，佛教不是提倡不争的吗？佛教既然提倡不争，怎么会有那么多的辩论呢？

实际上到现在，随着玄奘一路西行，大大小小的辩论也在一路发生，这的确是一个问题。佛教确实是反对执著，因为佛教认为，如果执著于一样东西，就会产生一种爱，而有了这种爱，就不能达到完全自由的状态，就会妨碍你去超脱于这个尘世，去达到解脱的目的。佛教的确是反对执著也反对争执的，所以明显地倾向于不争。但是，另一个方面，佛教对佛教理论、佛教学说的探究却又是非常非常细致、非常较真的。"真理越辩越明"，这句话用在佛教的身上是再恰当不过了，是很适合概括印度各个佛教宗派对待自己宗派理论的这种求知的态度的。各个宗派的信徒有责任捍卫自己所信仰的那个宗派的学说，甚至不惜牺牲世俗的生命。

且说玄奘正打算告别那烂陀寺和他的恩师戒贤法师时，忽然又发生了一件使他不能脱身的事。事情是从印度的一代名王戒日王那里开始的。当时戒日王在那烂陀寺旁边施舍造了一座塔。据记载，这座塔有十丈（三十米左右）高，而且全部是用铜造成的。它吸引了全印度的注意，在全印度传为美谈。然而，这同时也引起了嫉妒。戒日王有一次经过乌茶国，这是当时一个不怎么大的国家，大概的位置在今天印度奥里萨邦的北部。那里的僧人都信奉小乘佛教，在这些小乘佛教的眼里，那烂陀寺虽是大乘佛教的学术中心，但实际上更是佛教的学术中心。他们认为大乘佛教是"空华外道"，即华而不实的外道。总之，在这批小乘佛教眼里，不认为大乘佛教有什么特别高的地位。所以他们遇到戒日王时，就对戒日王这么说："听说您啊，在那烂陀寺旁边专门为这个大乘佛教，为戒贤法师建造了一座很巍峨高大的铜塔，那您怎么不给我们也造一座啊？为什么就特别为那烂陀寺造啊？"这些小乘佛教的僧人，还举出一些道理。他们为了证明自己的宗派在学问上很完善，是代表着真正的佛法，他就向戒日王标榜说，他们那里有一位年老的婆罗门，叫般若毱多，是南印度的灌顶师，精通在当时足以和大乘佛教分庭抗礼的小乘正量部学说。这里讲的"婆罗门"，不是说他是婆罗门教徒，而是说他的种姓是婆罗门，那是印度第一种姓，说明他有着非常高贵的出身。而所谓的"灌顶师"，更是了不得，是给南印度国王行灌顶礼的，是一个高高在上的帝师，而且还精通小乘佛教正量部的学说。

佛祖释迦牟尼涅槃之后，佛教分裂为大乘佛教和小乘佛教两个宗派,大乘佛教追求普渡众生,小乘佛教强调修炼自我;大乘僧人完全食素,小乘僧人可食"三净肉"。大乘僧人和小乘僧人虽然都是忠诚的佛教徒,但却因宗派的不同,而一直争论不休。

这个般若毱多绝不是一个子虚乌有的人物,历史上确实有其人。在汉译的佛经当中,《唯识述记》里面就提到过这个般若毱多,说他是"三代帝王师",就是说他当了三代帝王的灌顶师,那他的地位、他的威望是可想而知的。所以,小乘的信徒奉他为领袖,就好比大乘的信徒,特别是大乘有宗的信徒奉戒贤法师为领袖是一样的道理。这些人还取出了般若毱多的著作,名字叫《破大乘论》,有七百颂,篇幅虽然不大,却非常精悍。于是,他们就跟戒日王说:"您看,这是我们宗派的学说,我们宗派也是有著作的,难道有哪一位大乘的僧人胆敢在这里边改动一个字吗?"(我宗如是,岂有大乘人能难破一字者?)可见这些小乘信徒对般若毱多的推崇,也可见他们对自己学说的极度自信,既然一个字都不能改动,那就是颠扑不破了,字字句句都是真理。

戒日王在内心当然是倾向于大乘的,不然他不会专门为那烂陀寺去造一个铜塔,也不会为那烂陀寺专门捐了一个寺院,而且里面还有一个专门取名为"幼日王院"的地方,玄奘最早到那烂陀寺时曾在那里住过。戒日王是当时印度的一代名王,控制很大一片地域,他觉得这些小乘信徒未免有点夜郎自大,太自以为是了,于是他就说了这么一段话:"弟子我听说,有好多狐狸、小老鼠这一类的东西,自己以为自己比狮子还厉害,但是,一旦哪一天真的遇见了狮子的话,这些狐狸、小老鼠就魂飞魄散。你们是没有遇到过顶级的大乘高僧,所以固守着自己愚昧的见解,如果一旦见了的话,恐怕也跟这些狐狸啊、小耗子差不多。"(弟子闻狐行鼹鼠之群,自谓雄于师子。及其见也,则魂亡魄散。师等未见大乘诸德,所以固守愚宗。若一见时,恐还同彼。)

戒日王的话很强硬,但态度还是平和的。那些小乘僧人对自己的学说,对他们所信奉的这位大宗师般若毱多依然充满信心,他们对戒日王说:"国王,您如果不相信的话,为什么不召集一场辩论来定是非呢?"(王若疑者,何不集而对决以定是非?)

按照印度的传统,应精神界领袖的要求来组织辩论,为这种辩论提供各种便利,提供物质的支持,是一个国王的神圣的职责,更何况是戒日王这样的一代名王呢?于是,戒日王马上就写信给戒贤大和尚说:

> 弟子行次乌荼,见小乘师恃凭小见,制论诽谤大乘。词理切害,不近人情,仍欲张鳞,共师等一论。弟子知寺中大德并才慧有余,学无不悉,辄以许之,谨令奉报。愿差大德四人,善自他宗兼内外者,赴乌荼国行从所。

意思是说:弟子我途经乌荼国,遇见一些小乘派的师父,凭借一些微不足道的见识,写了书来诽谤大乘。他们的言辞和理论都很有害,不近人情,还气焰嚣张地想和您等辩论一番。弟子我知道,那烂陀寺的高僧大德的才情智慧足够有余,洞悉一切学问,因此我就当场答应了他们,在此向您通报。请派四位大德高僧,要知己知彼、内外兼修,尽快赶到我在乌荼国的行宫。

这封信当然就由专门的使者送到了那烂陀寺戒贤法师那里，看完信后，戒贤法师立即召集众僧一起来讨论，共同推举出了四个人代表那烂陀寺前去辩论，其中就包括玄奘。然而，这四个人态度并不一致，除玄奘之外的三个，明显地震慑于般若毱多的威名，信心不足，态度动摇，未战先怯。因为很显然，般若毱多这个对手跟戒贤法师是在一个等级上的，一个是大乘有宗的第一人，一个是小乘正量部的第一人，所以这几位有点心里没有底。戒贤法师年岁那么高，自然不可能亲自出马，去参加耗时、耗力，往往会旷日持久，特别是对言辞尤其是对反应的敏捷有极高要求的这种辩经活动。然而，戒日王组织的辩经是一定要参加的，否则不仅被尊为佛教最高学府的那烂陀寺会名声扫地，大乘佛教也会不战而败。

这时候，还是来自于东土大唐的玄奘挺身而出，讲了这么一段话：

> 小乘诸部三藏，玄奘在本国及入迦湿弥罗已来，遍皆学讫，具悉其宗。若欲将其教旨能破大乘义，终无此理。奘虽学浅智微，当之必了。愿诸德不烦忧也。

意思是说：小乘各个派别的经、律、论三藏，我在中土的时候就都有所了解了，而且我在西行求法的路上，在迦湿弥罗那里我就花过大力气学习过，对他们的学说我都了解。如果说凭他们的教义可以攻破大乘，肯定没有这个道理。我尽管学识浅薄，智慧微小，也能够应对。请你们各位不必担忧。

可是，玄奘之所以敢挺身而出，还有别的考虑，他绝对不是一个冒冒失失的人。历史上的玄奘是一个极其精细,在各方面能力都非常出众的一个伟的人物。他虽然对小乘佛教有了解,做好了准备,有取胜的信心,但是还没开始辩论,谁输谁赢,谁也不好打包票。于是,他接着马上说:

若其有负,自是支那国僧,无关此事。

意思是说:如果输了的话,那也是中土来的僧人输了,和那烂陀寺的威名无关。

玄奘这个打算让所有在场的人听了很受用。由玄奘代表那烂陀寺出战,如果赢了,是那烂陀寺派出的高僧赢了,那烂陀寺将继续威名远扬;如果输了,那也是中土来的僧人输了,跟那烂陀寺无关。

正当玄奘做好了一切的准备,甚至包括万一输了怎么办这样的准备的时候,不知道什么原因,应该是因为一场突如其来的战争的原因,戒日王忽然又派使臣送来了信,让那烂陀寺这四位高僧先不要急着过去,就留在那烂陀寺等候他的召唤。所以从当时来看,这场紧锣密鼓的大、小乘高层对决的辩论,就暂时地偃旗息鼓,没有展开。

既然这样,是不是玄奘就在那烂陀寺就清闲无事了呢?当然不是,事实恰恰与此相反。这场玄奘做好了充足准备的辩论是没举行,但另一场意想不到的辩论却开始了,而且还是别人打上门来的。

古印度的各种宗教派别繁多,每个宗派都认为自己的学说是正道,而把别的宗派斥为外道。那烂陀寺是印度佛教的最高学府,里面不仅有大乘僧人,还有印度各种宗派的人都在这里学习,而且还不时会有外道找上门来辩论。这时,打上门来的是一位顺世外道。顺世外道是古代印度非常有名的一种外道,被佛教贬斥,称之为九十六种外道之一。"顺世外道"的意思,就是顺着这个世界,完全不去跟这个世界做任何的抗争,我就顺着你这个世界走。据说,其创始人的名字就叫"路歌夜多",汉译佛典当中一个非常浪漫的名字。其主要的学说是反对婆罗门教的吠陀,反对婆罗门教的祭祀,从这个角度来看,他跟佛教有共通的一面,即都是婆罗门教的对立面;但是另外一方面,他否认业报、轮回、灵魂的存在,而肯定世界的物质性、真实性,比较强调追求肉体的愉快,而佛教认为这世界的一切都是虚幻的,只有涅槃是真实的。所以,在本质上,它和佛教的确是截然对立的。

因此,这样一个外道对佛教的威胁特别大。不仅因为顺世外道的学说对佛教的伤害太大,而且还因为这个打上门来的外道竟然是一个亡命之徒。怎么说他是亡命之徒呢?他把自己要求辩论的意见写了成了四十条,而附带开出的辩论条件竟然是:

若有难破一条者,我则斩首相谢。

也就是说,我这四十条论纲,你们有谁如果能驳倒我其中的一条的话,我就砍下自己的头来致谢。不仅如此,他还把这论纲和开出的条件贴在了那烂陀寺的大门上,相当于公开地贴了一张大字报，向整个那烂陀寺宣战。

从这里边可以看出，这个外道极度地自信，对自己的学说和信仰绝对地有信心，以至于目中无人。他对自己提出了极其苛刻的条件，就是他的那四十条论纲一条也不能有差错，如果有一条出现问题，他就得付出生命的代价。但反过来，他却没有提那烂陀寺驳不倒他的四十条论纲该怎么办。这既说明了这个顺世外道极度自信，也说明他决不是个莽撞之徒。因为如果那烂陀寺驳不倒他，那就得声誉扫地，付出的代价远比他一人去死要大得多，而且不提得胜的条件，使别人看起来他对论敌是宽宏大量的。

这样一连几天，恐怕是被这个外道的气势给镇住，居然那烂陀寺里没有一个人出来应付这件事。当然，也可能是那烂陀寺还没有碰到过这种挑战辩论方式，一时拿不出应对办法。要知道，外道的条件毫无回旋余地，就给应对的人带来很大的顾虑。这时站出来的，依然是中土的留学生玄奘。那么，玄奘是以什么样的姿态出现的呢？诸位可能想都想不到。

以我们了解的玄奘，他是一个非常谦卑，而且道德修养又很高的高僧。出来应对也会是一种彬彬有礼的方式，然而不是！这次玄奘一反常态，完全像换了一个人一样。他自己先不出来，而是派伺候自己的那个净人先出来，把将那个顺世外道贴出来的四十条论纲一把撕掉，然后自己走出来，踩在这些碎纸片上"以足蹉蹑"，将它践踏一番。

用这种方式应战，在玄奘来说是完全违反常态的，但他这样做也是有他的道理的。既然这个外道用反常的方式羞辱了那烂陀寺，那么，作为那烂陀寺的一员，首先要挽回寺庙的声誉。尽管辩论一旦获胜，肯定将挽回声誉，但必须不在一开始就打掉他的气焰，是不行的。我们设身处地为玄奘想一想，他之所以没有马上站出来应战，肯定是经历了一番激烈的思想斗争，考虑去还是不去，一旦去了，究竟有没有把握取胜。胜了固然好办，如果不胜呢？当然，玄奘在这段时间里也仔细地研究了他那四十条论纲，在想好了对策后再出来应战的。这一点，我们在下面还会提到。但先前在准备应戒日王召请去应战时，玄奘说过的那句话，显然也在此时起到一定作用的，那就是："若其有负，自是支那国僧，无关此事。"

玄奘的这番举动，当然把这个外道给激怒了，就走上前去问玄奘："你是什么人？"

玄奘昂然回答说："我是摩诃耶那提婆奴！"我们终于知道，玄奘在印度用的是什么名字，"摩诃耶那提婆奴"，这是一个梵汉合璧的字，其中"奴"是个汉字。这个名字的意思是大乘天的奴仆。这个"大乘天"是指谁呢？是指历代著名的菩萨，包括戒贤法师在内，他们是大乘天，是大乘神。玄奘的这句话我们现在可以完全把它复原成梵文，有两种说法，一种是"aham mahāyānadevadāsa"，还有一种是"Mahāyānadevadāsa asmi"，音调都是很高亢的。这一点从汉文里是看不出来的。

外道一听见玄奘爆出来的这个名字，他马上知道，这次遇见了真正的劲敌，因为他"素闻法师名"，只是因为一向没有见过玄奘，所以两下对不起来。可见，玄奘的印度名字"摩诃耶那提婆奴"在印度佛教界已经是广为人知。

这样一来，外道的态度就缓和下来了，据史料记载，他感到

"惭耻更不与论"。就是说，外道自己觉得自己抬不起头来，不打算跟玄奘讨论了。他是为自己先前的行为感到"惭耻"，还是因为见到是玄奘出来应战，觉得惊动了有名的高僧，感到"惭耻"，我们现在无从揣测，但是这并不重要。因为辩论并没有因为他的态度而自然中止。

玄奘和顺世外道的辩论并没有因此告终，相反，这场辩论不仅辩起来了，而且还带来了一个非常严重的后果。呢究竟是怎么一回事呢？请看下一讲"论战因缘"。

第二十六讲

论战因缘

一个顺世外道的辩论者打上门来,向那烂陀寺挑战,而玄奘以非常出乎我们意料的姿态接受了这个挑战。他是如何降伏这个外道的?而这个上门挑战的顺世外道还会牵扯出什么样的故事呢?

当这个外道知道他面对的是中土来的高僧摩诃耶那提婆奴的时候，似乎出现了某种退缩。这时候，玄奘把将这个外道叫进了那烂陀寺，准备和他展开辩论，而且还请戒贤法师和那烂陀寺的很多高僧都来出席作证。

我们所能看到的留到今天的文字记载，都是玄奘的弟子留下来的。虽然在今天，我们依然能够感受到这场辩论的激烈，但是我们能够看到的文字记载，却只有反映出玄奘在进攻。大概是由于玄奘的气势从一开始就压倒了这位原本也是气势汹汹的顺世外道，或者也恐怕有其它更主要的原因吧。但不管怎样，在这次辩论中，玄奘的进攻是非常凌厉的。

玄奘一开始，就列举了当时流行在印度的几种主要的外道：

> 铺多外道、离系外道、髅鬘外道、殊徵伽外道，四种形服不同；数论外道、胜论外道，二家立义有别。

意思是说：你们外道基本上可以分为两大类，一类是在外表上标新立异的，这就是所谓的"铺多外道、离系外道、髅鬘外道、殊徵伽外道"；一类是在理论上标新立异的，这就是所谓的"数论外道、胜论外道"。

从这里我们可以看出，玄奘从一开始就有意识地使用了辩论的技巧。他没有跟着顺世外道的那四十条论纲去一一反驳他，而是自己立了一个论题展开辩论。其实，这是不符合印度辩论的逻辑要求的。经历过许多场辩论的玄奘难道不明白辩论的规则吗？如果知道，玄奘又是出于什么样的考虑才这样去做的呢？

其实，面对这场挑战，玄奘的心中有说不出的苦衷。顺世外道在打上那烂陀寺大门的时候，在门口叫板，贴大字报，这样折腾了好几天，玄奘当然不可能不知道。然而记载很明确地说，玄奘是在几天以后才挺身而出的。那么很显然，这段时间，用一句围棋的术语来讲，玄奘是在"长考"。他肯定一开始就知道了这四十条论纲，只是他在思考怎么对付顺世外道。这里面肯定有问题，很可能顺世外道的那四十条挑战的见解实在不那么好对付。这四十条论纲的具体内容是什么，我们今天不是那么清楚，遍寻史料找不到这次辩论最主要的非常详细的论题。但是我们知道，说实在话，这个是很难辩驳的。所以注定了，这个外道会有那么强的自信心。其实这外道也明白，他提出的这个论纲很难通过辩论来决定谁胜谁负，基本上会是一场混战，所以他敢于主动打上门来。如果辩论演变为混战，即使不分胜负，那主动挑战打上门来的外道也可以算是赢了。玄奘经过几天的"长考"以后，显然决定，既然你弄了这么一堆题目会让大家纠缠不清，我索性就不跟你具体纠缠了，而是另外立一个题目来发挥自己对外道的见解。玄奘的苦心就在这里，我们只有用心去看非常零碎的史料，才能体会玄奘的苦心。

接下来，玄奘就开始一一批驳这些外道了，他首先攻击的是在外表上标新立异的外道：

  鋪多之辈,以灰涂体,用为修道,遍身艾白,犹寝窖之猫狸。离系之徒,则露质标奇,拔发为德,皮裂足皴,状临河之朽树。髑髅之类,以髐骨为鬘,装头挂颈,陷枯魂磊,若冢侧之药叉。微伽之流,披服粪衣,饮啖便秽,腥臊臭恶,譬溷中之狂豕。尔等以此为道,岂不愚哉!

  意思是说:你们这些外道,有的用灰炭涂满全身,遍身白惨惨的,活像睡在炉灶边的狸猫;有的袒露身体,披头散发,皮肤开裂,像河边的枯树;有的串起骷髅,像花环一样地挂在脖子上,戴在头上,就像坟墓边的恶鬼;有的穿着破烂肮脏不堪的衣服,喝尿食粪,散发出恶臭,就像粪坑里发狂的猪。你们用这样的方式来修道,难道不愚蠢吗?

  玄奘在这里提到的这些外道,在当时都是存在的。例如他说的"鋪多外道",用灰炭涂满全身,浑身白惨惨的,活像是睡在炉灶旁边的狸猫。这个当然是指涂炭外道,印度是有这种外道的,这种外道的主要标志就是把浑身涂得很脏,表示一种苦行。而"离系外道"袒露身体,披头散发,皮肤开裂,就像河边的一棵枯树,这就是露形外道。印度也流行这种苦行方式,就是一年四季不穿衣服,当然也不会洗澡,就这样满街地跑。至于那些把死人的骷髅串起来,像花环一样的挂在脖子里或者带在头上,活像坟墓边上的恶鬼,所谓的"髑髅外道",也叫做"骷髅外道",他们用这种方式来表达他们已经看透了人世间的东西,你再怎么样不对,最终还不都是一个骷髅吗?大家还记得《西游记》里的沙和尚吗?他的头颈里就挂着一串死人骷髅。也许他的形象来自于印度"骷髅外道"的影响也说不定。还有的一些穿着破烂肮脏不堪的衣服，喝尿食粪，浑身散发出恶臭，就像粪坑里发狂的猪一样。当时是有这种外道，而且这种外道直到今天还有，他们是对自己实施一种极其严酷的苦行，所谓苦行就是头陀。大家还记得《水浒》里边的武松吗？他在血溅鸳鸯楼之后，逃到十字坡张青的小酒店，张青夫妇把他化装成头陀模样，他头发披散，身穿破破烂烂的百衲衣，正是个苦行僧的形象。可见是专门有这一类的。

在历数完外表上标新立异的外道之后，玄奘又把矛头转向在理论上标新立异的外道，把"数论外道"和"胜论外道"的理论和学说，由外及内，由表及里地批驳了一番。

玄奘面前的对手是顺世外道的法师，而他为什么在辩论中根本不提顺世外道，却首先批驳其他一些极端的外道呢？这体现了玄奘一种什么样的辩论智慧呢？

玄奘在这一开始就给这个顺世外道下套挖坑，就有意识地使用辩论技巧：玄奘攻击其他的外道在外表上的污秽，而这里边根本没有提顺世外道。那么，顺世外道固然是佛教徒所认为的外道之一，但是，他的外表是不是就和玄奘所攻击的那些外道的外表一样污秽不堪，令人无法忍受呢？恐怕不是。顺世外道确实不那么讲究仪表，但也并没有通过各种方法使自己污秽不堪，过一些常人无法忍受的生活，来作为修道的方式。顺世外道恰恰是顺着这个世界走的，他是追求现世生活的愉悦，推崇肉体的享受的，所以才叫"顺世外道"。但玄奘不管这些，你反正是外道，我就把你搁在外道里头一起批驳、数落。

再者说，顺世外道自己认为自己是"外道"吗？你佛教徒认为他是外道，但你没有问清楚顺世派他自己是怎么看自己的。这一点玄奘也不管。反正他就先开始这么攻击！

从逻辑上来说，玄奘实际上是把顺世外道先纳入"外道"的大概念，然后却从这个大概念中挑出易于攻击的一些小概念，从而达到否定"外道"这个大概念的目的。"外道"既然被否定，那么包括在大概念中的顺世外道，毫无疑问也被否定掉了。这里边就反映出玄奘极其高超的辩论的技巧，一种对逻辑的运用能力。

顺世外道当然不会俯首帖耳认输，辩论还是来回了好几个回合，但是结果如何呢？估计这个顺世外道跟玄奘辩着辩着，发现压根儿就不在辩自己的问题，反而被玄奘绕进去了。他发现，"外道"作为一个整体的概念全盘皆输，反正外道整体上的外表又脏又臭，玄奘都不要看；之后，玄奘更摆出一副觉得这些理论跟你们这些数论派以及胜论派都不值得大乘佛教一驳的样子。而顺世外道自己呢，自始至终就没有发现玄奘下的套子。

所以这个顺世外道辩来论去，论来辩去，想不明白，他糊涂了，最后只好"默无所说"，愣在那儿说不出话来了。最后他就站起身来，说："我今负矣，任依先约。"表示自己认输了，按照前面自己约定的条件，我输了，我就砍下头给你。

玄奘在这个时候，当然放出一种很高的姿态，他怎么会要他的脑袋呢？玄奘又不是骷髅外道，拿你这个脑袋做个花环？但是玄奘又不能不惩他，因为自己代表着那烂陀寺，所以玄奘就开出了惩罚条件："我们佛门弟子绝对不会害人的，你就做我的奴仆吧，随时听候我的命令，随时接受我的教诲。"（我曹释子终不害人，今令汝为奴，随我教命。）据记载，这个外道是"欢喜敬从，即将向房"。这个顺世外道肯定是喜出望外，因为他没想到会是这样的结果，不仅不用砍脑袋，而且还能进那烂陀寺学习，所以就是说一下溜到玄奘房间里躲起来了。

这场辩论当然是胜利了，可是玄奘心里明白他怎么赢的。所以从留下来的记载来看，这场辩论虽然动静很大，但玄奘根本就不看重它。玄奘心里牵挂的还是戒日王召集的那场辩论，他心目中的真正的劲敌是般若毱多，这位三代帝王的灌顶师。玄奘的脑子是非常清楚的，这个人是绝对不会让一场胜利冲昏头脑的，所以他一直在记着这一场辩论。赢了顺世外道，保住了那烂陀寺的声誉，玄奘知道，巨大的威胁还在等待着自己，所以他没有一丝一毫地掉以轻心。他为了知己知彼，费尽心力，托了好多人，想了好多办法，找到了般若毱多的著作《破大乘义》七百颂。一找到，玄奘就马上埋头钻研起来。

般若毱多绝对不是一般的高僧，他也是顶尖的高僧，他的这部著作是他精心撰写的，既然在小乘佛教徒当中有那么高不可攀的地位，那也不会是浪得虚名的。果然，历史的记载很明确地表明，《破大乘义》中有好几个地方让玄奘大师百思不得其解，他看不懂，破不了，解不开。找到了这部书，但是却现看不懂，既然看不懂，那你怎么能够辩驳对方呢？这样的话，你根本没有赢的可能性。玄奘这个时候是火急火燎，怎么办？这场辩论就在等待着他，戒日王随时一道命令你就要去的，那烂陀寺派出的四个人，其他三个本来就明确是没有信心的，而你又是挺身而出的，难道还真准备输吗？玄奘是肯定不甘心，他一点也不想如此窝囊。可是问题是找谁去请教呢？玄奘在屋子里是绕室彷徨，不知该怎么办。情急之中，就看到了那个躲在他房间里的顺世外道，于是病急乱投医，他就向顺世外道问道："你听过《破大乘义》这部书没有？"不料，这一问竟然问出一个天大的惊喜：这位顺世外道不仅听过，他还听般若毱多讲过五遍，已经精通这部经了，这当然就是"踏破铁鞋无觅处，得来全不费功夫"了。而且这也印证了佛教理论当中的"善有善报"，如果你当初把他脑袋砍掉了，你问谁去？或者你当初把他赶跑了，你问谁去？他善待失败的对手顺世外道，现在派上了用场。

这时候，玄奘显示出非常博大的胸怀，他本着"能者为师"的态度，丝毫不顾及自己是辩论的胜方，顺世外道是败方，或者顺世外道的身份是自己的奴仆，而且自己当初开出的条件是让顺世外道来跟自己学习这些事情。这些现在玄奘都不顾，就请顺世外道当老师，对自己开讲。

顺世外道不敢相信自己的耳朵，他说："我现在是您的奴仆，我怎么能够为您讲经呢？"玄奘的回答是非常地实实在在，他说："这是别的派别的学说，我从来没有见过，所以你啊只管说，不要想那么多。"（此是他宗，我未曾见，汝但说无苦。）这个顺世外道也是个心思缜密之人，他特地为玄奘考虑说："如果这样的话，那就等到半夜，我担心别的人知道您跟从一个奴仆学法，会玷污您的名声啊！"（若然，请至夜中，恐外人闻从奴学法，污尊名称。）看来，这外道也是个秉性忠厚之人。

于是，等到半夜别人都走开了的时候，顺世外道为玄奘原原本本、仔仔细细地把《破大乘义》从头到尾解释了一遍，解决了玄奘百思不得其解的几个疑点。这样，玄奘才找出了般若毱多的破绽，才找到了用自己所擅长的、自己所归属的大乘有宗的学说和方法，去攻破他的这个途径。接下来，玄奘就撰写了自己的第二部梵文著作，叫《破恶见论》。你不是《破大乘义》吗？那我认为你这个书是恶见，是非常有害处、非常恶劣的学说。而且《破恶见论》的篇幅是《破大乘义》的两倍还多，一共有一千六百颂。当然这部玄奘用梵文撰写的著作没有传下来，因为在中国历史上，我们还没有看见一部佛学著作是中国僧人用梵文撰写的。

这部《破恶见论》，戒贤法师和寺内的高僧看了以后都赞不绝口。因为老实说，原来既然派出这四个人，其中三个人是心里打退堂鼓的，那么对这场戒日王召集的辩论到底能不能赢，连戒贤法师实际上恐怕都是没底的，但是看了玄奘的这部著作，看了他为这场辩论预先预备的功课，戒贤法师心里的石头落地了，这才对赢得那场辩论的胜利充满了信心。

至此，这个顺世外道已经变成了那烂陀寺的有功之臣了，玄奘也不能再把他当奴仆了。何况在一开始，玄奘只是以此作为一种姿态，为那烂陀寺挽回声誉。因此，他对顺世外道说：

仁者论屈为奴，于耻已足，今放仁者去，随意所之。

这个顺世外道得到了自由之身，又一次地喜出望外，他就马上离开了那烂陀寺，回到了南印度。

然而，这个顺世外道与玄奘的因缘却并没有结束，他给玄奘还惹出了一大堆的事情，再次印证了佛教的因果报应之说。此时，玄奘觉得，凭那烂陀寺高僧们的实力，加上自己的《破恶见论》，即使他不亲自与"三代帝师"辩论，那烂陀寺也已经稳操胜券，于是他决定回国。然而另一个外道却又找上门来，给玄奘算了一次命，竟算出一个天大的秘密。这究竟是怎样的秘密呢？

玄奘觉得对那烂陀寺的责任也尽到了，所以他准备回国。而这个时候偏偏又有一个叫伐阇罗的露形外道，到玄奘的宿舍来串门。可见玄奘他并不是那么狭隘的，他的朋友也是很多的，五湖四海，你外道只要不跟我来辩论，咱们私下还是好朋友。而这位伐阇罗，当时在那烂陀寺里边以算命而著名。这个露形外道，也就是天天脱光了满街跑的外道，他到玄奘房间里当然也是赤条条地来的。玄奘早就听说了，他非常擅长于算命，于是玄奘也托他算一下命：

> 玄奘支那国僧，来此学问，岁月已久。今欲归还，不知达不？又去、住二宜，何最为吉？及寿命长短。愿仁者占看。

意思是说：我这个中土僧热，到这里学习的时间已经很久了，现在想回家，不知能不能到得了家？我觉得回去和留在这里都可以，哪一种最吉利？还有我的寿命能有多长啊？请您一并替我算算。

玄奘对印度，尤其对那烂陀寺的恋恋不舍，这个我们能理解。

另外，玄奘在这时候还是流露出作为一个中国人所独特关心的事情，即想知道自己寿命能有多长。印度高僧对这个一般是不关心的，但玄奘毕竟是个中国人，所以就叫这个伐阇罗来算一下。

那这个外道，他是用一种印度的方法来算，他拿了一块白石头，在地上比划，排各种算式，得出的结果是："您留下来最好，因为您在这里的声望已经很高。要想回去呢，也可以到。至于您的寿命还有十年，如果还有其他的福气，也许可以活更长，这就不是我所知道的了。"（师住时最好，五印度及道俗不无敬重。去时得达，于敬重亦好，但不如住。师之寿命，自今已去更可十年。若凭余福转续，非所知也。）

但是玄奘心目当中有一个更重要的担心，他担心什么呢？在印度留学期间，他时刻都没忘记自己的初衷——求取佛经，所以在这几年当中，他积累了数量非常庞大的佛教经典、佛像。这些东西怎么运回万里之外的祖国，这是一个天大的难题。于是玄奘进一步询问伐阇罗，假如准备回去，那自己积累的那么多的佛典、佛像怎么办呢？伐阇罗说："您别担心，戒日王、鸠摩罗王都会派人送您回国，一定会顺利到达。"（勿忧，戒日王、鸠摩罗王自遣人送师，必达无苦。）这下玄奘就感到奇怪了，这两位王我见都没见过，怎么会有这样的好事降到我身上呢？（彼二王者从未面，如何得降此恩？）伐阇罗告诉玄奘说："鸠摩罗王已经派人来请您了，两三天就到了，如果见到了鸠摩罗王，也就会见到戒日王。"（鸠摩罗王已发使来请，二三日当到，既见鸠摩罗，亦便见戒日。）

事后证明，这个叫伐阇罗的露形外道的话是非常准确的，迎请玄奘的使者就要到那烂陀寺了。那么，素不相识的鸠摩罗王为什么会前来迎请玄奘呢？我们还得从玄奘的那位最初的对手、曾经的奴仆、后来的功臣——顺世外道说起。

原来，那个顺世外道被放回到南印度以后，他见到了当时印度仅次于戒日王的一个王，叫鸠摩罗（Kumāra），意思是"童子"，他的另一个名字叫婆塞羯罗伐摩（Bhāskaravarman），意思是"日胄"。这个国王在《大唐西域记》里写作"拘摩罗王"，"拘"在这里是不能按照我们今天现代汉语中的读音来读的。鸠摩罗王是当时的印度对唐朝情况最为了解的国王。据《新唐书·西域传》的记载，贞观二十二年（648年），这个正好是玄奘在世的年代，唐代使臣王玄策出使印度的时候，这个鸠摩罗王主动派人向唐朝献上了奇珍异物，这个还不奇怪，更重要的是他居然献上了地图。这个在古代是有特殊的意义的，献地图不是一般的事，等于说是我把我国家的大门敞开了。而且，他还请过老子像和《道德经》，他当时对唐朝使者说："希望你回去禀明大唐皇帝，能够赏赐我一幅老子的像，能够赏赐我《道德经》。"显然，这一切都是玄奘影响的功劳。

这顺世外道对玄奘是心悦诚服，所以他见到了这个鸠摩罗王以后，就详细地向这个王介绍、赞颂了这位中土高僧，包括他的道德和学问。鸠摩罗王并不是一个虔诚的佛教徒，他和佛教的关系远远不能与戒日王和佛教的关系相比，但是他非常地好学，也非常敬重有学问的人。因此，在他的统治范围里边，也有很多高僧、很多这种学问很大的人慕名而来。所以他一听说那烂陀寺居然有这么一个从中土来的高僧，就赶紧派人去迎请玄奘。

通过这次算命,坚定了玄奘回国的决心。于是,玄奘开始整理行装。而从留下来的历史记载来看,着重强调了玄奘特别注意非常仔细地包装佛经和佛像。因为路途太遥远嘛!在那烂陀寺里面,大家意识到这位和自己朝夕相处多年的中土高僧,这位为那烂陀寺保住了声望、挽回了声誉的留学生,恐怕这一次是真的要回国了。那么,在那烂陀寺里的这些人是怎么看待玄奘回国的想法?又是怎样来劝阻玄奘的?玄奘又是怎么来应对的呢?请看下一讲"双雄斗法"。

第二十七讲

双雄斗法

就在玄奘下决心要回国时,那烂陀寺的众僧纷纷来劝阻他,玄奘婉言谢绝了他们的好意,不料一波未平一波又起,鸠摩罗王的使者又来请玄奘到他那里去。那么,玄奘究竟能否脱身呢?

玄奘这一次是真正下决心准备回国了，他非常细致地包装、捆扎他在印度五年期间收集的大量佛像和佛经。看到玄奘这次可能是真的要离开那烂陀寺、离开印度，与玄奘共同生活了五年之久的那烂陀寺的同伴们，都纷纷来劝阻："印度是佛祖诞生的地方，虽说佛祖涅槃了，但是总还有很多佛陀留下的遗迹，你可以去礼拜啊，为什么千辛万苦来到印度，却还要走呢？支那国不行啊，不太重视佛法，气候寒冷，土地贫瘠，别说佛不降生了，连圣贤也不去啊！"（印度者，佛生之处，大圣虽迁，遗踪具在，巡游礼赞，足预平生，何为至斯而更舍也？又支那国者，蔑戾车地，轻人贱法，诸佛所以不生，志狭垢深，圣贤由兹弗往，气寒土崄，亦焉足念哉？）

这番话当然并没有什么恶意，但是玄奘毕竟是个中国人，他之所以不避艰险，前来印度求法，还不是为了在中土弘扬佛法吗？这时，玄奘先强调了佛法最要紧的是流通传播，然后又对祖国进行了一番发自肺腑的赞美：

衣冠济济，法度可遵，君圣臣忠，父慈子孝，贵仁贵义，尚齿尚贤。加以识洞幽微，智与神契。体天作则，七耀无以隐其文；设器分时，六律不能韬其管。故能驱役飞走，感致鬼神，消息阴阳，利安万物。

而且，自从佛教传过去后，更是"咸重大乘，定水澄明，戒香芬馥"。如此美好的国度，怎么能够"称佛不住，遂可轻哉"！

那些劝玄奘留在印度的人，还是不想放弃，说："我们和您生活在同一个世界里，为什么佛生在我们印度，不生在你们支那，难道不是因为支那是边远恶地吗？那里既然没有福气，我们劝您就别回去了。"（今与法师同居赡部，而佛生于此，不往于彼，以是将为边恶地也。地既无福，所以劝仁勿归。）

玄奘不愿再和劝留的人纠缠，便直接引用了无垢称，也就是维摩诘菩萨的一问一答，来作为自己的回答：

无垢称言："夫日何故行瞻部洲？"答曰："为之除冥"。今所思归，意遵此耳。

这是何等的气度！

劝留的人一看，只能使出最后一张王牌了，那就是叫上玄奘一起到戒贤法师那里去。戒贤法师当然要比那些僧人略胜一筹了，他先不表明自己的态度，而是问自己的得意弟子玄奘："你自己决定怎么样呢？"玄奘毕恭毕敬地回答自己的恩师：

此国是佛生处，非不爱乐，但玄奘来意者，为求大法，广利群生。自到已来，蒙师为说《瑜伽师地论》，决诸疑网，礼见圣迹，及闻诸部甚深之旨，私心慰庆，诚不虚行。愿以所闻，归还翻译，使有缘之徒同得闻见，用报师恩，由是不暇停住。

意思是说：这里是佛降生的地方，我怎么会不喜爱呢？但是，玄奘我前来印度的目的就是求得大法，利益众生。到了以后，蒙恩师您为我讲授《瑜伽师地论》，解决我心中的疑难，我又礼拜佛迹，耳闻了各个部派的深奥的理论，心里庆幸真是不虚此行。我想用我所学到的，回国翻译，使得有缘的人都可以学习，以此报答师恩，所以我急着想赶回去。

戒贤法师是真正理解玄奘的人，而且他也是真正理解玄奘使命的人，于是就欢喜地对自己的这位中土高足说："这是菩萨的意思，我内心也希望如此。"（此菩萨意也，吾心望尔亦如是。）所以，戒贤最后拍板，分咐那烂陀寺所有的人："任为装束，诸人不须苦留。"

那么玄奘走成了吗？依然没有。所以玄奘这个回国的路途也是一波三折。

正在玄奘抓紧时间整理行装，而戒贤法师又是完全支持他回国的这个当口，发生了一件事：鸠摩罗王派出的使者赶到了那烂陀寺，明确希望戒贤法师把中土高僧送到他那里去。那个露形外道给玄奘算的命应验了。这个时候戒贤法师犯了难，很为难，为什么为难呢？一方面，他非常真切地知道自己心爱的徒弟归心似箭，玄奘如果不走的话，他应该首先等候戒日王的命令，因为戒日王是印度排名第一的王，他比鸠摩罗王的权势要大；另一方面，戒日王有约在先啊，如果被鸠摩罗王接了去，玄奘那既不能启程回国，又不能去对付那个般若毱多，那么遇到这种情况该怎么办呢？作为那烂陀寺最大的护法，戒贤法师真是一筹莫展。

所以我们讲，那位顺世外道原是出于好意，却没想到带来那么大的麻烦！戒贤法师没有办法，犹豫再三，只好用"支那僧意欲还国，不及得赴王命"来搪塞。他考虑再三，还是想出了这样一个借口，婉言拒绝了鸠摩罗王的好意。

看来玄奘的行李实在太多，他并没有能够利用这点时间马上离开那烂陀寺，还在那里整理行装。而在这个当口，鸠摩罗王的使臣第二次到了，而这次鸠摩罗王说的话实在是没有什么可以挑剔的，他说：

师纵欲归，暂过弟子，去亦非难。必愿垂顾，勿复致违。

意思是说，就算玄奘决定要回国，也先到我这边过一过，回国又没有什么难的，我可以派人送他，所以一定希望中土高僧能够光临我这个地方，不要再拖延了！

这里最后"勿复致违"这四个字已经明显地软中带硬了。

可是戒贤法师实在有自己的难处，他肯定得罪不起戒日王，所以他就采取了一个办法：拖！就这么拖着，既不把玄奘送过去，也不明确给鸠摩罗王答复。鸠摩罗王毕竟是国王，国王有几个是有好脾气的？何况鸠摩罗王的确是礼数周到，态度谦卑殷勤，而且戒贤法师应付的办法实在又显得苍白无力。结果可想而知。这下鸠摩罗王顿时大怒，觉得戒贤法师实在太不把我当回事了，我毕竟还是印度排名第二的大王嘛。所以他又一次派人送信，而这次的信已经杀气腾腾，完全不再像以前那么客气了：

> 弟子凡夫，染习世乐，于佛法中未知回向。今闻外国僧名，身心欢喜，似开道芽之分，师复不许其来，此乃欲令众生长沦永夜，岂是大德绍隆遗法，汲引物哉？不胜渴仰，谨遣重咨。若也不来，弟子则分是恶人，近者设赏迦王犹能坏法毁菩提树，师谓弟子无此力耶？必当整理象军，云萃于彼，踏那烂陀寺使碎如尘。此言如日，师好试看。

意思是说：我的确是个凡夫俗子，沾染上了世界各种逸乐的毛病，我本来就不懂佛法。今天，我听到了一个外国僧人的名字，身心欢喜，就好比绽放出了信佛乐道的花朵，我好像有点觉得自己要信佛了，而大师您却一而再、再而三地不让这个外国僧人到我这儿来，这根本就是想叫众生长久地沉沦在漫漫的黑夜里，这难道是高僧大德继承佛法、弘扬佛法，拯救超拔众生的道理吗？"

如果说这个质问还是在讲道理的话，那么下面的话那就是不客气了：我是不胜渴望仰慕之情，所以特此再派人前来邀请。如果还是不见人来的话，那弟子我分明就是恶人了，大概你因为我是恶人，所以才不把人派来。那过去有那么多的国王能够破坏佛法、摧毁菩提树，大师您以为弟子我没有这点力量吗？我一定召集率领大军，浩浩荡荡开赴前来，把那烂陀寺踏为齑粉。我说的这些话就好比像太阳在天上一样，大师您试试看，等着吧！

事情闹到这步田地，大家恐怕都没有想到。如果处理不当，也就是如果不把玄奘送过去的话，那烂陀寺就要面临灭顶之灾，玄奘的那个不祥之梦就会提前变为现实。

早在五年前，玄奘曾离开那烂陀寺到印度各地游历。当他决定回国时，梦见那烂陀寺变成了一片废墟，现在鸠摩罗王对那烂陀寺发出了威胁，玄奘当然应该去见鸠摩罗王。但是戒贤法师又担心，如果戒日王来要玄奘又该如何交待？但是再拖下去，鸠摩罗王真的来踏平那烂陀寺怎么办？戒贤和玄奘两位法师真是左右为难。

那么就此顺水推舟把玄奘送过去，不就行了吗？可是问题也没那么简单。你到现在才把玄奘送过去，还能指望人家像一开始那样给玄奘那种优待？给那烂陀寺那么大的面子？敬酒不吃，等着你的往往是罚酒，而不会是另外一杯敬酒。再说，那场和般若毱多的辩论怎么办呢？那可是关系到大乘佛教的声望，关系到那烂陀寺的声望。要是更强大的戒日王来要人怎么办？要了，鸠摩罗王不给又怎么办？这一个个天大的难题，就像一座座大山一样，沉甸甸地压在戒贤法师和玄奘的心头。

现在玄奘当然是走不了。如果这个时候走了，那就等于说是潜逃。玄奘当时西行求法是潜逃出境，偷渡出关，现在回国还要逃，这恐怕不行。在这关键时刻，当然还是的戒贤法师拿主意，当时戒贤法师就对玄奘说了一番语重心长的话，他说：

彼王者善心素薄，境内佛法不甚流行。自闻仁名，似发深意。仁或是其宿世善友，努力为去，出家以利物为本，今正其时。譬如伐树，但断其根，枝条自殄。到彼令王发心，则百姓从化。苦违不赴，或有魔事。勿惮小劳。

意思是说：那个鸠摩罗王，善心本来就很微弱，自从打听到你的名字以后啊，好像是起了善心。你和他也许是前世的好朋友，他觉得你们两个大概前世有缘，所以你就努力去做吧。何况出家人的本分就是去做有义有利的事情，如今可能正好是到了这个机缘。这就好比砍树，你把他的根给砍断了，枝叶也就死了（这句话用了印度的一种比喻方法，意思是说，你能够利用这个机会把鸠摩罗王不信佛法的这个心给改变了，那么他人也就改变了）。所以，你到了那里一定要想办法让鸠摩罗王发善心，那么百姓自然而然就会跟从鸠摩罗王信仰佛教。如果抗命不去的话，恐怕会有祸事。你还是不辞劳苦的走一遭吧。

我们前面讲过，鸠摩罗王跟佛教的关系，与戒日王跟佛教的关系不一样，在他的统治下，佛教本来就谈不上流行。那戒贤法师就希望自己这个马上就要回国的弟子再辛苦一趟，等于又是为那烂陀寺解决一次天大的难题，同时还能赢得印度排名第二的鸠摩罗王和更多的百姓都来信奉大乘佛教。这下玄奘当然没办法马上回国了，只能奉命行事。总不能说非要走，而置那烂陀寺的安危于不顾吧。于是，为了那烂陀寺免遭涂炭，玄奘只好再次按捺下归心似箭的心情，跟随使者去见鸠摩罗王。

鸠摩罗王见到玄奘来了，倒也没怎么计较，而且还非常地开心地率领大乘，前来欢迎礼拜。之后，就把玄奘请到宫中，每天音乐、鲜花供养，这样就把玄奘折腾了个把月。

关于鸠摩罗王跟玄奘的这次会面的史料，《大唐西域记》里边记载得比较详细，而且他们的对话也保留下来了，这当然是非常珍贵的记载。那么，《大唐西域记》记载的这次会面是什么样子的，他们两个到底谈了哪些问题？先来看一下他们开始时的对话。

鸠摩罗王说："我虽然不学无才，但是平时仰慕有大学问的人，所以听到了您的大名，我就大胆地前来延请您。"（虽则不才，常慕高学，闻名雅尚，敢事延请。）

玄奘回答说："我没有什么才能，智慧也很偏颇而且不全面，我的名字传进您的耳朵，真是玷污了您的耳朵啊！"（寡能褊智，猥蒙流听。）

刚开始，鸠摩罗王讲了很客气的话，先前的耍赖、发横、威胁这些当然就不提了。而玄奘呢，对鸠摩罗王先前的做法也假装不知道，而且还装作你一叫我来我就心甘情愿地来的样子，说话也很谦虚。而接下来的对话，就非常地有趣了，因为鸠摩罗王的一番话告诉我们，当时的中国到底是什么东西在遥远的印度最为著名，而当时的印度的统治者又是通过什么渠道，通过什么东西来感受、来了解遥远的唐朝的。

鸠摩罗王接着就对玄奘讲："看来啊，您这样慕法好学，不顾自己的安慰，经历了这么许多艰难困苦，来到异国求法，可见您的故乡非常崇尚学习。如今印度诸国好几个地方都在演奏摩诃支那国的《秦王破阵乐》，我听了很久了，那个摩诃支那国就是师父您的故乡吗？"（善哉！慕法好学，顾身若浮，逾越重险，远游异域，斯则王化所由，国风尚学。今印度诸国多有歌颂摩诃至那国《秦王破阵乐》者，闻之久矣，岂大德之乡国耶？）

《秦王破阵乐》是当时唐朝的大型宫廷音乐，当时在印度传播得非常广。在这时候，唐朝已经建立二十几年了，正是国家昌盛、威名远扬之时。印度的国王是通过一个遥远的大唐传过来的音乐，来感受、认同、赞美这个国家的。玄奘离开祖国西行求法是在贞观元年（627年），大概因为当时玄奘毕竟不是高官，只是个优秀的僧人，因此，他在国内的地位还远远没有他回归以后那么崇高，所以他应该不大会亲眼看到宫廷里边表演《秦王破阵乐》，至多也是耳闻。所以鸠摩罗王的这句问话大概使玄奘也很惊讶，一个外国的国王怎么会问到那么具体的问题？当然，这肯定也激发了玄奘对自己祖国这种自豪感，他也正是非常自豪地回答了鸠摩罗王："是的！这支曲子的故乡就是我的祖国，这首曲子正是赞美我的君主，赞美他伟大的道德和功勋。"（然。此歌者，美我君之德也。）

鸠摩罗王听了之后大为赞叹："没想到大德您正是这个国家的人，我时常仰慕大唐的风采啊，向东瞭望已经很久。只是因为山川阻隔，我没有办法前去。"（不意大德是此国人，常幕风化，东望已久。山川道阻，无由自致。）

看样子，这个鸠摩罗王真是个外国音乐迷啊。虽然鸠摩罗王常常"东望"，但他当然不可能像玄奘那样抛开一切，东行去大唐观光。而玄奘的回答，那真的是显示出其出色的外交才能。他不卑不亢地说："我大唐的君主，他的道德、功勋传播得很远。远方各国来朝拜，来称臣子的多得是。"（我大君圣德远洽，仁化遐被，殊俗异域，拜阙称臣者众矣。）

其实这个话，里面很复杂。大家可以回过头来想想，玄奘离开时才是贞观元年啊，而且他是偷偷走的，以他的地位不可能知道那么多，何况那个时候唐太宗刚刚当皇帝。但是玄奘的这种应对，放在那个时候的一个外交场合，确实是非常精彩的。

听了玄奘的这番话后，鸠摩罗王当即表达了希望能够前去朝贡的心愿，而从后来中国正史的记载来看，鸠摩罗王的确达成了这个心愿，而且在中印文化交流史上留下了光辉夺目的一页。而这里面能够抹煞玄奘的功劳吗？这当然是不可能的。

鸠摩罗王仰慕玄奘的学识，每日与玄奘攀谈，竟毫无放玄奘回归之意。而此时戒贤法师担心的事情终于发生了，戒日王征战归来，当他听说玄奘到鸠罗摩王那里去了，作为当时印度势力最大的戒日王，会是一个什么样的态度呢？

大约在贞观十四年（640 年，玄奘四十一岁），戒日王从征战中返回，想起了之前他请过那烂陀寺的高僧来和般若毱多辩论这件事，但是一打听，才知道玄奘居然到了鸠摩罗王那里，于是心里感到很不舒服。戒日王就在心里想：我前面请了你们，你们不给我好好等着，现在玄奘反而到了一个势力没我大的国王那里，怎么能够在那个家伙那里呢？所以，戒日王就马上派出使者到鸠摩罗王那里，通知鸠摩罗王赶紧把中土僧人玄奘送回来，连一点商量的余地都没有。

而鸠摩罗王呢，那个时候大概觉得自己力量也不小，可以和戒日王来掰掰腕子了，因为一直也没有找到合适的理由，所以正好可以借这次机会，把玄奘当做腕子来和戒日王较量一番。所以呢，他接到戒日王这样直截了当的要求后，不仅没有拱手相让，而且一开口就说了一句狠话："我头可得，法师未可即来。"

鸠摩罗王的这个话比较横，说我头你可以拿走，但是我不会放法师去你那里的。鸠摩罗王的这种回答,怎么可能不把不可一世的戒日王激怒呢?使者回来向戒日王作了如实汇报,说鸠摩罗王说了,头可以给你,但是玄奘不能来。果然不出意料,戒日王听了之后是暴跳如雷,同时戒日王也感到很纳闷:鸠摩罗今天是怎么了?还不至于那么轻视我吧?他怎么为了一个僧人居然说出这样有失水准的粗话呢?戒日王冷静下来一想,觉得这个事情不大对,因为这样的话,大家都下不了台,事情总不能就这样僵持着。于是,戒日王就又派出一个使者,让其对不知天高地厚的鸠摩罗讲:"你既然说你可以把你的头交出来,好吧,那就把你的脑袋叫我的使者给带回来吧,我就不要玄奘了。"看来,印度的这两个国王说话都比较狠。

身处同一时代的两位印度名王,就为一个外国高僧大斗其法。鸠摩罗王当然不能把脑袋给戒日王了,但这时候鸠摩罗王明显底气不足,听到戒日王使者的话,就觉得自己把话说绝了,不免感到害怕。他知道,话一出口,覆水难收。但是他毕竟也是国王啊,绝对不甘心就那么认输。鸠摩罗王毕竟不愧是当时印度的第二号人物,不仅不躲避,相反,他还下令调集两万象军(骑大象的部队),分乘三万艘船只(即命严象军二万,乘船三万艘),和玄奘一起沿着恒河主动赶赴戒日王的驻地。试想在人类历史上成千上万的留学生中,有哪一位留学生产生过那么大的动静?在这一点上,玄奘绝对当得起"空前绝后"这四个字。

为了争夺一位中国的留学生——玄奘,当时印度最著名的两位国王戒日王和鸠摩罗王,不仅反目为仇,而且居然大动起干戈来。鸠摩罗王带领两万象军,浩浩荡荡直奔戒日王的领地,他到底想干什么?难道为了一位中国高僧,会引发印度历史上的一场战争吗?

从鸠摩罗王把玄奘随身带着,和大军一起行动,看来鸠摩罗王是经过深思熟虑,知道躲是躲不过了,但是又不能丢掉面子,所以干脆采取一个进退自如的办法。鸠摩罗王派人在恒河北边准备好行宫,安顿好玄奘,自己带着臣子把军队都布置好,然后到河的南边去拜见戒日王。

戒日王也很有意思,看到这个鸠摩罗王并没有大动肝火,不管怎么说,反正我知道第一你把玄奘带来了,第二你主动老老实实来朝见我了,而且大概他也觉得鸠摩罗王是发自内心的敬重玄奘,也就不去计较鸠摩罗王以前的口不择言了。他赶忙问道:"支那僧何在?"鸠摩罗王回答说:"在某行宫。"戒日王又问:"何不来?"鸠摩罗王回答道:"大王钦贤爱道,岂可遣师就此参王?"意思是说,大王你既然那么崇拜佛法,那么尊敬贤者,你怎么可以让玄奘法师主动前来看你呢?

这一下,就让鸠摩罗王逮到戒日王的短处,戒日王被鸠摩罗王劈头盖脸地数落了一通,数落得大义凛然,字字在理,一下子把面子全给挣回来了。因为表面上鸠摩罗王这在是为玄奘争场面,实际上他也为自己撑住了面子。所以说这两个国王都不是等闲之辈!

但任凭鸠摩罗王你说什么,戒日王这个时候也不管了,只是说:"得得得,你先回去吧,明天我亲自来拜见玄奘。"但是鸠摩罗王是太了解戒日王了，他回去以后赶紧跟玄奘说："戒日王虽然说明天来，恐怕今天晚上就到，您需要等着，千万别睡了。如果他来，师父您可千万别动。"（王虽言明日来，恐今夜即至，仍须候待。若来，师不须动。）其实到了这个时候，玄奘已经成为这两个国王斗法的工具了。

玄奘在这个时候就显现出一种大家风范，他早就决定好了用什么样的态度来会见印度的最高统治者戒日王了，于是他说："佛法理自如是。"也就是说，根据他所信仰的佛法，道理本来就应该戒日王来见他，而且自己不动。于是，玄奘当夜端坐在帐中，等候着戒日王的到来。

到了半夜时分，戒日王果然按捺不住迫切的心情，前来拜见玄奘了，是怎么来拜见的呢？他也是排场很大——"河中有数千炬烛，犹如白昼"。因为他驻扎在恒河的南岸，而玄奘则在北岸的行宫里，他要见玄奘必须要渡到北岸，于是，他就让人在河中放置了几千支非常大的蜡烛，照得恒河像白天一样。不仅如此，他还动用了标志自己身份的"节步鼓"仪仗。原来，在整个印度，只有戒日王可以使用这样的仪仗，就是用几百面铜鼓，戒日王每迈动一步，几百面铜鼓同时敲一下。这场面可谓惊天动地！鸠摩罗王一听到这个声音，就知道戒日王来了。鸠摩罗王其实还是怕见戒日王的，所以一听到这个鼓声，就赶紧率着自己的臣下远远地到河边去等候戒日王。

戒日王到了，中印文化史上最夺目的一页马上就要展开了，大家可别忘了，这一页是由印度权势最为显赫的戒日王和来自中土的留学生玄奘共同谱写的。一面是威名赫赫的帝王，一面是一个求法僧人，这种表面的不相称和反差，难道不正衬托出了玄奘的伟大和独特吗？这次见面是怎样把玄奘送上了西行求法的巅峰的呢？请看下一讲"生死决战"。

第二十八讲

生死决战

为了争夺玄奘，戒日王和鸠摩罗王差点大动干戈。戒日王的目的是请玄奘和小乘佛教宗师进行那场酝酿已久的辩论，以维护大乘佛教的声望。谁知道，这场顶级辩论无法进行，但另一场规模更加宏大的辩经大会却要召开，玄奘将独自面对更大的危险，事情怎么会发展到这一步呢？

经过一番折腾以后，鸠摩罗王好不容易见到了玄奘。而在这个过程当中，为了邀请玄奘，印度当时的两位威望最高的国王鸠摩罗王和戒日王发生了严重的争执，而且几乎兵戎相见。但是当这三个人到达了一起以后，场面却相当地和谐，没有闹出什么不可收拾的结果来。

戒日王和玄奘见面时候的对话比较完整地保留在《大唐西域记》里：

> 戒日王劳苦已，曰："自何国来？将何所欲？"对曰："从大唐国来，请求佛法。"

戒日王虽然是印度一代名王，但显然连"唐"的名字都没有听说过，他问道：

> 大唐国在何方？经途所亘，去斯远近？

玄奘一听，觉得看来说"大唐"没有用，那就只有改说"China"了：

> 当此东北数万余里，印度所谓摩诃至那国是也。

没想到这下有效果了，戒日王知道"摩诃至那国"，而且戒日王居然还知道"秦王天子"（唐太宗在未继承皇位前封秦王，所以戒日王称他为"秦王天子"），并对他大为叹服：

尝闻摩诃至那国有秦王天子，少而灵鉴，长而神武。昔先代丧乱，率土分崩，兵戈竞起，群生荼毒，而秦王天子早怀远略，兴大慈悲，拯济含识，平定海内，风教遐被，德泽远洽，殊方异域，慕化称臣。

而更有意思的是，戒日王和鸠摩罗王一样，也是对《秦王破阵乐》最感兴趣，他接着说：

民庶荷其亭育，咸歌《秦王破阵乐》。闻其雅颂，于兹久矣。

前面讲鸠摩罗王的时候就讲到过，《秦王破阵乐》在印度无人不知无人不晓，戒日王竟然也不例外，这确实很有意思。如果没有玄奘留给我们的记载，我们大概很难想象，在一千多年以前的唐朝，中国的国际名片竟然是《秦王破阵乐》！大家好像一提到大唐，就会想起《秦王破阵乐》，其他的都不太知道，包括这个国家在哪里、有多远，统统都不知道。

玄奘在这次和戒日王的见面中，看来是以非常自豪、非常骄傲的口气为戒日王介绍了自己的祖国大唐，介绍了大唐的君主，并引发了戒日王的赞叹。

暂且先把戒日王和玄奘个人之间的交谈或者交往放下，我们首先要问的问题是：戒日王是印度的一个有代表性的而且排名第一的国王，那么他跟玄奘的见面在中印两国的历史上引发了什么后果？这是一个大问题，确实有非常重要的后果！

　　玄奘满带自豪地对自己祖国的这种介绍也好，赞叹也好，总之，戒日王被震撼了，所以迫不及待地派遣正式的使节"东面朝之"。在这里并不是随便用"迫不及待"这四个字的，这是有历史依据的。为什么这么说呢？中国和印度不同，中国有非常悠久的历史传统，如果有远方的异国派使节前来朝拜、朝见或者会见，那么皇帝就会因为自己的国家威名远扬而感到很高兴，就会吩咐下属将其完整地记录下来。所以在中国的史籍当中，很少会漏记某个远方的国家派使节来的史实。《旧唐书》、《新唐书》这两部非常重要的正史，都对戒日王这次派正式使节到中国来有言之凿凿的明确记载，特别是《新唐书》，记载得极其清楚。

　　那个时候，正好唐朝有个福陀（福陀是僧人的另外一种称呼）在印度，戒日王因此发愿要派人到唐朝去，到的时间是贞观十五年（641年）。而且当时唐朝还派了一个名叫梁怀璥的官员作为使臣，将印度使者送回印度，并且顺便也去回访一下。这段记载同时见于《册府元龟》等可靠史籍。戒日王跟玄奘的见面在贞观十四年，而贞观十五年戒日王的使臣已经到达了长安，这难道不能说明戒日王的迫切心情吗？

　　正是由于中国方面记载的详尽可靠，我们才可以有把握地说，玄奘和戒日王的这次见面发生在贞观十四年的下半年。所以中国的史籍有助于重建古代的印度史，这作为证实中国周边的好多民族也好、政权也好、国家也好、文明也好，他们的编年史在相当大程度上要依赖汉文史料的记载，又是一个好例子。这样的情况，在人类的文明历史上并不多见。

玄奘这位偷渡出境的大唐僧人，现在已经肩负起了外交使节的使命，并给中印两国带来了辉煌的外交成果。而戒日王迫不及待地邀请玄奘见面，最终目的是和小乘佛教的宗师辩论。经历了一连串的波折，玄奘终于到来，那么接下来，众人期待已久的顶级辩论又会怎样发展呢？

戒日王和玄奘第一次见面，谈论的主要就是遥远的唐朝的那个"秦王天子"，然而时间过得很快，临到起身告辞，戒日王还意犹未尽。临行前，他对玄奘说："弟子先告辞了，明天再派人迎接师父，希望师父别怕劳累。"

果然，第二天的一大早，戒日王的使者就到了玄奘的住处。因为玄奘那时候还是跟鸠摩罗王住在一起，于是玄奘和鸠摩罗王就一起来到了戒日王的行宫，戒日王当然免不了"备陈珍膳，作乐散花供养"。一切准备就绪，戒日王马上开口问玄奘："听说师父您写了一本《制恶见论》，您带来了没有？"戒日王向玄奘索要的，正是当初玄奘为了应付那个小乘高僧的挑战而写的那部梵文论著《破恶见论》，它还有另一个名称《制恶见论》。玄奘这次也是有备而来，他随身携带着这部著作，于是就当即呈献给了戒日王。戒日王看完以后非常的高兴，就对身边的那些小乘的高僧说：

> 弟子闻日光既出则萤烛夺明,天雷震音而锤凿绝响。师等所守之宗,他皆破讫,试可救看。

意思是说:弟子我听说,太阳一出来,蜡烛的光芒就不值得一提了;而天上如果打雷的话,地上的那些凿子、锤子等发出来的声音也就不值得一提了。你们信奉的宗派理论,这位法师都破了。你们看看,有什么办法补救啊?

显然,戒日王是把玄奘的著作比喻成太阳、比喻成天上的雷鸣,而把小乘佛教的一些观点比喻成蜡烛、比喻成地上的凿子啊锤子啊等叮叮当当的小声音。戒日王又接着说:"你们的那位大师般若毱多呢,自以为学问高超,见解深刻,渊博无比,首先起来倡导异见,经常诋毁大乘佛教。等到听说外国的大德来了,他就马上托辞前往吠舍厘礼拜佛迹去了,逃避躲藏起来了。所以我知道你们大概是没有什么能力来应对这位中土高僧了。"

听说自己的这位高僧逃走了,而且又看到戒日王作为一代帝王如此敬仰玄奘,那些小乘的僧人已经没有一个敢站出来说话了。这也就意味着整个那烂陀寺的高僧大德们为之担心不已的和小乘佛教之间的那场辩论,就不用进行了。接下来,按照当时印度高僧见国王一般的传统,玄奘在戒日王那里还进行了比较简短的讲经。这让国王身边的小乘佛教徒都改信了大乘佛教。

但是,玄奘的这次讲经又带来了出人意料的结果。

原来印度的一代名王戒日王听了玄奘精彩的讲经后,又有了新的考虑。他要举行一场更大规模的辩经大会,让玄奘面对全印度顶级法师们的挑战。于是,他对玄奘这样说:

师论大好，弟子及此诸师并皆信伏，但恐余国小乘外道尚守愚迷，望于曲女城为师作一会，命五印度沙门、婆罗门、外道等，示大乘微妙，绝其毁谤之心，显师盛德之高，摧其我慢之意。

意思是说：师父的讲解太精彩了，弟子我和我身边的这些高僧都已经信服了。但是弟子我担心其他地方的小乘佛教也好、外道也好，至今还很愚昧，还在固执己见。所以，希望师父您在曲女城举行一次辩论法会，我将下令让全印度的沙门、婆罗门、外道都来参加。师父您就利用这次机会向他们展示大乘佛教的精微玄妙，使这些外道也好、婆罗门也好、小乘佛教徒也好，彻底地死了诽谤大乘佛教的心思。这样，一来可以展现师父您高超的学问，二来可以摧毁那些自以为是、各执己见的人的习惯和偏见。

戒日王性格非常干脆，说做就做，所以他当天就颁布命令，通知当时五印度（所谓"五印度"，就是北印度、东印度、西印度、南印度和中印度的合称）所有的宗教人士，让他们选出顶尖的人，定期汇集到曲女城，来观看大唐高僧玄奘讲经，来参与辩论。

显而易见，玄奘，来自于我们东土大唐的异国高僧，必须独自一人肩负起维护当时佛教世界最高学府——那烂陀寺学术声望、学术地位的重任，以及维护大乘佛教的地位和声誉的重任。这一副担子用"千斤重担"也未必足以形容。古往今来，留学生的数量，用一句印度佛教当中或者印度宗教当中经常使用的一个比喻，就是如同恒河沙数。但是话又说回来，在数量如恒河沙数的留学生中，难道还能挑出第二个像玄奘这样的人物吗？

玄奘在印度已经建立了作为一个异国留学生所能建立的很高的荣誉了。他已经被邀请在那烂陀寺开设唯识宗的课程，这可谓当时的顶尖学科，而且又是在顶尖的学府那烂陀寺开课，这就好像一个中国的留学生跑到牛津和剑桥去讲莎士比亚。玄奘在佛学的造诣上已经达到如此的高度，难道玄奘不知道，这次辩论赢则罢了，输的话岂不是名誉毁于一旦，以前的努力不也前功尽弃了吗？他当然知道。但是，从我们现在能够看到的所有的历史记载来看，玄奘绝对没有丝毫的退缩和畏惧。

戒日王的这个决定，让玄奘由原来的应战方变成主动挑战方，由四人团队作战变成单打独斗，从面对一个人变成面对全印度所有高手，一旦失误，玄奘就将身败名裂。是登上西行求法生涯的顶峰，还是身败名裂？是玄奘必须面对的抉择！

贞观十五年（641年）初春，玄奘到达了曲女城。在曲女城的这场辩论是不是整个印度历史上规模最大的讲经辩论会，我们不敢百分之一百地肯定，然而我们有百分之一百的把握可以说，这肯定是印度历史上时间最为确定、记载最为详尽的一次讲经辩论大会。那么这次讲经辩论大会到底有多么大的规模？我们先来看一些数字。

戒日王带着人在恒河南岸往曲女城走的这一路上，就吸引了几十万人，跟在戒日王的队伍后面；而在恒河北岸的鸠摩罗王，虽然他的号召力比戒日王要小，但是他也有数万名随从；恒河当中还有船队，真可谓是水陆并进。两位名王在前面引导，军队警卫紧密跟随，乘船乘象，击鼓鸣锣，演奏着各种音乐。九十天里，恒河成了一条欢乐的节日的河流，这在印度古代史上是多么绚烂的一笔！而这一切全是为了一个中国的僧人。

有多少人有资格参加曲女城的大会呢？除了戒日王和鸠摩罗王，全印度一共还有其他十八位国王（也有记载说是二十多位），大、小乘僧人三千余人，婆罗门和外道两千余人，而且玄奘自己的母校——那烂陀寺也派出了一千多人前来观看。这几千名僧人都是从每个宗派、每个部派、每个宗教挑选出来的顶级高僧，都是已经有身份、有地位、有名誉、有威望的学者，当然还有随从啊，仆人啊，还有交通工具啊等等。这么多人，当然还需要住所，于是，曲女城方圆几十里之内，搭起了一片建筑，挤得满满当当，真可谓是盛况空前！

那么大规模的活动，戒日王事先已经预计到了，而且他早就下令，在当地预先建造了两座大草殿——因为时间紧急，他根本来不及建造很恢宏的佛殿——准备安放佛像，以及安置前来参加会议的人，每座可以容纳一千人。戒日王自己，包括像玄奘这样的，当然不会住在草殿里，所以呢，在会场的西面还专门建造了行宫，行宫的东面还修建了伽蓝，还修建了高达百余尺（三十多米）的宝台，用来供奉黄金佛像，佛像的高度和国王的身高一样。宝台南面，还有专门浴佛的地方，就是给佛用鲜花洗浴，表示一种尊崇。这些描写并非夸张，如果大家有机会到印度看看，那个年代遗留至今的佛教建筑，那些塔依然那么巍峨高大，今天还在。

从第一天开始，国王就开始向参加会议的人施舍食物等各种各样的东西，到了第二十一天，大会的序幕才正式拉开。国王和一些顶级的高僧从行宫出发，前往那座伽蓝，也就是做会场的那个地方。沿途修建了花阁，堆满了鲜花，装饰了灿烂的宝物，还有乐队演奏音乐。主角是那座黄金佛像，它被恭恭敬敬地安置在一头大象的背上。

整个场景像一幕戏剧：载着佛像的大象两侧是两位印度名王，戒日王打扮成印度大神帝释，手执白色拂尘走在右面；鸠摩罗王打扮成梵王，手执宝盖走在左面。后面是盛装的大象队伍，前面的两头驮着鲜花，上面有人一路走一路撒。再后面是玄奘和顶级的高僧乘坐的大象，而路旁边还有三百头大象，这三百头大象上坐的才是其他那十八位国王，和这些国王带来的重臣、大德，这些人一路高唱赞歌，赞美玄奘，赞美戒日王，一路随同前行。

从记载来看，队伍到达会场以后，要先请下佛像，由戒日王背着这个佛像登上了宝台。那从这一点就可以看出，这个金佛像应该不是纯金的，因为如果是这么高的纯金像，戒日王不可能背得动。所以，那应该是镏金或者用金箔贴上去的。戒日王把这个佛像背上宝台以后，然后就和鸠摩罗王、玄奘一起依次浴佛，然后三人一起施舍。那么，接下来才轮到其他十八位国王再去浴佛、施舍。最终只有各国僧人当中最有声望的一千多人才有资格进入会场。其中包括婆罗门和外道当中有名的五百人，各国大臣当中重要的两百人，也就是大概一千七八百人才有资格进入到这个伽蓝里面，现场观看玄奘讲经辩论。其余的只能在门口待着。

尽管这样控制人数，我们知道到了会场里的也有将近两千人。两千人济济一堂，也已经不得了了。印度的辩论，尤其像国家级的有规模的辩论,是有一套程序的。那么,接下来的程序,是国王正式施舍。他向包括玄奘在内的全印度的顶尖高僧施舍了一个金盘子,七个金碗,一个金澡罐,一根金锡杖,三千金钱,三十套上等衣物。这一套程序只有一个目的,那就是为论主的登场进行铺垫。

终于,来自东土大唐的求法高僧玄奘正式登场。戒日王亲自为玄奘铺设宝座,先请玄奘坐下。这就表明,玄奘乃是这次大会的论主。开场白当然由玄奘来做,照例是宣扬自己立论的观点,一二三四五六七,这样宣讲,寓有公之于众,欢迎大家批评、讨论的意思。

大家可别忘了,会场里面是两千人,会场外面还有几千人,在古代没有今天的扩音设备,于是就请那烂陀寺戒贤法师的侄子觉贤法师高声宣读了一遍。大家也许会有这个疑问,让一位八十岁的老年僧人来宣读,能让在场的两千人听清楚吗?这个我不知道。但在这里可以举个例子来说明一下,金克木先生在世的时候,我听到过他吟诵梵文,金先生很瘦小,那时候也是七十多岁,嘹亮之极,中气之足,这恐怕也不是我们能想象的。所以觉贤法师先这么宣读了一遍,声音应该非常嘹亮。然而,场外还有成千上万的人,那怎么办呢?国王就派人把玄奘的论点抄写了一份,悬挂在会场大门外,让大家都可以看个明白。

我们前面讲过,按照印度的规矩,只要是辩论,就必须预先设定输赢奖惩的条件,输了怎么办,赢了怎么办?这个大家先说明白,而且由主动挑战方提出。我们知道这次玄奘是论主,条件必须由他来提出。那么玄奘开出了什么样的条件呢?他开出的条件是:

若其间有一字无理能难破者,请斩首相谢。

这是最终极的条件了,以性命相博。这也可以表明,玄奘对自己的佛学修养,对自己的立论已经自信到了什么程度。

一般印度的宗教都讲求慈悲为怀,就算输了也不会要你真的斩首相谢。但是如果人家说要的话,你是没有任何选择的。当然也会出现一些非常特殊的派别,比如像前面讲过的玄奘遇见的突伽天神要杀人祭祀。玄奘就立出这么一个条件,不给自己留有退路。

但是呢,一整天下来,整个会场居然鸦雀无声,中间没有一个人出来跟玄奘辩论。戒日王感到出乎意料,十分欣喜。大家无话,各自回到自己的住所。

不料第一天如此,第二天如此,……连续五天都是如此,这个场面就由惊喜变成尴尬了,这样一次高手云集的讲经辩论会,居然会没人搭理你,这当然很尴尬了。为什么会出现这种情况?请看下一讲"危机重重"。

第二十九讲

危机重重

玄奘在曲女城大会上立下生死状，然而，连续五天整个会场鸦雀无声，没有一个人上前应战。就在大家认为玄奘必胜无疑的时候，一场莫名其妙的大火，一个神秘现身的刺客，让盛大的辩经大会危机重重。危机背后隐藏着什么样的秘密？辩经大会还能顺利进行吗？

曲女城大会的前五天，整个会场居然鸦雀无声，不免让人感到尴尬。为什么会出现这种情况？这里面起码要考虑两个问题：

第一个问题比较明显，也比较好理解，那就是戒日王的态度问题。戒日王的倾向性是比较明确的，他不仅信仰佛教，而且明显地偏向大乘佛教。同时，戒日王和那烂陀寺的关系之密切、之良好在全印度无人不晓，这场辩论的缘起不就是因为戒日王为那烂陀寺专门造了一个大铜佛吗？戒日王对那烂陀寺施舍很多，不会不引起别的宗派的嫉妒。所以，戒日王的态度会让原先准备站出来应战的人心里有所顾忌，这也是人之常情。

第二个问题就不那么明显，也不太容易理解了。那就是玄奘的论题究竟是什么？他是否因为逻辑上、知识上的无懈可击，使反对者知难而退？那么我们首先就要了解玄奘列出来的论题是什么。玄奘当年的论题，今天已经没有办法详细去考证了，但是也不是没有蛛丝马迹可寻。《因明入正理论疏》里有这么一段记载：

> 且如大师周游西域，学满将还。时戒日王王五印度，为设十八日无遮大会，令师立义，遍诸天竺简选贤良，皆集会所，遣外道、小乘竞申论法。大师立量，时人无敢对扬者。大师立唯识比量云："真故极成色，不离于眼识宗；自许初三摄，眼所不摄故因，犹如眼识喻。"

从这段记载中我们才知道，玄奘立的是"真唯识量"。这段话让人云里雾里，要想讲清楚确实也不那么简单。我们只需要知道，玄奘大师的三支因明推论很严密，从我们今天的学术探讨的角度来讲，他立的这个题目找不出什么缝隙来攻击，这当然也成功地挡住了不少有心想辩论的人。

那么既然如此，玄奘岂不是轻而易举地功成名就了吗？岂不是捍卫了大乘佛教和那烂陀寺的声誉了吗？那些学问也非常高深、信仰也非常坚定的小乘和外道，果然就束手无策、闭口无言了吗？尽管历史的记载非常地纷乱复杂，但是只要经过细心的爬梳，我们可以肯定地说：不是！

实际上有一股非常危险的潜流在对着玄奘汹涌袭来。连续五天没人出来，场面从轻松就慢慢地变成了奇怪，从奇怪慢慢地变成了压抑，从压抑慢慢地变成了诡异，而且是很诡异了。然而，这无非只是一些表象而已。

印度的宗教派别多如牛毛，其中极端派也不在少数。连续五天无人应战，是不是就意味着玄奘的论敌们会拱手相让呢？这时一场莫名其妙的大火，把玄奘推到无边的凶险之中。

翻开《大唐西域记》，我们会惊奇地看到，就在大会期间突然发生了一场莫名其妙的火灾。大火从宝台那边烧起，一直蔓延到玄奘、戒日王、鸠摩罗王和全印度顶尖大师汇聚的这个会场的大门口，而且把会场大门都给烧掉了。这是一场突如其来的大火，为什么说它突如其来呢？从历史记载来看，大家毫无防备，手忙脚乱，当时只顾向神、佛祈祷，而且在场的各个派别的信徒各自求各自的神。场面居然慌乱到连尊贵无比的戒日王本人都亲自参加扑火，这足以证明这场大火确实是突如其来。

火最终被扑灭了。大家看到这样一种状况，一时间也不敢轻易地断定这场火因到底是什么。而戒日王也的确了不起，他在这个情况下不仅亲自参加扑火，还朝着在场的其他国王和很多僧人问了这样一句话："忽然遭遇这样的灾难，把辛辛苦苦建造好的东西都烧毁了。做这些事情的人，心里到底想干什么呢？"（忽此灾变，焚烬成功。心之所怀，意将何谓？）从戒日王问的这个问题本身就表明，他并不认为这是一场天灾。可见戒日王内心已经认定这是一场有目的计划、有针对性的人祸。这是戒日王的第一个厉害之处。第二个厉害之处，戒日王并没有，好像也并不在乎急于寻找答案，而这个问题问得又是如此犀利、尖锐，问得在场的那些头面人物都觉得芒刺在背，觉得好像戒日王有点来意不善。

所以这些人也谨小慎微到了很可笑的地步，回答都是王顾左右而言他，基本不着边际，说了等于没说。他们怎么回答戒日王的提问呢？回答是："哎呀，对对对，建造完工的胜迹是希望能传给后代的，现在毁于一旦，您难过，我们也难过，怎么会不难过呢？"（成功胜迹，冀传来叶，一旦灰烬，何可为怀？）这种回答不等于什么都没说吗？这些人的信仰本来就不一致，再说，这样的事情也未必就能那么容易在现场拿到证据。其实，大家心里也都明白，这场火灾来历蹊跷。可是戒日王并没有按照常规来行事，也就是说没有利用国王的权威骤兴大狱，追查起码是可能存在的纵火犯，而是截断众流，快刀斩乱麻，干脆把问题挑明。

戒日王认为，这场大火就是冲着玄奘来的。但现场有几十万人，来自不同的宗教派别，有着不同的信仰，想马上破案，一下子抓到纵火者，无疑于大海捞针。那么戒日王采取了哪些措施来解决保证玄奘的安全，来保障这场全印度规模的讲经辩论不受干扰地继续进行的呢？戒日王马上颁布了一道谕旨，口气极其地严厉：

> 邪党乱真，其来自久。埋隐正教，误惑群生，不有上贤，何以鉴伪？支那法师者，神宇冲旷，解行渊深，为伏群邪，来游此国，显扬大法，汲引愚迷。妖妄之徒不知惭悔，谋为不轨，翻起害心，此而可容，孰不可恕！众有一人伤触法师者斩其首，毁骂者截其舌。其欲申辞救义，不拘此限。

这道谕旨的意思是说：持有邪见的那伙人，长久以来混淆视听，以假乱真，没有大德法师，怎么能够鉴别真伪？现在有这样一位中土法师，气度恢弘开阔，见解道行都很高深，为了降服那些邪见之徒，来到印度，他弘扬大法，拯救愚昧迷惑的人。而妖妄之徒不仅不知道忏悔，反而图谋不轨，竟然起了谋害之心，是可忍，孰不可忍！你们当中如果有人胆敢伤害中土法师的，我就砍掉他的脑袋；有敢污蔑谩骂的，我就剁掉他的舌头！至于正常的学术理论探讨，不受这些限制。

由此看来，戒日王先不管这场火是怎么起来的，也不管这场火是谁放的，他先指明了，你们都别去招惹这位中土来的高僧。那么，戒日王为什么要发布这样一道针对性非常明确的谕旨呢？

我想戒日王是有不得已的苦衷的。

首先，在场的人非常多，情况也比较复杂，要想在短时间之内找到确定的纵火者绝对不是一件轻而易举的事情。戒日王很清楚这一点。

其次，既然整个案件不可能在短时间之内水落石出，而这样的大会在印度的传统当中又是一个举国盛事，当然不能因为受到一点点、还不十分明确的威胁就停止下来。

第三，不管这场大火是不是冲着玄奘来的，但是非常明白，作为这场大会的主角，玄奘的人身安全是必须百分之百地确保的，如果连论主都被谋害掉的话，更谈不上大会是否能正常继续了。

第四，按照印度的传统，任何一个国王，他都有义务保护和支持一切宗教。戒日王对大乘佛教的偏袒，早已经是世人皆知。所以他会补上"其欲申辞救义，不拘此限"这么一句话。

所以，戒日王是在这样一种很复杂的心理背景之下，才颁布了这么一道严厉的谕旨。这样严厉的谕旨当然会让潜在的玄奘的反对者望而止步，因为面对的是态度那么坚决、明确的国王。根据《大慈恩寺三藏法师传》记载，是"竟十八日无人发论"，即和前面的五天一样，接下来的十三天中，仍然还是没有人站出来跟玄奘讨论。

连续十八天无人应战，看样子玄奘胜券在握。就在这个时候，一波未平一波又起，大火的事情还没有结束，又一个意外事件发生了，辩经大会因此危机重重。那么，这两个案件之间有没有关联呢？

连续十八天竟然没有人发论,好像太平无事了,《大慈恩寺三藏法师传》留给我们的是就是这样一个印象。但是事情并非如此简单,根据《大唐西域记》的记载,接下来又发生了一个意外事件。就在那场大火以后不久,也许是戒日王的谕旨及其态度更加刺激了小乘佛教教徒和外道,引发了他们更为激烈的反弹。那些持不同意见的人,居然将刺杀的对象直接定为戒日王本人!

戒日王在扑灭大火以后的某一天,在大会的间歇时间里,忽发雅兴,率领各位国王登上佛塔,眺望观览。观览完毕,正在下台阶的时候,突然迎面冲过来一个刺客,手持利刃,直扑戒日王。戒日王当时十分狼狈不堪,因为塔的台阶是很窄的,国王即使有再多的护卫,在这样狭窄的地方也是排不开的,所以当这个刺客拿着利刃直扑戒日王的时候,戒日王也一下子暴露在这个刺客面前,完全没有防备。但是戒日王毕竟是一位久经沙场的名王,所以,他在刚开始一点点的惊慌以后,马上就镇定自若,临危不乱。他返身急速退回到佛塔的台阶上,保持了对刺客的居高临下的态势,一番搏斗之后,最终把刺客给擒获了。当时的随从大臣也都慌乱不堪,他们根本就无法援手相助。这场面还真有点像荆柯刺秦王。

活捉了刺客,那些在场的其他国王一个劲地喊杀,但戒日王并不接受这一要求,而是决定先审问一番。于是,戒日王就亲自对刺客进行了审问,他首先问道:"我有什么对不起你的吗?你居然要下这样的毒手?"

刺客说:"大王对臣民一视同仁,上上下下都受到您的恩德。但是我狂妄而且愚昧,不懂得大计,听信了外道的蛊惑,充当了刺客，打算刺杀大王。"（大王德泽无私，中外荷负。然我狂愚，不谋大计，受诸外道一言之惑，辄为刺客，首图逆害。）

戒日王接着问道："外道为什么会起这样的恶念呢？"

刺客说："大王您招集了各个国家的国王、大臣、高僧，耗尽了国库来供养沙门，铸造佛像。而外道他们也响应您的召唤，千里迢迢从四方云集到曲女城，却领受不到您的接见和询问，所以觉得很羞耻，于是就派我来行凶刺杀。"（大王集诸国，倾府库，供养沙门，镕铸佛像。而诸外道自远召集，不蒙省问，心诚愧耻，乃令狂愚，敢行凶诈。）

那么，戒日王就这样顺藤摸瓜，查到了由五百多个婆罗门组成的一个阴谋团伙，而这些婆罗门都是一些学问高深的人物，对戒日王推崇佛教、尊重沙门感到嫉妒和不满，先是用火箭射向宝台，引发那场大火，计划趁乱谋害戒日王，此计不成，才又派出这个刺客行刺。

很明显，这位刺客好像没有什么很强的意志力，戒日王一审问，他就招供了。那么，这样好像戒日王一下子就把两个案子都破了。然而在这里，我们就不能不对当时的历史有一点怀疑。刺客的出现、刺客的抓获、刺客的审问、刺客的供词这整个的事件，都让人感觉有些蹊跷。另外，在《大唐西域记》里头，当描写到戒日王抓获这位刺客的时候，特意用了四个字，叫"殊无忿色"。也就是说，戒日王的脸上居然连一点点愤怒的表情都没有，这就更值得怀疑了。当然，这里面也不排除戒日王的确心胸开阔、大慈大悲的这种可能。但是如果换个角度看，似乎也很有可能是另外一个情况，什么样一个情况呢？戒日王在短时期内没有办法查获前面的这一场纵火案，而且他也知道，自己对大乘佛教的支持引发了国内很多小乘信徒和婆罗门外道的不满，他肯定也听到一些他们对自己的不满之辞。因此，在这个时候，他内心基本认定这一场火可能就是外道放的，道理很简单，佛教徒是不会放的。同时，他也正好可以借此机会立威。所以说，是不是整个刺杀事件就是戒日王自导自演的一出戏？也就是从所谓刺客的派出，到刺客的抓获，再到刺客完全几乎是按照戒日王心愿提供的供词，是不是都是戒日王一手安排的？

前面已经说到，戒日王在抓到这位刺客的时候，脸上连一点点愤怒的表情都没有，这是疑点之一。另外，戒日王对刺客的处置方法也不禁让人生疑。我们想一想，一个刺客在全国性的那么重要的大会上刺杀国王，再怎么说也是死罪难逃，区别不过是死的方式不同罢了。但是戒日王居然没有处死这位刺客，就这么不明不白地把他放掉了。这是疑点之二。此外，整个事件处理的结果也比较独特。戒日王马上去抓了那五百个婆罗门，那些国王照例请求戒日王全部将其诛杀，结果把显示宽宏大量的机会又留给了戒日王。戒日王只惩罚了为首的婆罗门，而把其余的驱逐出印度境外，就算了结了此事。

我们当然不能妄加猜测，但是，恐怕未必就没有这种可能吧。历史的真相我们永远无法再了解，但是里面的疑惑我们当然有权力提出来。

那么，重重危机过后，这场声势浩大的辩经大会，最终正式的结果是什么呢？

结果当然是由戒日王宣布玄奘获得胜利，但是这个赢恐怕是惨胜，赢得并不那么轻松。在宣布玄奘获胜以后，玄奘发表了一大段讲演，当然不外乎是称颂、赞叹大乘佛教的伟大。这一段讲演使得当场很多的外道和小乘信徒转而皈依大乘佛教，这种现象在印度也是常见的。这么一来，玄奘当然就更让倾向于大乘佛教的戒日王刮目相看了。

根据记载，戒日王当场就施舍给玄奘金钱一万，银钱三万，上等衣服和各种法衣一百套。旁边那么多的国王，当然也是随喜大量施舍，但是玄奘谢绝了一切物质上的施舍，这一点记载上很清楚。不过，玄奘虽然也表示了谦谢之意，但是最终还是接受了一样东西。那是什么呢？

按照印度的传统，辩论的胜方要得到一种礼遇，就是要挑一个很漂亮、很高贵的大象，然后在大象的背上装饰起光辉灿烂的宝座，请他坐上去，然后派大臣（有时候是国王）步行跟在这头大象前，在街上巡游，要高声赞叹，称颂象背上这位大师所取得的伟大胜利。戒日王当然按照这个传统全部准备好了。但是很有意思，从记载来看，玄奘他自己并没骑上这头大象，他先是表示谦让，但戒日王说："古来法尔，事不可违。"意思是说，这是我们这里从古以来的规矩，是不可违背的。接下来，《大慈恩寺三藏法师传》也没有记载说玄奘就骑上了大象，而是由很多大臣举着玄奘的袈裟，大声地宣告并赞叹穿这件衣服的人取得了伟大的胜利：

乃将法师袈裟遍唱曰："支那国法师立大乘义，破诸异见，自十八日来无敢论者，普宜知之。"

那么我们可以发现，玄奘虽然接受了这个荣誉，因为这是自己应得的，但是他本人却没有骑上向胜利者表示礼遇的大象。这是表示一种谦虚呢，还是表达一种反面的意思呢？这个谜就留给大家去猜测了。

依靠自己的博学和高超的辩论技巧，玄奘赢得了最后的胜利。那么，全印度的佛教高僧们，又会把一个大唐留学生推举到什么样的地位呢？这又意味着玄奘在佛教界拥有了怎样的地位呢？

在曲女城的辩论大会上，玄奘赢得了最后的胜利。按照印度的规矩，这个时候，印度的众多的宗教界人士就纷纷给玄奘要奉上尊号，记录下来的玄奘的称号有两个：第一个是大乘佛教徒称玄奘为"摩诃耶那提婆"，意为"大乘天"，大乘佛教里面的顶级人物。大家还应记得，当时玄奘在那烂陀寺应对打上门来的那个顺世外道的时候，他说自己的名字是"摩诃耶那提婆奴"，谦称自己是大乘天的一个奴仆，而现在全印度的大乘僧人直接称玄奘为"摩诃耶那提婆"。第二个，是小乘佛教徒也给玄奘敬上了一个尊称，叫"木叉提婆"，意为"解脱天"，小乘佛教里面的顶级人物。我们还记得，在龟兹的时候，玄奘跟木叉毱多有一个辩论，那木叉毱多又叫"解脱户"，意思就是我保证能得到解脱。玄奘以获得这两个称号为标志，达到了他西行求法留学生涯的顶峰。

我们知道，玄奘在参加曲女城大会之前，已经决定回国了。他之前也已经正式地向那烂陀寺的僧众告别过了，而且玄奘看来也把多年留学印度收集的佛经、佛像和行李随身带到了曲女城。

玄奘圆满地结束了自己的留学生涯，维护了那烂陀寺的声誉，维护了大乘佛教的声誉，当然，也树立了自己的崇高声誉。现在，已经到了最合适回国的时候了。

就在大会结束的第二天，玄奘就向戒日王辞行，表达了急于回到自己祖国大唐的心愿，那么戒日王是不是答应了玄奘这个请求？玄奘是在怎样的一种情况下开始了回国的旅途？请看下一讲"东归轶事"。

第三十讲

东归轶事

曲女城大会结束后,玄奘向戒日王提出马上启程回国的要求,可是,戒日王哪里肯放过这样一个高僧,鸠摩罗王也希望玄奘能够接受自己的供养。这时的玄奘用什么办法,才能实现自己回国的愿望呢?

在曲女城大会结束的第二天,已经圆满得不能再圆满地结束了自己西行求法生涯的玄奘,就正式向戒日王提出了打算回国的愿望。但是,戒日王并没有答应,相反,他邀请玄奘到另一个地方去参加一场"无遮大会"。这是戒日王所举办的第六次"无遮大会",为期很长,共需七十五天。这当然是和急于回国的玄奘的意愿相抵触的,但是,这样的邀请却也是玄奘很难回绝的。道理在哪里呢?玄奘自己回答戒日王的话就足以说明了:

> 菩萨为行,福慧双修,智人得果,不忘其本。王尚不吝珍财,玄奘岂可辞?少停住,请随王去。

看来,玄奘始终清醒地意识到自己作为一个僧人身上所应该担负责任。这次大会场面当然也是非常地宏大。七十五天过去了,玄奘再次向戒日王辞行,却依然没有马上得到允许。玄奘的威望在五印度如日中天,现在戒日王当然希望这位高僧能够辅助他来弘扬佛法。于是,玄奘归国的日期这一拖,又拖了十几天。

在这十几天里头,原来对佛教的信仰并不是那么专一和明显的鸠摩罗王,也来找玄奘,并且对玄奘承诺:您如果愿意经常住在我鸠摩罗王统治的国家里,接受我的供养,那么我也信奉佛教,并且还会为师父您建造一百所寺院。

玄奘一看,回国的事情又要发生波折,内心当然非常地着急,这是他在此刻最不愿意看到的情况。历史记载告诉我们，在心急之下，玄奘向各位印度国王发出了"苦言"，也就是苦难之苦，几乎是哀求他们放行：

> 支那国去此遐远，晚闻佛法，虽沾梗概，不能委具，为此故来访殊异耳。今果愿者，皆由本土诸贤思渴诚深之所致也，以是不敢须臾而忘。经言："障人法者，当代代无眼。"若留玄奘，则令彼无量行人失知法之利，无眼之报，宁不惧哉？

意思是说：支那国离这里路途遥远，听闻佛教的时间比较晚，虽然略有所知，但是毕竟不完备，所以我才前来印度求法。现在我总算可以说是达成了心愿，都是我的祖国的那些善男信女心诚的缘故啊，所以我时刻不敢忘记他们。经书上说："障人法者，当代代无眼。"你们如果强行留住我，就会让我祖国的善男信女失去了解佛法的利益，难道就不怕无眼的报应吗？

"障人法者，当代代无眼"，这是一个讲因果报应的话，也就是说，只要你阻碍别人听闻佛法，就会有一种恶报，这种恶报是世世代代都变成无眼之人。玄奘说，你们如果强行地留住我，就会让我祖国的善男信女中失去了解佛法、学习佛法的利益，难道就不怕"无眼"的报应吗？话说到这么决然的份上，戒日王也是明白的，也就不再强留。他就问："不知师父您准备从哪条路回去？如果师父您取道南海的话，我当发使相送。"这条记载表明，戒日王原来是打算正式派出使者和随行人员护送玄奘由海路返回唐朝。我们知道，在唐朝，中印之间的海路交通已经相当发达，从南印度或者东印度的港口出发，到今天的广州或者福建沿海上岸，这条路相对来说，无论从时间和体力的消耗、旅途的安全性，以及随身物品运输的便利性来讲，都是一条更好的道路。

那为什么玄奘偷渡出关西行求法的时候没有走海路呢？我想无非是这么几个原因：第一，因为玄奘偷渡出关的时候，唐朝还在开国的初期，玄奘可能对海路的情况不太了解；第二，由港口出境，偷渡更为困难。所以玄奘出境的时候选择的是危险、困难大得多的陆路。

现在情况不同了，由印度最强大的国王官方相送，照理是应该选择海路回去的，但玄奘并没有接受戒日王的建议和好意。

海路又安全又快捷，归心似箭的玄奘随身带了那么多的经书、佛像等物品，他为什么不接受戒日王的建议，由海路返回呢？

玄奘对戒日王解释道："我开始出国的时候，经过唐土的西部边疆，有个国家名叫为高昌，那里有个国王非常信奉佛法，听说我要到这里来求发，非常高兴，而且给了我很多资助。我曾经跟他相约，等到我回去的时候，要到他那里停留。所以我不能选择海路，必须由原路返回。"（玄奘从支那来，至国西界，有国名高昌，其王明睿乐法，见玄奘来此访道，深生随喜，资给丰厚，愿法师还日相过，情不能违，今者还须北路而去。）

从这个解释也可以看出，玄奘信守承诺、珍惜友谊的行事风格，为了履行多年前的诺言，不惜承受更多的路途艰辛，这当然是一种难得的品德。我们不知道，倘若玄奘知道他的那位王兄高昌王麹文泰因为和唐朝发生冲突已经忧惧而亡，是不是会选择海路返回唐朝，以避开高昌这块伤心之地。

那么，戒日王就问玄奘："你这一路上需要多少费用？"当然，他很愿意来提供资助。玄奘的回答是："无所须。"他什么都不要。虽然如此，戒日王还是施舍了大量的金钱和物资，以供玄奘路上使用。根据记载，戒日王提供了金钱三千、银钱一万，而且还专门为玄奘挑选了一头大象，供他一路骑乘返回唐朝。鸠摩罗王也施舍了很多东西，但是玄奘一概谢绝，只选择了一件雨衣，是用动物的细毛织成的，能够让雨水停不住，作为途中防雨所用。

玄奘启程离开渡过了难忘的求法留学岁月的印度，开始踏上返回自己祖国的旅途。在这个当口，正好用上李商隐的一句非常有名的诗——"相见时难别亦难"。我相信，玄奘当初求法到达印度很难，跟戒日王相见也很难，跟戒贤法师相见也很难，今天告别的时候当然同样地艰难。而以戒日王为首的印度国王们率领臣下送出几十里，挥泪分别，时间是贞观十五年（641年），此时玄奘四十二岁。

玄奘从贞观元年（627年）冒着生命危险偷渡出关，远赴西天取经，如今，十五年的光阴过去了，人到中年的玄奘终于求得正法，载誉而归。玄奘在来的时候，一路上历经磨难，九死一生，那么他在东归的途中，会一路平安，无灾无难吗？

东归大唐的旅途比起西行求法的旅途，当然不再那么艰难，因为有印度整个强大国王的支持。同样也参加了曲女城大会和无遮大会的一个北印度国王,现在也准备返回自己的国家,所以就让玄奘跟着他的军队鞍乘渐进,也就是说骑着这个大象慢悠悠地往前走。而令人感动的是,当玄奘已经上路三天以后,戒日王和鸠摩罗王居然又率领着几百骑的人马追赶上来,再次和玄奘告别。同时,戒日王专门增派了四名官员带上盖有戒日王王玺的王书,送往沿途各国,命令他们派马相送,保证一直把玄奘送到汉境。

在这样的保护下和物质条件的保障下,玄奘东归之路一般来说是比较轻松和安全的。从留下来的史料里看,玄奘一路还优哉游哉地顺道访问了好多佛教圣地,有时候还会停留个把月,应当地僧俗的要求讲经说法。同时,还有很多要从印度往北方走、往中亚走的僧人加入到玄奘这个队伍里来结伴而行,所以这支队伍后来就变成浩浩荡荡的旅行团了。

但是,当玄奘一行准备渡过信度河(即今印度河)的时候,遭遇了一场很大的灾难。信度河河面广阔,宽有五六里,玄奘让经典和佛像和其他的人分别乘坐船只渡河,而玄奘则骑在大象的背上渡河。当船行到河流中央的时候,突然风波大起,船剧烈地晃动起来,几乎沉没,船上负责看守经书的人也掉到了河里。结果,人是救起来了,但是却损失了五十夹(印度的佛经是用上下两块木板夹着里面一页一页的经书,所以以"夹"为记数单位)经书和打算带回唐朝的所有的印度奇花异果的种子。

我们曾经多次说过,《西游记》当然是以玄奘西行求法为母体和灵感的主要来源。但是,《西游记》终归是一部小说,是中国文学史上首屈一指的、展示作者空前绝后的想象力的一部作品,因此，和大家一般认识不同的是，《西游记》和玄奘的真实事迹相差极大。实际上，《西游记》和玄奘西行的历史关联很小。然而，就是在渡河失经这件事情上，我们惊奇地发现，《西游记》里的描写和历史的事实出现了很少见的密切的相似。

在小说《西游记》中，唐僧西天取经一共遭受了九九八十一难，而渡河失经就是最后一难。唐僧师徒四人取经回来必须渡过一条大河，因为忘记了替大白癞头鼋问佛祖一句话，被大白赖头鼋生气地抛入水中。那么在真实的历史中，玄奘在渡印度河时，是什么原因导致平静的河面突然风浪骤起呢？

大家知道，《西游记》一共是一百回，在第九十九回"九九数尽魔灭尽　三三行满道归根"里面，唐僧渡河失经，就是他西天取经九九八十一难的最后一难。其中，把船弄翻的是一个成了精会讲话的大白赖头鼋，而那条河在《西游记》叫"通天河"而不叫"信度河"，但是讲的事情确实是经书落水。更为重要的是，我们如果来考量历史事实的话，这也确实是玄奘经历的最后一难了，《西游记》把这件事放在九九八十一难的最后一难也是有道理的。玄奘从此往后尽管也并不是一马平川的，但是应该说是没有什么大灾大难。玄奘回到唐朝以后，当然还有很多事情可以讲，但是《西游记》也就在九九八十一难以后的一百回就结束了。

想来玄奘一行肯定被这次灾难弄得狼狈不堪，当他们渡过信度河，正在哀叹惨重损失的时候，玄奘惊喜地发现，迦毕试王已经亲自在河对岸等着玄奘了。迦毕试王问玄奘："听说您在河里丢失了经书?"玄奘说:"是的,我损失了五十夹。"迦毕试王就接着问道:"你是不是随身带了好多别的东西,比如印度的奇花异果的种子?"出家人不打诳语,玄奘坦然承认了。迦毕试王就告诉玄奘:"就是因为这个,才导致了这次翻船事故,但凡有人打算把这些印度仅有的奇花异果偷带出国的话,就要翻船。"这个说法信看似有些迷信,但是他们当地一定也遇到过不只一次这样的事件,所以慢慢的形成一种所谓的经验之谈。

损失了那么多的经书,玄奘除了懊恼也没有办法,于是就接受了迦毕试王非常殷切的邀请,在当地的一座寺院里停留了五十多天,派人到离此不远的乌长那国去补抄佛经。所以我们要知道,玄奘西行求法带回来的佛经并不是完全从印度带回来的,他沿途还在别的地方补抄过,经书还损失过。

其间,迦湿弥罗的国王听说玄奘驻留于此,也闻讯赶来相见,可见玄奘声望之一斑了。此后,玄奘就随迦毕试王继续向西北方向前进。一路经过的国家,都受到规模不小的欢迎。迦毕试王还仿效戒日王的做法,为了向玄奘表示敬意,特意为他举行了七十五天的"无遮大会"。大会结束后,从历史记载来看,这位迦毕试王依然伴随着玄奘,一直把玄奘送出了国境。在出境时,又为玄奘举行了七天布施大会,这才和玄奘道别,并且还派了一位大臣带领一百多人,护送玄奘翻越大雪山。我们大致可以说,就是他把玄奘送出了印度国境。

不过,看来迦毕试王派出的人马只是在大雪山里送了玄奘一行一程而已。然后,就是玄奘在中亚的这些崇山峻岭之间穿行奔波。玄奘对这些地方基本上都是熟悉的,途中有遇到故人后代的惊喜。比如他又一次遇见了叶护可汗的孙子，他也用他爷爷的官衔"叶护"来称呼自己。

玄奘在东归的途中，也记录了一些非常独特的风俗，留下了很多非常珍贵的记载。

比如在睹货逻国故地的一个地方，玄奘发现那里的风俗跟突厥很相近，当地的妇女在头上都戴着木头做的角，有三尺多高，一个表示公公，另外一个表示婆婆。如果公公去世就锯掉一个，那么就剩一个角了，婆婆再去世又锯掉一个。如果公婆全部去世，妇女就不戴帽子了（其妇人首冠木角，高三尺余，前有两岐，表夫父母。上岐表父，下岐表母，随先丧亡除去一岐，舅姑俱没，角冠全弃）。

玄奘见到这个风俗的国家叫呬摩呾罗国（Himatala），意思是"雪山下"，也有的学者认为是梵文对 Hephthal（嚈哒）的转音，也就是所谓的白匈奴了。这个民族的妇女首冠木角，就是头上带着木头的角，在《魏书·西域传》中有这样的记载：

> 嚈哒国，大月氏之种类也。……风俗与突厥略同。其俗兄弟共一妻，夫无兄弟者，其妻戴一角帽，若有兄弟者，依其多少之数更加角焉。

意思是说它的风俗也跟突厥差不多，但是接下来这个角所表达的意义就不一样了，"其俗兄弟共一妻"，因为那里的少数民族的习惯是，无论多少的兄弟都只娶一个妻子，这是一种古代西北少数民族的风俗。所以这个女子戴的这个帽如果丈夫是独子，她等于嫁给一个人，戴个独角帽；那如果丈夫比如有三个兄弟，那就要带四角帽，上面要带四根角，这是当时的记载。

那么这就可以看出，或许是玄奘匆匆而过，所闻未必确实，但更大的可能也许是当玄奘到达这里的时候，这个风俗在这个两三百年之间已经发生演变，这几个角的象征意义已经不一样了，所以这个记载大概在民俗学上非常重要。

另外，玄奘在中亚的崇山峻岭里面，还留下一个关于国家的记载，这个国家用汉字写出来叫"至那提婆瞿呾罗"或"脂那提婆瞿怛罗"（Cina-deva-gotra），意为"汉日天种"，就是说，这个国家的子民是汉人和天上的太阳所繁衍的后代。但是这个地方离当时中国汉族人的居住地还非常遥远，而且天上的太阳又怎么能和汉族人繁衍出后代来呢？

玄奘记载说，在很早以前，也就在玄奘之前还很久，在波斯更西方的那个地方（今天伊朗一带），有一个国王派人从汉族地区迎娶王后（中国和波斯之间往来在古代一直是非常密切的），到达葱岭之间的这种非常险峻荒芜的山谷里的时候，也就是玄奘到达的这个崇山峻岭某一个山谷里面，周围的国家突然发生战乱，那道路就不通了。使臣就把这个未来的王后，安置在一个孤零零的、非常险峻的山顶之上，自己就率着这个迎亲的队伍在山脚下扎营，以保卫王后，等躲过这场兵难之后，再送王后回到波斯去跟国王结婚。他在山脚下带着随从日夜巡逻，严格地守卫，大概等了三个月，兵乱结束，大家准备上路了，突然发现这位没有见过国王的王后居然怀孕了。那这还了得？所以这位使臣就对属下说："国王命令我们迎娶王后，谁料到遇见这场兵乱，在这没有人烟的荒山野岭，朝不保夕。我王有德，总算保佑我们躲过了兵祸，现在可以回国复命了，但新王后竟然怀孕了，这还不要了我们的命吗？到底是谁干的，你们大家推出一个人吧，等着伏诛吧！"这下子哗然，谁都不承认，所以嚷嚷半天也搞不清楚这罪魁祸首是谁。

这个时候，王后身边有一个侍女站出来，说："你们也别嚷嚷了，这跟你们没关系。她是和神交会啊。每天中午，都有一个男人从太阳的光环里面骑着骏马乘马来到这里，和王后相见。"可是，使臣依然觉得无法向国王交代："就算是这样吧，又怎么能洗刷我的罪过呢？回国一定被砍头，留下来一定会被波斯国王讨伐，进退两难，到底怎么办好啊！"大家都说："哎哟！倒也是，这是天大的事情啊，谁去被砍头呢？我们就待罪境外，混日子吧！"

于是，他们就在这个山峰上营造了宫殿，一共有方圆三百多步，可见规模也不大。就这样先待下来，先立这位没有见到国王就怀孕的王后为主，那这王后后来生下一个儿子正式做了国王，这个国王看样子很有能力，长大以后就不停地发动战争，征服了周边很多小国。更有意思的是，这个国王死了以后，葬在一个山洞里面，等玄奘到的时候尸体都没坏，形成一种像木乃伊的干尸（干尸在新疆是很多的，在新疆我们去考古的时候，发现过大量的干尸，因为环境什么比较干燥，很容易保存），一直在接受后人的鲜花供养。那么，既然母亲是来自汉土的，父亲又是天上的，从太阳那边来的，所以这个王族就自称"汉日天种"了。

玄奘非常详细地记载下他一路所见所闻的一个又一个神奇的

传说，为中亚乃至西域一带的历史留下了宝贵的资料。走过了中亚的崇山峻岭，玄奘离自己的祖国大唐越来越近了，这时，他来到了东归途中的一个重要的地方。

贞观十八年（644年），玄奘抵达了于阗，也就是今天的新疆和田。于阗对于玄奘来说，是一个极其重要的地方。这个地方揭示了中外文化交流史上好几个具有重要意义的秘密。

玄奘究竟在于阗记录下了哪些东西？在于阗玄奘又做出了什么重要的举动呢？请看下一讲"游子还乡"。

第三十一讲

游子还乡

当玄奘到达于阗后，怀着复杂的心情，托人给大唐朝廷带去一份表文。在表文中，玄奘一方面坦承自己当年是偷渡出境的，另一方面表达了自己回归大唐的诚意。大唐朝廷将会怎样对待这位东归的求法僧？而当玄奘日夜兼程赶到长安时，他又遇到了什么意想不到的事情呢？

贞观十八年（644年），玄奘到达了于阗（今新疆和田），于阗对于玄奘来讲，是一个具有特殊意义的地方。玄奘在这里给我们留下的记载，是我们理解古代于阗的一把重要钥匙。

于阗的名字，玄奘称它为"瞿萨旦那"（Gostana），意思是大地乳房，很奇怪的一个意思。我们会觉得很难理解，为什么一个国家一个地方会取这么一个奇怪的名字？玄奘告诉了我们其中的奥妙所在。这里有一个非常古老的传说：古代于阗有一个国王，年老无子，所以眼看着于阗王位的传承就要断绝，所以他就向古代印度的一个神去祈请，希望他能够赐给于阗一个王子。王子果然出生了，但不是由王妃所生，而是从这位国王的额头上剖出来的。王子诞生以后，由于没有乳汁去喂养他，这时，就在这个神像脚下的地面上突起两个土堆，像乳房的形状，小王子就趴在上面吮吸着大地的乳汁长大起来，所以于阗就有了这么一个名字。

玄奘的观察力极其细致，在于阗他不仅注意到这里的国王，还注意到这里的老鼠。据当地人说，这里的老鼠，一个个都像刺猬那么大，其中有金银杂色鼠毛的，则是鼠群的首领，它每次出行时，鼠群排成队列跟随着它，显得非常威武（此沙碛中鼠大如猬，其毛则金银异色，为其群之酋长，每出穴游止则群鼠为从）。看来，那里的老鼠完全不怕人，也根本不觉得谁敢来打搅它们。

为什么会在于阗出现这样的情况？玄奘有这么一段记录：曾几何时，有几十万匈奴大军攻击于阗，而于阗的军力非常微薄，完全抵抗不了匈奴的进攻，根本难有胜利的希望，整个国家惊慌不堪。国王求神无门，急切之中想到了老鼠，人不够，拿老鼠来凑。于是焚香祈祷，希望于阗的老鼠能够化身为千百万雄壮的军队，能够帮他的忙，来抗击几十万强悍的匈奴军队。这不是病急乱投医吗？谁知道这一香还就烧出结果了，国王在当晚做了一个梦，梦里来了一只硕大的老鼠，说我们鼠辈一定奉命帮忙，你放心整顿军队，明天主动出击，我们这些老鼠保证一定赢。国王别无他法，决定姑且一试。第二天他就命令自己人数非常少的军队向匈奴的军队主动出击，匈奴匆忙应战，却发现自己的马鞍、衣服、弓弦，只要是绳状的东西都被老鼠咬断，于是战斗的结果可想而知，于阗的军队大获全胜。从此往后，老鼠在于阗就成了地位非常特殊的居民，它有专门的庙宇和祠堂，以供人们来向这些老鼠献祭：

> 上自君王，下至黎庶，咸修祀祭以求福佑。行次其穴，下乘而趋，拜以致敬，祭以祈福。或衣服、弓矢，或香花、肴膳，亦既输诚，多蒙福利。若无享祭，则逢灾变。

由此看来，那里的老鼠日子非常好过，既没有人来伤害它们，又经常有东西供养它们，而且，老鼠要是不享用这些供奉，人们还会感到不安，认为将有灾难降临。

古代的于阗是中国通往西方的交通要道，而玄奘关于于阗的另一个传说的记载，则更加有力地证实了中华民族古老的文明，对于西方世界文明发展的重大影响。

玄奘在于阗记载了一座寺庙，叫麻射寺，是一个于阗的王妃建造的。我们知道，古代的于阗是不懂得种植桑树的，那当然也不知道如何养蚕，如何缫丝，于是于阗的国王就向汉地的帝王请教种桑养蚕缫丝的技术。但这是当时中国最核心的商业机密，丝织业是中国对外贸易的支柱产业，在当时丝绸是中国最大的出口产品，占有垄断地位，古代中国的帝王是有相当强的技术保密意识的。这个丝绸的秘密当然不能轻易告诉于阗国王。于是于阗国王摆出非常谦卑的姿态，向中国公主求婚。我们知道汉族的帝王是非常愿意怀柔远人，就答应了。于阗国王派人来迎娶的时候，就让使臣对公主说，你是中国的公主，你穿惯了美丽的丝绸衣服，可是我们于阗没有，我们于阗根本不知道如何缫丝，请公主想办法把桑树的种子带来。或者是这位公主还没过门就已经开始为夫家考虑，或者是出于爱美之心，反正这位公主就在出嫁的时候，已偷偷把桑树的种子和小蚕藏在自己的帽子里。出关时，关卡上的人搜遍了所有的箱子，但是却不敢动公主的帽子，于是乎，丝绸的秘密就首先泄漏到了中西交通的重镇于阗。而这座寺院就是最早种植桑树的地方。从此，丝绸的秘密就从新疆于阗传到了西亚，传到了欧洲，中国人的专利垄断权化为泡影。玄奘去参观这座寺庙时，还在院子里见到几株枯桑，据说那就是中国公主带来的桑树种子培育出来的。

　　于阗是当时西域佛教，特别是大乘佛教的中心，玄奘对于阗是非常重视的。当他进入于阗的疆域之内，先在边境停留了整整七天，等到于阗国王得到消息，亲自赶来迎接。而于阗国王，不仅是亲自赶到边境迎接玄奘，等见到玄奘以后又赶紧返身再往回跑，回到于阗国都，在国都布置欢迎玄奘的盛大仪式。同时，他留下自己的王子陪伴玄奘，两天以后国王又从都城派出重臣，迎接于途。这也表明，于阗国王对玄奘的光临是何等的重视。

然而，也就在这个时候，玄奘从由高昌来到于阗经商的高昌人马玄志口中，得到了麴文泰的死讯。于阗离吐鲁番不远，玄奘到达这里的下一站就应该去看望他这位异姓哥哥，而就在这个当口却得到了麴文泰的死讯，玄奘的心情可想而知。为了和这位王兄的约定，玄奘谢绝了戒日王替他安排的由海路回国这个计划，专程绕道从陆路返回，为的就是要见麴文泰一面，和他这位王兄分享一下西行求法成功的喜悦，回报当初最困难的时候对他的支持，可惜这一切已经不可能再付诸实现了。所以玄奘选择了天山南路作为回来的路，黯然决定从于阗直接回国，不再经过高昌这个伤心地。

在出发离开于阗以前，玄奘还做了两件非常重要的事情。第一，由于在渡信度河的时候，也就是《西游记》里面所谓"通天河"的时候，损失了五十夹佛经，玄奘利用在于阗停留的机会派人到龟兹、疏勒一带补抄。第二，先行委托这个高昌人马玄志，利用马玄志跟随商队前往长安经商的机会，上书唐朝有关方面，禀报自己求法归来的消息。

我想玄奘是经过了深思熟虑的，他在印度那么多年，无时无刻不在考虑他回国怎么来处理这件事情，大家别忘了他是偷渡出国的。一来他自己随身携带的经卷数量不小，没有官方的支持是很难运送的。第二，自己当年是不顾唐王朝的禁令偷渡出境，现在虽然是载誉而归，那总得探一探官方的态度再决定自己的行动，以此为礼，所以我们讲玄奘是一个心思很细的人。玄奘上的表文，今天还保留着，辞藻相当的华丽，在里边玄奘坦然地承认他当初是"冒越宪章，私往天竺"，是违反规定，私自到印度去的，并简单地叙述了自己西行求法留学的历程。至于到达了于阗，为什么不日夜兼程赶赴长安，玄奘在表里面也提供了解释，"为所将大象溺死，经本众多，未得鞍乘，以是少停"，所以才"不获奔驰，早谒轩陛"。玄奘这头戒日王送给他的大象在西域的崇山峻岭中，有一次因为遇见强盗奔逃，失足从悬崖上掉到山谷底下的河里摔死，所以玄奘没有了运载工具，只有能够在这里稍作停留，无法日夜兼程赶赴长安。但是他也表明，自己的内心已经迫不及待地渴望回到祖国（无任延仰之至）。他在于阗派人把这道表文带到了长安，唐朝的官方答复当然不可能在很短时间到，于是玄奘趁在于阗等待消息的期间，为成千上万的人讲经说法，弘扬大乘佛法，大约七八个月以后，有使节回来了。

根据《大慈恩寺三奘法师传》，使节带来的不是一般的文书，而是唐太宗的敕令，也就是官方的正式文书：

> 闻师访道殊域，今得归还，欢喜无量，可即速来与朕相见。其国僧解梵语及经义者，亦任将来。朕已敕于阗等道使诸国送师，人力鞍乘应不少乏，令敦煌官司于流沙迎接，鄯善于沮沫迎接。

这件敕令的意思很清楚：皇帝听说法师在异国他乡求法，今天终于回来了，欢喜无比，欢迎法师赶紧来与我相见。如果法师还有域外随行的通晓梵文和佛教经义的僧人，请法师做主把他们也带过来。除了给法师这道敕令以外，我还下令于阗等这些地方派人护送法师回国，人力和运载工具应该不会缺乏，还命令敦煌的官员在流沙迎接，鄯善方面在沮沫迎接。

这就等于官方正式的表示，不仅不追究当年违禁偷越国境之罪，还表达了一种热切的、真诚的企盼与期望。至此，玄奘应该是彻底的放心了，于是玄奘不再停留，马上启程赶赴自己阔别多年的祖国。

玄奘到达沙州（今敦煌附近），进入今天的甘肃境内，又一次奉上表文，报告自己的行程了。当时唐太宗并不在长安，而是在洛阳，那时候他在准备发兵进攻辽东地区，所以把总指挥部设在洛阳。看到了玄奘的表文，唐太宗便命令当时留守西京长安的左仆射梁国公房玄龄，负责安排迎接玄奘的一切工作。

玄奘听说唐太宗马上要率兵出征，担心赶不上见面，就日夜兼程从敦煌赶赴长安，谁知道这一赶，却赶出大麻烦来了，这是怎么一回事呢？

唐太宗贞观十九年（645 年），我们后人，我们一千三百多年、将近一千四百年后的后人，请记住这个年份，这年我们的玄奘四十六岁。还有这个特别的日子，正月二十四日，请大家记住，因为这不是漫长的历史场合当中简简单单的一天，那一年的这一天我们的玄奘倍途而进，兼程赶路，到达了长安西郊。终于回来了，在 645 年，离开自己祖国将近二十年，九死一生、历经磨难后,玄奘终于回来了。

这里是玄奘当年启程出发的地方,显然他比非常具有管理水平的房玄龄预计的时间要早了很多,谁都没想到玄奘在正月二十四就赶了回来,所以官司不知迎接,又没有派人在长安的西郊等着玄奘,弄了一个措手不及,计划中准备的所有迎接仪式都没有用上。但显然,玄奘的归来,在当时西安的百姓看来,是一个属于唐朝全体人民的节日,所以官司固然是没有来得及迎接,但是玄奘要归来的消息,已经在民间不胫而走。玄奘的名字已经传遍了长安,所以,当百姓们发现一个风尘仆仆的僧人,一路尘埃地出现在自己面前的时候,他们马上就知道,这是玄奘。所以记载上有这么十六个字:

自然奔凑,观礼盈衢,更相登践,欲进不得。

长安西郊的老百姓蜂拥赶到那里,不但把道路都给堵塞了,而且发生了踩踏事件。玄奘已经没有办法前进了,只能在那里停留一日,不然的话,玄奘进入长安城门的日子不会是正月二十五,而应该是正月二十四。不过,这个偶然出现的情况,也给房玄龄派高官前来迎接准备了时间。房玄龄也知道,皇帝的圣旨下令要你准备迎接,自己却没有按正规的礼仪迎接,这不是失职吗?所以二十五日,玄奘正式地进入了长安的城门。

当时人群沸腾的场景我们今天还是不难想象,这有很多的历史记载。第二天,在房玄龄的安排下,各个寺院准备欢迎玄奘,把玄奘历经千辛万苦在印度求得以及失落后在各地补抄的经典,护送到中国的第一大寺——长安的弘福寺。在那一天，当时全世界绝对排名第一的繁华无比的长安，成了欢乐的海洋。这一天，也是中国佛教史上的重要节日，是古代中外文化交流史上的重要一天。在长安最繁华的朱雀街，相当于今天北京的长安街，举行了全城的欢迎大会，公开展示玄奘西行带回来的佛经和珍宝，让长安的官民共同观赏。

在中国，没有人不知道唐僧西天取经这回事，这当然归功于《西游记》，但是唐僧到底带回来多少经典呢？这就很少有人知道了。其实，这在历史上是有明确数字记载的，玄奘不光是带回自己所信奉的佛经，他还带回来大乘佛经、小乘佛经、因明论、声明论，讲解印度辩论技巧、讲解印度逻辑、讲解古代印度梵语语言学的书，一共五百二十夹。大家如果现在到雍和宫去看藏文佛经，还是这样夹着的。五百二十夹，六百五十七部，数字非常精确。同时还有如来佛肉舍利一百五十粒。舍利分各种各样，有血舍利，有肉舍利，这是不一样的。他带回来的是一百五十粒如来佛肉舍利，还有各种佛像七尊，展览完毕以后，再送回弘福寺，当时全城的百姓奔集而来，"始自朱雀街内，终届弘福寺门，数十里间，都人士子、内外官僚列道两旁，瞻仰而立"。万人空巷，等于在长安街两边站满了人，官民不分，瞻仰这一支队列。房玄龄看到人那么多，担心出事，就下了一道死命令，"各令当处烧香散花无得移动"。全部给我原地站着，你烧香归烧香，散花归散花，但你的脚别动，严防再次出现踩踏事件。

那么在这样的关键时刻，我们的主角玄奘呢？他人在哪里呢？在不在人群当中，在不在这个队伍里面呢？我们惊讶地看到，《续高僧传》又是用十六个字留下一段让我们非常敬佩的记载：

> 独守馆宇，坐镇清闲，恐陷物议，故不临对。

他一个人静悄悄地坐在一个房间里，非常清醒。他怕世俗的人对他太过崇拜，所以玄奘根本就没有出现在任何欢迎的场合里，也就像他在曲女城大会后根本没有骑到大象的背上一样。在这里，我们感受到玄奘的自我克制和谦虚，同时我们难道不能领会到，回到自己祖国的玄奘是真正看透了世俗人情，在这里面，难道没有一丝难言的苦涩吗？

接下来，玄奘马上就要赶赴洛阳，和开创一代伟业的君主唐太宗李世民见面。这两位历史上彪炳千秋的著名人物会面，会是怎样的一种情景呢？请看下一讲"会见太宗"。

第三十二讲

会见太宗

645年玄奘终于回到了久别的长安，长安城万人空巷，争相一睹这位高僧的风采。唐太宗得到玄奘到达的消息后，传令玄奘速到洛阳与之相见……

玄奘终于在唐太宗贞观十九年（645年）回到了自己的祖国。二月初一左右，玄奘赶到洛阳，正式拜见中国历史上最伟大的君主之一唐太宗李世民，这是玄奘第一次跟唐太宗见面。《旧唐书》卷一九一里面有玄奘传记，篇幅不长，一共四百多字，而且是放在类传的"方伎"类里面。我国古代的正史是纪传体，皇帝的传记称为"纪"或"本纪"，将相大臣等杰出人物的传记称为"列传"，一般是一人一传或数人合传，除了重要的政治人物外，一般性的人物，尤其是民间人物或文化人物则按性质合传，不以姓名命名，而以性质为名，这就是所谓的"类传"。"方伎"是类传中的一个门类，里面所收的一般是民间具有特殊技能的能工巧匠，和宗教人士。在这篇传记里，关于这次见面的记载只有这么一句话：

太宗见之，大悦，与之谈论。

一个人能够被列入正史，这就已经是一个非常崇高的荣誉了，所以我们似乎不必计较记载的篇幅有多长，用了多少词句，我想这都不重要，我们要感谢的是，我们伟大的祖国丰富多彩的历史传统，尽管正史记载上很简略，但是，我们在近一千四百年以后的今天，还能根据其他的历史材料加以研究，加以探索，加以总结，可以看到唐太宗和玄奘对话的大致内容，和当时见面的大致

场景。根据道宣《续高僧传》卷四玄奘传的记载,当时的情况是:

> 及至洛滨特蒙慰问,并献诸国异物,以马驮之,别敕引入深宫之内殿。

也就是说,唐太宗那个时候人是在洛阳,并不在长安,他专门派人在宫殿外迎候玄奘,这是很容易安排的,也是很可以理解的。玄奘为唐太宗专门准备了他从异国他乡带来的礼物,而且看来这些礼物数量不小,不然不会用马驮。这里也反映出,玄奘绝对不是一个不食人间烟火、不知世上为何年的一个迂腐和尚,他是一位真正的高僧,他对人情世故都非常在意、非常细心,所以他专门为皇帝带了特殊的礼物。

那么,玄奘和唐太宗这次见面的场景,我们后人能够恢复到什么程度呢?能够恢复出来多少具体的事实呢?据《大慈恩寺三藏法师传》的记载,唐太宗是在洛阳宫殿的仪銮殿接见玄奘的。唐太宗在相见礼毕坐下之后的第一句话就是:"师去何不相报?"师父您当年离开唐朝,离开长安的时候,您怎么不向我报告啊?怎么不告诉我一声啊?看来啊,当时有关管理部门和官员确实没有把玄奘要求出关的文件上交给唐太宗,这是很容易理解的。因为那时候的国策就是禁止人出关,那些当官的明明知道皇帝有诏令,谁还会把这个递交上去呢?当然,也有可能是唐太宗看到了却不允许,或者今天假装忘记的可能性都有,这就不可深究了。而玄奘的回答就非常高明了:

> 玄奘当去之时，已再三表奏，但诚愿微浅，不蒙允许。无任慕道之至，乃辄私行，专擅之罪，唯深惭惧。

意思是说，我当年离开大唐的时候，曾经再三上表陈奏。但是玄奘并不说把表奏文书交给谁了，玄奘也没有说那时国家不允许人出关，而是"诚愿微浅"，是我自己的诚心还不够大，所以不被允许。但是"无任慕道之至，乃辄私行"，但是我实在是渴望能够去追求、能够去学习最新的佛法，所以我才私自出关，偷渡出境。这完全是自己个人的违法行为（专擅之罪），我感到非常的惭愧，也感到非常的恐惧（唯深惭惧）。当着唐太宗的面，玄奘把当初不被允许西行归结为自己的"诚愿微浅"，根本不责怪任何人，只是责怪自己的诚心还不够。到了这一刻，像唐太宗这样英明的帝王，难道还会去责备玄奘、追究他偷渡出关的罪过吗？当然是不可能的。所以唐太宗接下来说：

> 师出家与俗殊隔，然能委命求法，惠利苍生，朕甚嘉焉，亦不烦为愧。

唐太宗当然不能赞同玄奘的偷渡行为是正当的，即使现在玄奘已经载誉归来，因为这关系到国家政策的严肃性。因此，他对玄奘说，师父您既然已经出家了，就跟俗人不一样，这意思是变相地说我当年讲禁止出关是针对俗人的，没针对僧人，而您根本就是冒着生命危险去求法，对百姓苍生是有好处的，我已经非常的嘉许，难道还用您去惭愧，还用您担心什么？

从这一僧一帝两个人的对话中，我们今天不难揣测到当时他们两人的心境。玄奘希望通过这样一次会见，洗清自己当年偷渡出境的罪名，而唐太宗虽然已经表示了政府对他的欢迎态度，却又要找出一个借口，为不追究玄奘当年的出格行为作出解释。显然，他们彼此都顾及了对方的面子，彼此也都表达清楚了自己的意思。唐太宗对玄奘能够完成万里求法充满了好奇之心，于是就问：

但念彼山川阻远，方俗异心，怪师能达也。

意思是说：我好奇的是，那么遥远的路途，当中要经过风俗完全不同的地区，师父您是怎么到达西天的呢？

玄奘西天取经，经历九死一生，那么多坎坷的遭遇，那么多传奇的经历，玄奘该从何说起，才能满足唐太宗的好奇之心呢？

换了一般的人会怎么应对唐太宗的好奇之心呢？我想肯定是将自己如何咬紧牙关排除艰险、不畏艰险的事迹赶快跟皇帝如实地介绍一番。可是玄奘毕竟是玄奘，他与常人迥异的地方，他高出我们俗人的地方，就在这些细节中显现无遗。他的回答完全不着边际

既赖天威，故得往还无难。

意思是说：我是靠了皇上您的天威，所以去和回来都谈不上有什么阻碍。

玄奘绝口不提自己遭遇的苦难，其实他遭遇的艰险比《西游记》里的九九八十一难只有多不会少，而在唐太宗面前，他却把一切归结为皇帝的功德、威望。玄奘这种态度大概也出乎唐太宗的意料，所以从记载上来看，唐太宗听到玄奘的回答以后就说：

此自是师长者之言，朕何敢当也。

意思是说：哎呀，这只不过是师父您的长者厚道之言，我哪里敢当。

其实唐太宗心里很明白实际情况，玄奘一路上能克服艰难险阻，与他基本上是没有什么关系的。相反，正是由于当初没有能把玄奘"官派"到印度留学，却给他的西行造成了不少麻烦。

接下来唐太宗详细地询问了玄奘西行这沿途一路上的人情风物。玄奘的足迹所及，按照历史上对他的评语，是"博望之所不传，班、马无得而载"。"博望"是指汉代的博望侯张骞，大家知道他是首先涉足西域的官方使节，在历史上有"凿空西域"的美誉；"班、马"是指著名史学家司马迁和班固。意思是说，玄奘的经历，是张骞都没有到过的，司马迁、班固都没有记载的。这是史书对玄奘的定论，而玄奘呢，非常有条理地回答了唐太宗的提问，使唐太宗大为叹服。于是，唐太宗就当着玄奘的面，对身边的一些近臣称赞说："法师词论典雅，风节贞峻，非唯不愧古人，亦乃出之更远。"意思是说，法师您谈吐典雅，高风亮节，不仅是面对古人丝毫没有愧色,实际上要超出古人很多很多。

唐太宗接下来向玄奘提了一个要求:

> 佛国遐远,灵迹法教,前史不能委详。师既亲睹,宜修一传,以示未闻。

意思是说:印度这个佛教胜地,离我们国家十分遥远,那里的佛迹、教理,我们已有的记载并不详尽。法师您既然已经亲自都看到过、经历过,何不把它们一一写出来,让没有去过的人也了解这些情况呢。

玄奘应唐太宗的要求所写的这部书,就是举世闻名的《大唐西域记》。所以《大唐西域记》是玄奘回国以后奉唐太宗之命写的,但恐怕更多是玄奘口授,由他的弟子记录而成的。这部《大唐西域记》,在十几年前就有了季羡林先生的校注本,由中华书局出版。季羡林先生为《大唐西域记》写的前言有一百几十页,十几万字,所以大家如果有兴趣可以去看,能够对《大唐西域记》有一个非常权威的、可靠的、全面的了解。

可是,唐太宗对玄奘的欣赏,也给玄奘出了一道不大不小的难题。他发现玄奘这个人了不起,完全可以当自己的重臣,所以明确表示,希望玄奘能还俗,来辅佐自己(帝又察法师堪公辅之寄,因劝罢道,助秉俗务)。

玄奘自幼皈依佛门,潜心学习佛法,甚至为求正法冒死西行,当然不是为了当什么重臣大官。更何况,如今历经艰险取回来的真经还没有翻译,更不可能罢道还俗。但是圣命难违,玄奘又是怎么来应对这道难题,来解开这个结的呢?

面对唐太宗希望他罢道还俗的要求,玄奘的回答着实精彩:

> 玄奘少践缁门,服膺佛道,玄宗是习,孔教未闻。今遣从俗,无异乘流之舟使弃水而就陆,不唯无功,亦徒令腐败也。

意思是说:玄奘我从小就出家为僧,信奉佛法、学习佛法,儒家的学说、管理国家的理论我都没有学过,今天您希望我还俗,就好比让我把在河流中所乘坐的船搬到陆地上来,不仅起不到作用,还只会让这艘船腐烂败坏掉。

紧接着,玄奘利用这次与皇帝当面对话的机会,表达了自己的心愿:

> 愿得单身行道,以报国恩,玄奘之幸甚。

意思是说:我希望以我一个人的力量,来传播佛法,报答国恩,如此的话,我就觉得很荣幸了。

小说《西游记》里讲,在玄奘出国之前,唐太宗见到玄奘就非常欣赏,封玄奘为左僧纲、右僧纲、天下大阐都僧纲。所谓"大阐都僧纲"是类似于我们今天的佛教协会主席,这个《西游记》也是有点胡来的,这串官名就等于封了你一个正的副主席、一个副的副主席、佛教协会大主席，没有这么封官的。当然这也不是空穴来风，因为历史的事实当中，唐太宗的确是希望玄奘还俗的，《西游记》的作者肯定注意到了这个记载，只不过把时间挪到前面，然后编了三个官一下全都封给了玄奘。

但是玄奘从来没有把西行求法这伟大的壮举用来换取任何好处，为什么我们这么说？为什么我们能肯定玄奘从一开始就抱定了洁身自好，尽量排除一切俗物这个决心，这么讲有证据吗？有，就是玄奘在这里自己讲的——"单身行道"。将近九十高龄的著名学者王元化先生，曾经用一个非常恰当的例子，来比喻这种在学术领域里专心致志、忍受寂寞、探究真理的态度，就是既不参加合作社，也不参加互助组。我觉得这个比喻完全可以用来形容玄奘。事实上，玄奘不仅没有参与任何世俗事务，连佛教界的高级领导工作也没有担任过。这是有点出乎大家意料的，这样一位受到皇帝接见的高僧，却没有担任很高的佛教界领导职务。

唐太宗和玄奘谈得意犹未尽，但是由于当时唐太宗正调集全国的军队汇集在洛阳准备往北方用兵，他还有大量的军机要务要处理，所以唐太宗希望玄奘能够陪着自己，和军队一起行动，以便随时可以和玄奘畅谈：

> 匆匆言犹未尽意，欲共师东行，省方观俗，指麾之外，别更谈叙，师意如何？

可见这唐太宗跟玄奘虽然接触时间不长，却是非常投缘的，自己忙于指挥一场动用全国力量的大战役，居然还念念在意可以

和玄奘随时畅谈。但是这个盛情相邀却使玄奘觉得很为难,只能回答说:

玄奘远来,兼有疾疹,恐不堪陪驾。

意思是说:我刚从长安远道赶到洛阳,身体还有点小毛病,不堪陪着您皇帝。

这样的回答明摆着玄奘有为难的地方,怎能瞒得过唐太宗,所以唐太宗的回答就很有意思:

师尚能孤游绝域,今此行盖同跬步,安足辞焉?

意思是说:师父您单身一人尚且能到那么远的地方去,这种荒芜人烟、艰险遥远的路途都不在您的话下,眼下您跟着我的军队,有那么多人一起行动,对您来说几乎就是动一动脚趾而已,这还值得您推辞吗?

这下就把这层纸捅破了,那玄奘就不得不讲实话了,他说:第一,作为一个僧人,我跟在您的军队中,又不能当一个军事参谋,我出不了什么主意,帮不上什么忙。第二,按照佛教的戒律,僧人是不能观看战争的,这是违背戒律的(玄奘自度,终无裨助行阵之效,虚负途路费损之惭。加以兵戎战斗,律制不得观看。既佛有此言,不敢不奉)。如此一解释,唐太宗当然就理解,于是免除了玄奘随军行动的要求。

如此说来,唐太宗对玄奘的要求全都答应了吗?那也未必。

玄奘提出希望能够到嵩山少林寺去译经，却被唐太宗断然拒绝了。

少林寺是我国一座著名的寺庙，但在唐朝时期，中国佛教非常繁荣，仅长安就有很多大寺庙，洛阳也有很多大寺庙，这些寺庙僧侣众多，条件也更好，玄奘为什么会请求去以武僧著名的少林寺译经呢？

我想玄奘无非有三个考虑：

第一，嵩山少林寺在今天依然还是离城市比较远的地方，在唐朝它更是远离都市，山清水闲，可以安安静静地做自己想做的事情。当然，对玄奘来讲，首当其重的是翻译自己求得的佛经，同时也可以摆脱一些不必要的、甚至可能带来麻烦的一些事务纠缠。当时唐朝佛教的派别和情况都是非常复杂的，自己的西行求法会给自己带来多高的声誉，玄奘是知道的。但是也正因为如此，玄奘一开始就非常的谨慎、小心，这从他不参加长安庆典这件事情就可以看出来。

第二，大家要知道，嵩山少林寺离玄奘的故乡偃师很近，同时离当时唐朝的东都，也就是第二首都洛阳也不远，既可以略微地满足一下玄奘的思乡之情，又不至于离开当时唐朝的中心城市太远，可以和皇帝保持若即若离的联系。

第三，嵩山少林寺在历史上还是一个非常著名的僧人菩提留支翻译佛经的地方。这个菩提留支是五到六世纪之间的人，离玄奘所处的年代并不远，他是北印度人，在北魏的永平元年（508年），他带了大量的梵文佛经，通过西域到达洛阳，受到当时皇帝的礼遇。

基于以上这些原因，我们当然知道玄奘的考虑是合情合理的，然而正是这一点非常合情合理、非常可以理解、丝毫也不过分的要求，却被唐太宗断然拒绝。唐太宗指定玄奘住在弘福寺译经。

唐太宗是一个非常了不起的帝王，跟玄奘的对话始终是非常的融洽，非常的合乎情理，非常能够体谅玄奘，为什么这个要求居然不答应呢？这难道不是一件很奇怪的事情吗？唐太宗的原因有两个：

第一，这正反映出玄奘在唐太宗的心目当中地位之重要，他不希望玄奘离开首都长安，更不希望玄奘离自己太远，万一自己想找他聊天，想向他请教的时候，可以随传随到。所以他规定玄奘必须住在长安的弘福寺。

第二，只有真正了解弘福寺的历史，才能理解唐太宗的一番苦心。弘福寺是唐太宗专门为太后祈福、为太后做功德而修建的一座寺庙，这也就说明在唐太宗的心目当中，玄奘是一个有大功德的高僧，请他住在这个寺院里面，对已故的太后是一件好事，能够增加功德。

这样的安排，玄奘当然没有办法不答应，但是玄奘又提了一个要求。玄奘讲，弘福寺在都城，我住到这个寺庙里面难保没有京城的百姓成群结队地来看，这样就扰乱了寺院的清规，不利于我的修行，也不利于寺院其他僧人的修行，所以玄奘要求："望得守门以防诸过。"您得允许我在我住的那个院落派上门卫，防止前来参观的民众干扰寺院的正常秩序。这当然可以理解为要唐太宗允许他闭门，也可以理解成希望唐太宗派人来守卫。

唐太宗对玄奘的这个表面上很有点过分的要求不仅没有感觉奇怪，反而大为欣赏，很是高兴。唐太宗说："法师，您的这个要求才是保身之言，这是保护自己安安静静、真正聪明的打算和说法、想法。"唐太宗也是很厉害，一眼可以看透的，实际上是玄奘怕自己在佛教界声望太高。玄奘的声望得自于佛教的发源地印度，得自于他西行求法的壮举，但是大家别忘了，玄奘在这十几年并不在国内，国内佛教界也有很多地位非常崇高、弟子成千上万的高僧，唐太宗也是聪明人，非常明白玄奘是为了保身，马上答应照办。并且明确表示，您的一切需要由国家支付，有任何需要找房玄龄解决。

那么，我们是否能言简意赅地总结这一次在中国历史上非常重要的会谈呢？可以，而且古人已经做了很好的总结，一共十二个字，见于《续高僧传》：

　　　　面奉天颜，谈叙真俗，无爽帝旨。

意思是说：玄奘见到了唐太宗，谈的过程当中不光是谈了宗教，也谈了世俗，唐太宗觉得非常融洽和高兴。

我当然不可能总结得比这十二个字更好，从历史上看，帝王和高僧相处欢洽的例子确实是不少，但是像唐太宗和玄奘这样融洽、和谐的例子却未必多见。唐太宗一直关心、支持着玄奘的翻译事业，经常召见玄奘，有时还邀请玄奘和自己一同旅行，以帝王之尊，经常派人去提醒玄奘不要心急劳累。甚至在贞观二十三年（649年）唐太宗病危的时候，依然把玄奘留在自己的宫殿内。

从贞观十九年（645年）五月，玄奘四十六岁那一年开始，他就这样开始了在人类历史上几乎无人可以相比的、辉煌的翻译生涯。请看下一讲"魂系真经"。

第三十三讲

魂系真经

玄奘西行求法十几年，从印度带回了大量的佛经。玄奘求取真经的最终目的是弘扬佛法，如果说这些真经是佛家教义的种子，那么只有翻译成中文，它们才能在中国生根发芽。否则，留学印度所创造的辉煌将变得毫无意义。

唐太宗贞观十九年（645年）三月，玄奘结束了和唐太宗李世民的会面，从洛阳回到长安，住进了当时非常著名的弘福寺，从此开始了彪炳千秋的翻译、教育、讲学、著述的辉煌生涯。只要是对中国佛教史略有所知的人都知道，就佛经翻译而论，在中国唐朝是首屈一指的。中国现代著名佛教史学者汤用彤先生，在他的名著《隋唐佛教史稿》里总结了四点：第一点，人才之优美；第二点，原本之完备；第三点，译场组织之严密；第四点，翻译律例之进步。这是概括得非常全面和到位的。

那就让我从刚才那四个方面，用尽量非专业的语言、尽量简单的语言来给大家做一点介绍。

第一，人才之优美。玄奘本人华、梵兼通，他出生在一个官宦世家，从小受到了儒家经典的教育，又长期留学印度，在语言上当然没问题。同时，由于他在印度留学很长时间，跟从顶级的印度学者在当时全世界绝对排名第一的佛教大学，参加了那么多高规格的辩论，因此他不仅是语言好，对佛教教理也有非常透彻而全面的了解。至于他信仰虔诚，毅力超群，这些都已经证明了，不必再说。作为一个翻译工作的主持者，我们不可能找出比玄奘法师更合适的人选。

如果玄奘译经的助手和他的差距过大，那当然是会影响翻译工作质量的，而这一点，非常细心的玄奘早就有所考虑。所以，所有辅助他翻译工作的人员，都是由他亲自挑选、亲自推荐的。

根据记载，玄奘推荐了全国各地千挑万选而来的高僧，甚至包括一些居士、非出家人，由于在佛学方面或者汉语方面的造诣特别高，也被玄奘网罗进自己的翻译班底。玄奘推荐，朝廷当然许可，负责召集这些人的就是我们提到过的，奉唐太宗的指令专门负责照料玄奘工作的房玄龄。能够被玄奘选中，加入这支前无古人、后无来者的翻译队伍当然是一种莫大的荣耀，同时也是一次千载难逢的学习机会，所以，绝大部分的僧人都应诏加入了。当然，也有得到了玄奘的推荐却没有加入而放弃大好机会的，比如当时很著名的慧净法师，皇帝根据玄奘的推荐下了诏书，请慧净法师到长安来，但他说自己病了，不能来参加（下诏追赴，谢病乃止）。另外还有法藏大师，他先是应诏参与了，但后来因为和玄奘见解不同，退出了译经队伍。不过无论如何，玄奘的翻译团队在当时绝对是集一时之选，这是毫无疑问的。

玄奘独自西行十几年，他的最终目的就是求取真经，弘扬佛法。那么，在玄奘的心目中，在唐朝人的心目中，什么样的佛经才能称得上是"真经"呢？

第二，原本之完备。这个问题，是跟佛教传入中国的历史和途径密切相关的。佛教在公元前就传进了中国，这是肯定的，但具体时间无法确定，而看来学术界近期也不可能得出一个非常明确的论断。研究表明，佛教最初并不是从印度直接传到中国的，而是通过了今天的新疆，还有中亚无数的小国家、无数民族的中介传入的，是间接传入的。因此，最早传入中国的佛经原本不叫

"梵本",而叫"胡本"。这些本子使用的语言并不是梵文,而是古代中亚和古代新疆的各种语言,现在这些语言几乎都已经灭绝。这也就意味着,最早的佛经翻译是多重翻译,先要从梵文翻译成中亚少数民族的语言,再翻译成汉语,和印度的原本总会有不少的出入。

此外,"胡本"还有一个特点。正因为它也不是印度本土的经典,所以显示出一种保守性,当某部梵文佛经被翻译成中亚的"胡本"以后,往往一两百年就用这个版本。而在印度,佛教的发展,佛教学术的激烈论辩,使梵本佛经随时保持着与时俱进的态势。所以在佛教徒的心目当中,只有"梵本"即梵文写成的佛经才是真经,这也就是为什么唐僧西天取的经叫"真经"。

玄奘在印度游学的时间特别长,又是在最高学府那烂陀寺跟从戒贤法师学习,所以他带回来的本子数量大、覆盖面广,而且质量特别高。这也就是为什么今天很少有人读梵文本的,为什么唐译佛经特别珍贵的原因。而在唐译佛经里,尤以奘译更为珍贵,如果我们把唐朝的汉译佛经比喻成为汉译佛经中的皇冠,那么玄奘翻译的佛经就是皇冠上最耀眼的那颗明珠。

玄奘历尽艰险带回大量佛家真经,并且呕心沥血翻译出许多高质量的佛家经典,做到了"真经不失真",受到了后人的推崇。那么,玄奘的做法和前人都有什么不同呢?

第三点,译场组织之严密。翻译工作,尤其是翻译很多大部头的著作,必须有很多人合作,这就要求有组织。这很简单,比如英国学者李约瑟写的《中国科学技术史》，中国就有一支很大的翻译队伍在翻译。关于中国科学技术史最权威的著作，翻译尚且如此，更不要说古代佛经的翻译。这样的译经组织，在历史上最初的组织人非常少，至多三人，一般两人居多，其中一人通晓胡语或者梵语，一人通晓汉语。但因为佛经是口口相传的，难保没准儿会念错，于是会另外再增加一人在旁做校正，所以最早的译经组织一般就是两三个人。后来人数越来越多，组织越来越复杂，慢慢就有了一个专有名词叫"译场"，创始人是释道安。释道安大概出生在312年或者314年，圆寂于385年，东晋前秦时人，出生于河北。据记载，当时释道安的译场里经常有几千个人，当然不可能都是翻译工作者，其中也有好多是来观摩学习的。来自龟兹国的僧人鸠摩罗什，是玄奘以前的顶级翻译大师。鸠摩罗什的翻译叫"旧译"，而玄奘的翻译叫"新译"。鸠摩罗什也是个非常奇特的人，会好多种语言，是个语言天才，据说鸠摩罗什母亲怀他的时候，突然会说三十多种外语，等鸠摩罗什生下来，他母亲却又一句都不会了。鸠摩罗什是译场发展阶段中非常重要的人物，他开辟了一个新的时代，翻译《大品经》的时候参加者达五百人，翻译《法华经》的时候参加者有两千余人，翻译《维摩诘经》的时候参加者为一千二百多人。如果论今天，谁翻译的佛经最流行？恐怕还是鸠摩罗什。因为玄奘翻译的佛经大多是高难度的佛教理论著作，阅读者比较少。

　　以人数规模来衡量，玄奘的译场不算大，但是综合而论，尤其是译场机构岗位的设置、分工的严密，玄奘的译场首屈一指。

在玄奘以前，佛经翻译的方法不外乎两种：直译和意译，二者各有利弊。如何才能准确又传神地翻译佛经，是多少代人的追求，也是困扰了多少代人的一个大难题。

第四，翻译律例之进步。什么叫"翻译律例"呢？就是翻译的理论和翻译的方法。在中国，佛经翻译持续时间长，翻译数量大，语言跨度复杂，牵涉到很多种语言，懂梵文是必须的，但并不是懂梵文就足够了。而对翻译学理论的贡献，中国的佛经翻译居功至伟，提供了很多经验和教训。在玄奘以前，中国的翻译主要是直译，就是直接翻译，所谓的"弃文存质"，为了准确的翻译而放弃文采，保留非常质朴却比较死板的翻译，在兼通华、梵人才极度缺乏的时候，这是可以理解的无奈之举。前面提到的释道安也不懂梵文，所以他就提倡直译。

这种翻译风气到鸠摩罗什时才开始改变。当时的人普遍认为，只有鸠摩罗什可以在"野"和"艳"之间达到一种平衡。据慧皎《高僧传》记载，过去翻译《正法华经》，里边有这么一句话，"天见人，人见天"，就是天看见了人，人看见了天，鸠摩罗什看见了以后就说译得太野了。这个"野"不是狂野，而是说太朴素、太死板了，所以鸠摩罗什就把它翻译成"人天相接，两得相见"，这当然就好得多了。鸠摩罗什固然是在中国佛经翻译历史上唯一一个可以跟玄奘相比的人物，但是《出三藏记集》说他"于秦语大格"，因为他是龟兹人，汉语不地道，对译经工作毕竟有一定的局限性。

而玄奘所具备的译经条件之强是其他人无法比拟的，他华、梵兼通，对印度文化本身也有非常通透的了解。他总结了前人的翻译经验，创造了一种新的风格，他手拿梵本，就可以直接念出标准的汉语。

以前的译者经常擅自改动原文的格局，或擅自的删节，这种翻译风格是很坏的，玄奘大力反对。《大慈恩寺三藏法师传》记载说，玄奘在翻译《大般若经》的时候，因为梵文本有二十多万颂，体量很大，于是他的助手建议玄奘删掉一点，玄奘觉得也有道理，就听从了大家的意见，"如罗什所翻，除繁去重"。他就像鸠摩罗什翻译时那样，删除了一些相类似的内容，没想到这一删，就删出事来了。

据说玄奘在作出着个决定之后，忽然在晚上做梦，梦到很危险的情况，要么就爬到高山上又扑通一下掉到了山谷里，要么就梦见自己跟猛兽在搏斗，费了很大的力气，乃至汗流浃背，方才得意解脱。玄奘觉得不对劲，再通知这些徒弟，将经文重新恢复（作此念已，于夜梦中即有极怖畏事，以相警诫。或见乘危履险，或见猛兽搏人，流汗战栗，方得免脱。觉已惊惧，向诸众说，还依广翻）。

玄奘翻译的佛经跟原本的对应程度是很高的，我们现在研究佛教，如果梵本不存在，又没有别的语言的本子，那玄奘的汉译本价值就最高，原因就在于他的翻译忠实于原本。

更加难能可贵的是，玄奘是一切以佛法为重。大家以为他忠实于原本，就认为玄奘非常拘泥是吗？非也。玄奘偶尔会根据自己有把握的理解来改写经文，因为玄奘的佛法造诣即使在印度也是超一流的，当发现某一部佛经里有些讲法不准确的时候，也会加以修改订正，当然这种情况非常少见。

据赞宁《宋高僧传》记载，唐高宗显庆四年（659年），玄奘六十岁的时候，译成《大毗婆娑论》。他有个弟子叫法宝，觉得经文有问题，就去向玄奘请教，玄奘看了觉得是有问题，于是往经文里加了十六个字。法宝这些弟子平时是在玄奘非常严格的教育下成长起来的，耳濡目染玄奘一贯严谨的作风，知道玄奘是反对改动原本的，怎么现在自己往里加东西呢？于是就直截了当地问玄奘："此二句四句为梵本有无？"十六个字，可以看成两句，也可以看成四句，也就是问玄奘，我不管您十六个字分成两句还是四句，原文当中有吗？玄奘回答："吾以义意酌情作耳。"我是根据佛经的意译酌情处理，自己写的。法宝又问："师岂宜以凡语加圣言量乎？"师父您难道可以把凡人的话加到圣人之言里去吗？玄奘回答："斯言不行，我知之矣。"这段经文有错，我早就知道了。

这个例子在玄奘译经过程中很少见，但是很生动。玄奘既忠实于原典，又凭借着自己对印度佛教绝对透彻的理解，碰到原典有错误的时候就加以订正，玄奘把各方面的翻译工作关系处理得接近完美，所以他的翻译质量高、水平高。

长久以来，玄奘的翻译得到了很高的赞誉，我的老师季羡林先生曾经说过："他的译风既非直译，也非意译，而是融汇直意，自创新风，在中国翻译史上达到了一个新的高峰，开辟了一个新的时代。"季先生通晓梵文、巴利文、吐火罗文等十几种语言，而且他自己还把《弥勒会见记》吐火罗文本直接翻译成了英文，后来又翻译成中文，所以他是真正懂得翻译的甘苦，有资格下这个断语的。

玄奘西行求法历尽千辛万苦，只为求取真经，而取到真经才只不过是走了求法之路的一半路程，另一半路程就是翻译佛经，所以他魂系真经、迫不及待，也只有这样，才能弘扬佛法功德圆满。

不仅在翻译实践方面如此，在翻译理论方面玄奘也有重大的建树。玄奘不仅是一个杰出的翻译工作者，他还是一个了不起的翻译学理论家。这一点，我留到后面对玄奘做总结的时候来讲。

这一年的五月，一切准备工作就绪，译场正式建立起来，玄奘迫不及待地正式开始佛经翻译工作。他三月才从洛阳回到长安，五月已经一切组织完毕，放在今天这都是了不起的速度啊。五月初二，玄奘开始了《大菩萨藏经》的翻译工作。之所以选择首先翻译这部经，是因为这部经就是讲"菩萨行"的，也就是讲菩萨应该是怎么修行的。而"菩萨行"是大乘瑜伽派里面的重要学说，玄奘本人是信奉大乘瑜伽学说的，所以第一部经他有意地选择了《大菩萨藏经》。对于大乘瑜伽行派来讲，这是一部提纲挈领的纲领性论文经。

这一年，玄奘四十六岁，他前面四十六年的生命几乎都是为了今天在做准备，他成长，学习佛教，不远万里西行求法，取回佛经，这一切不就是为了今天吗？

在玄奘开始译经工作的第一年，他翻译的佛经比起他后来翻译的佛经而言，重要性是相对较小的，即使像《大菩萨藏经》，其重要性也跟他后面翻译的佛经不可相比。为什么会这样？玄奘又有哪些特殊的考虑呢？请看下一讲"弥勒真相"。

第三十四讲

弥勒真相

玄奘怀着急切的心情组织起译场，然而，在译场开始工作的一年之内，玄奘只翻译了一些并不重要的佛经。他在积累经验，磨合队伍，为翻译一部最重要的佛经做准备，这部经就是《瑜伽师地论》。

玄奘西行求法主要就是为了学习并求得《瑜伽师地论》，玄奘怎么可能不急于把它翻译过来，怎么可能不急于把它介绍给东土大唐的信徒和僧人们呢？果然，当玄奘觉得有足够的把握以后，便开始集中一切力量着手翻译瑜伽行派最重要的经典《瑜伽师地论》，玄奘把自己最好的年华全部交给了这部经典。人的一生，最好的年华就是在四十岁左右，学术积累足够，学术准备完成，体力、精力、判断力各个方面还没有开始衰退，所以玄奘就在这个时候开始动手翻译《瑜伽师地论》。为了翻译这部经典，几乎动员了全国最有学问的僧人。至于玄奘本人，当然更是全力以赴。《瑜伽师地论》是一部极其精深的佛典，耗费一生都未必能够理解。我的片言只语恐怕最多只能解决一个解题的作用，而且似乎也只能仅止于此。有很多朋友希望我能够开讲这部佛经，毫无疑问，我是不敢的，我绝对没有这个胆量来做这件事情，这是一部太精深的反映人类智慧的佛经。

我想在此还是着重介绍一下传说中《瑜伽师地论》的口授者——弥勒菩萨。对于中国佛教信徒来讲，弥勒和观音无疑是两尊最重要的菩萨。按照佛经里的说法，弥勒是释迦牟尼的弟子，但是他比释迦牟尼化灭得更早，他上升到兜率天，上升到一个很高的天上，准备在四千年以后跟着释迦牟尼降生到人间，但是这四千年是天上的时间，相当于人间五十六亿七千万年。大家也许会说，难道中国人还有谁不知道弥勒，还用你多嘴多舌来介绍吗？

恐怕还是需要的。

弥勒佛是中国人非常熟悉的一位菩萨。但是，这个大家都熟悉的笑口常开的大肚子弥勒佛，却并不是弥勒佛原来的形象，那么弥勒佛原来是个什么样的相貌，又是怎么变成现在这个形象的呢？

第一，弥勒佛形象的演变问题。大家现在知道的弥勒佛形象都是个胖嘟嘟，肚子大大，整天笑嘻嘻的一个形象，在寺庙里，有一副楹联这样形容他："笑口常开，笑尽人间一切可笑之事；大肚能容，容下人间一切不平之事。"他是很可爱的一个欢乐菩萨。但历史上的弥勒佛却并不是这样的。

中国出现弥勒佛造像的时间很早，比如甘肃炳灵寺石窟第一六九号，编号就是弥勒佛像，制作年代是公元399年，也就是东晋时后秦的弘始元年。早期的弥勒像都是菩萨状，头带宝冠，身披璎珞，面容姣好，身材修长苗条，姿势基本上是两个脚交叉坐着，叫交脚坐式。可是为什么这样一位优雅、修长、苗条的弥勒佛，会演变成一个大腹便便的中老年大胖僧人形象呢？原来，这个形象其实是中土僧人布袋和尚。

唐五代后梁时期（907—923年），明州（今浙江宁波）有座庙叫岳陵寺，里面有个僧人叫契此，个子很矮，肚子却不小，经常用一根棍子挑着一个布袋，他随身携带的东西都装在布袋里头。很多人看见，有十八个小孩经常会在他的周围嬉笑、玩闹，因为他背着一个布袋，所以大家管他叫"布袋和尚"。这个和尚来无影去无踪，随地而卧，当时人家就发现这个和尚有点怪，下雪天他穿草鞋，晴天他反而穿木屐。他睡在雪地上，雪水融化了，可他的身上却是干的。他经常有些预言，很多都灵验了。有一次，岳陵寺要造修佛殿，需要很多木材，就派布袋和尚去化缘木头。他到了福建一个地方，走到一口井边，从井里面把木头一根一根抽出来，取之不竭，于是便有了足够的木材修建岳陵寺的佛殿。

那这个布袋和尚跟弥勒菩萨又有什么关系呢？问题就出在布袋和尚圆寂的时间——公元916年，布袋和尚端坐在岳陵寺东面走廊旁边的一块石头上，嘴里念出一个偈子：

弥勒真弥勒，分身千百亿。时时示时人，时人自不识。

念完这句偈子他圆寂了。而这首偈子就一传百、百传千，很快地流传开来，而且在布袋和尚圆寂以后，还不断有人在不同的地方看到和他长得几乎一模一样的一个背着布袋的和尚，大家认定他是弥勒的化身。泉州莆田县令王仁煦就亲眼见到这么一个人，还留下了记载。

从此往后，大家就根据这个布袋和尚的形象来塑造弥勒佛，而真正的弥勒佛的形象却被彻底忘却了。这个契此是历史上的真实人物，赞宁的《宋高僧传》里就有他的传。大家接受他也是有佛教理论的依据的，这就是著名的化身说。就是每一个菩萨，都会有很多化身来到人间开释大家，就看大家有没有这个机缘去认识他，而契此就是弥勒佛的一个化身。

这个中国化了的弥勒佛，诞生在今天中国依然非常著名的一个城市——宁波。宁波原名明州，是朱元璋把明州改成宁波，因为朱元璋是个明教徒，而明教的最高法王正是弥勒佛，所以朱元璋便利用弥勒佛在民间的威望和影响，推翻了元朝，建立了明朝。可当上了皇帝以后，他却不希望别人也利用弥勒佛来推翻他，由于弥勒佛在中国最重要的化身所在地就在明州，朱元璋于是就自欺欺人，下令改明州为宁波，意为风平浪静，不会再有人兴风作浪来推翻他的统治。所以说，没有这个布袋和尚，就没有今天我们胖嘟嘟的弥勒佛，也没有宁波这个地名。而弥勒道场设在宁波奉化雪窦寺，原因也就在这里。

第二，弥勒和西方。这里讲的"西方"不是指印度，而是指伊朗乃至罗马。公元前1000年左右，包括西亚、北非、小亚细亚、两河流域和埃及在内的广大地区，流行着一种未来救世主的信仰，耶稣宗教里的弥塞亚，就是这种救世主信仰中最有代表性的一种。这种信仰在圣经《旧约》里面就已经有了，它都是反映了被压迫的民族对自由和幸福巨大的渴望。而印度的弥勒信仰，在学术界已经确认，和这种全世界范围的救世主信仰是密切相关的，彼此影响的，印度的弥勒信仰就是救世主信仰的一个组成部分。用最简单的话来说，弥勒之所以是未来佛，是未来的救世主，有印度的根源，也有更广大范围的全世界或者古代世界的根源，是当时普遍流行的弥赛亚信仰的一个部分。由此可知，弥勒佛并不是一个简简单单的佛教里的佛。

第三，中国的弥勒信仰。要问最早被中国人所尊奉、所信仰的是哪一位菩萨，大家一定认为是观世音或者阿弥陀佛。错，中国佛教史明确无误地告诉我们，最早得到的大众信仰的正是弥勒菩萨。

早在汉代，介绍弥勒菩萨的佛经就被大量地翻成了汉语，而在中国新疆，还有用吐火罗语写的剧本，叫《弥勒会见记》。这部经被发现以后，就是由我的老师季羡林先生研究，并把它翻译成汉语和英语，是迄今为止出土的吐火罗语最大的一部经典，这个剧本是描写和弥勒会合，所以叫《弥勒会见记》。这个信仰在汉代马上就得到了中国信徒的接受，很多人一心一意向往弥勒净土，希望能够在来生和弥勒佛在一起，这就是初期净土宗的基础。

在唐朝初年，弥勒信仰依然非常盛行，著名的诗人寒山就有过这样的诗句："南无佛陀耶，远远求弥勒。"而玄奘更是虔诚的弥勒信徒，非常推崇玄奘的武则天、唐高宗，也都是弥勒信徒，这就能解释为什么玄奘心心念念要去求《瑜伽师地论》。玄奘本人就是信仰弥勒净土的，而武则天干脆就通过官方渠道宣布，自己是弥勒佛降生，原始资料记载在《资治通鉴》里。这个中国绝无仅有的女皇帝，就是运用佛教化身、转生学说，来构建了她取代李氏子孙成为名正言顺的皇帝的理论基础，她认为我就是弥勒佛下凡，难道弥勒佛还不能当皇帝吗？

白居易也是弥勒信徒，他还专门组织了一个学会叫"一时上生"，意思是希望大家共同一时，共同上生到弥勒境界去。白居易为了往生弥勒净土，还写过一份"决心书"：

仰慈氏形，称慈氏名，愿我来世，一时上生。

意思是说：我敬仰的就是弥勒菩萨，我呼唤弥勒菩萨的名字，希望我来世一定要上生在弥勒菩萨的身边。

实际上我们可以相当的有把握说，在唐朝中期以前，信仰弥勒的人占了佛教徒的主要部分。

弥勒信仰在汉代传入中国，一直到盛唐时期，从皇室到百姓、从僧侣到诗圣，都对弥勒佛极度地尊崇和信仰。那后来是什么原因，使这种信仰减弱甚至渐渐默默无闻了呢？

弥勒信仰如何会逐渐走向衰亡，这也是一个复杂的问题。简单地说，这里面当然有佛教不同派别和学说之间的竞争问题，可这并不是主要问题。根本的原因是，弥勒佛作为拯救百姓于水火、拯救人民于苦难、给人带来一切美好的愿望和希望的一个未来佛，很早就成为民间反抗残暴统治的精神支柱和凝聚力来源。统治者当然不可能容忍这样的信仰，于是从唐玄宗时开始下令禁止弥勒信仰的行为，开元（713—741 年）以后，弥勒佛像在汉族佛教中急剧减少。不过，弥勒信仰与各种不同的变形还是一直在民间存在着，我们前面讲到，朱元璋反抗元朝统治的起义军，打的旗号就是弥勒佛降生，依然是用弥勒作为号召的。

第四，弥勒的由来。弥勒，在梵文里面叫 maitreya，巴利文里面叫 metteya，一听就跟弥勒没关系啊。玄奘毫无疑问地发现了这一点，因此玄奘说译错了，应该翻译成"梅但利耶"。可惜，像"观自在"一样，大家都没有接受玄奘这位顶尖高僧的意见，还是还管他叫弥勒。弥勒是音译，还有一个意译，叫"慈氏菩萨"。怎么会出现这个情况呢？早期佛经的原本大多是"胡本"，是用中亚和古代新疆的语言文字写就的,并不是规范的梵文。因此,"弥勒"很可能是从吐火罗语的 metrak 翻译过来的,这个字和梵文的 maitri(慈悲,慈爱)有关,所以"慈氏"乃是意译,甚至比观自在菩萨更多地带有一种慈悲的意义。至于玄奘提倡的"梅但利耶",固然是原汁原味,终究抵不过约定俗成的巨大力量,几乎没有什么人留意了。这样的命运,难道不是和"观自在"有点相似吗?

玄奘的工作不仅仅是翻译从印度带回来的佛经,他同时还把一些汉文经典翻译成了梵文,玄奘翻译了哪些汉文经典呢?

贞观二十一年(647 年),玄奘四十八岁,这一年他都在繁忙的翻译中渡过。我们注意的不是由梵译为汉,而是反过来,由汉译为梵。玄奘译《老子》和《大乘起信论》为梵文,是佛教历史和中外文化交流史上最扑朔迷离、最吸引人的一个问题,从记载的角度看都发生在这一年。

翻译《老子》为梵文,是自居为老子后代的李唐皇帝的旨意。我们知道,李唐皇室要给自己找一个大名鼎鼎的祖先,因为据说老子姓李,于是便称自己是老子的后人,所以唐朝官方信奉的宗教是道教,并不是佛教。根据相当多的记载来看,玄奘在内心对皇帝交办的,把《老子》译成梵文的工作是很不以为然的。《佛祖统记》上说:"师曰:'且《老子》含义肤浅,五竺闻之,适足见薄。'"可见,玄奘是不怎么瞧得上《老子》的,不过,这应该也只是私底下发发牢骚,毕竟不会公开说的。大概由于内心实在是不怎么愿意的缘故，玄奘与道教徒蔡晃、成英往复讨论，其间还发生过不愉快的争论，玄奘强烈反对用佛教的理论比附《老子》。所以这部《老子》翻译成梵文的过程，本身就是一个玄奘和道教徒不停争论的过程。这部书看来应该是翻译成了，至于是否传到了印度，那是众说纷纭，起码有印度学者认为确实是传过去了，而且还很有可能与印度密教有一定的关系。我个人认为，当时中印之间往来频繁，的确是有很多印度国王请求《老子》这部书的，而且这部书又是奉皇帝之命翻译的，所以传过去的可能性应该很大。

玄奘在完成他西行求法的最终目的的时候，印度却发生了巨大的变化。和玄奘结下了深厚友谊的一代明王戒日王不知何故，居然在恒河里溺水身亡。从此，一直到十二世纪末，穆斯林进入印度，印度整整战乱五百五十年。而戒日王溺水身亡的时候，唐朝的使臣王玄策、蒋师仁率领的一个使团正好出使尼泊尔和印度，戒日王死了，不知从哪里冒出一个叫"阿罗那顺"的人自立为王，发兵拒绝唐朝使团，这可真是有点不知道天高地厚了。王玄策率领的是一个使团，当然不会有多少兵马，可是不要忘了，那可是"天可汗"的代表。王玄策随即以大唐的名义调集吐蕃和尼泊尔的军队，一战而胜，活捉了这个阿罗那顺，不久还将这个印度国王押回唐朝，献俘阙下。王玄策只不过是个使臣，都可以调集吐蕃和尼泊尔的军队，当时唐朝的国威强大到如此地步，真是难以想象啊！

那么，我们的玄奘在接下来的人生旅途中他还在从事哪些工作？而他最终是又怎样走完他非常辉煌的在俗世间的一生的呢？请看下一讲"晚年风波"。

第三十五讲

晚年风波

玄奘的译经工作进展很顺利，三年之内，玄奘最看重的《瑜伽师地论》的翻译工作也完成了，这时的玄奘已经年近半百。玄奘的晚年应该可以安静专心地从事自己的译经工作了。然而，令人意想不到的是，玄奘在其生命最后的十五年里并不是一帆风顺的。

贞观二十二年（648年）五月十五日，玄奘四十九岁，作为玄奘西行求法成功的最主要的象征之一《瑜伽师地论》的翻译工作正式完成。这年六月，唐太宗离开长安，来到坊州宜君县凤凰谷玉华宫（今延安附近），玉华宫后改建为玉华寺（请大家记住这个地方，因为我们的玄奘法师就是在这座寺庙圆寂的）。唐太宗到达玉华宫后，诏玄奘前往。玄奘还在路上，唐太宗就多次派人传令，请玄奘不必赶路，以免劳累。

这次见面，主题依然是唐太宗想请玄奘还俗，来辅佐自己。但玄奘仍然没有改变初衷，对唐太宗还是以不变应万变，大力地歌功颂德，称颂皇上，再一次谢绝了唐太宗的要求。

唐太宗又问起《瑜伽师地论》，玄奘于是把《瑜伽师地论》的翻译情况介绍了一下，唐太宗马上派人到长安，把刚刚翻译完成的卷帙浩繁的《瑜伽师地论》汉译本拿来。唐太宗仔细阅读了《瑜伽师地论》后，大加赞叹：

> 朕观佛经譬犹瞻天望海，莫测高深。法师能于异域得是深法，朕比以军国务殷，不及委寻佛教。而今观之，宗源杳旷，靡知涯际，其儒道九流比之，犹汀滢之池方溟渤耳。而世云三教齐致，此妄谈也。

并当即下令，由国家出钱把《瑜伽师地论》抄写九份，分发到全国各最重要的寺庙保存，供人阅读传抄。所以，对于《瑜伽师地论》最早的传播，唐太宗是功不可没的。唐太宗还应玄奘的请求，亲自撰写了一篇非常著名的文章，叫《大唐三藏圣教序》，并下旨把这部序放在所有的汉译佛经之首。

同年，慈恩寺落成，玄奘为住持，玄奘后来一直有个称号，叫"大慈恩寺三藏法师"，而玄奘在此之前没有担任过任何职务，包括佛教界的行政职务他也全部拒绝。十二月，唐太宗专门派高官以九部乐和仪仗，送玄奘和佛经、佛像、还有跟随玄奘的僧人入住慈恩寺。不仅如此，唐太宗还率领皇太子、文武百官在安福门外，手执香炉，恭恭敬敬地迎送玄奘，观者数万人。此后很长的一段时间，慈恩寺就成了玄奘的主要的居住地。

这里提到的"九部乐"，值得讲一讲。这是隋唐时代的宫廷舞乐，一般用于礼仪大典和招待外国使节的场合。仅就这一点来看，唐太宗送玄奘入住慈恩寺的仪式，在当时是属于什么样的等级，大家也就可以知道了。那么，为什么要叫"九部乐"呢？因为这组乐舞是由九个节目组成的。大家知道，在隋以前是南北朝时代，当时中土与周边少数民族和域外的文化交流非常频繁，其中当然也包括音乐在内。到了隋朝统一，就把中土传统的"雅乐"和南北朝时期传入中原的兄弟民族及外国乐舞，一起整理成一个大型的乐舞节目，用以表示国家的强大和社会的和谐，当时其中包括的节目只有七个，所以叫做"七部乐"，后来又增加为"九部乐"。而唐代的"九部乐"，就是在隋代的基础上再加以增删改编而成的。在"九部乐"中，有好几个节目都是玄奘经过地方的民族乐舞，如龟兹、高昌、印度等等，玄奘在自己的祖国再一次听闻到这些音乐和舞蹈，想必别有一番感慨。

最重要的佛经《瑜伽师地论》翻译完成了，玄奘也作为住持，住进了刚刚落成的大慈恩寺。此时已年近半百的玄奘，应该可以专心译经，平静安逸地渡过自己的晚年了。但是，意想不到的事情却接二连三地发生了。

贞观二十三年（649年）四月十五日，五十岁的玄奘陪同唐太宗到了翠微宫，在此谈论佛法和印度的见闻。五月，在一次谈话的时候，唐太宗突然觉得头疼，但他并不以为有异，仍然留玄奘在宫中住宿，准备等自己稍微舒服一点的时候，继续跟玄奘谈论。没有料到，五月二十六日唐太宗就驾崩了，时年五十三岁。而唐太宗驾崩的时候，玄奘就在他身边。

这对于玄奘来讲，无疑是一个重大的打击，且不说唐太宗对他不遗余力的支持，对他发自内心的尊重，与他非常融洽的交流，用佛家的话来讲，作为一代帝王的唐太宗和作为一代高僧的玄奘，他们是真正的有缘之人。白天陪唐太宗聊天，谈论佛法，晚上再赶工译经，这几乎已经成了玄奘的一种生活方式。根据《大慈恩寺三藏法师传》的记载，自从唐太宗驾崩以后，玄奘就一门心思，全心全意投入到译经工作中去：

自此之后，专务翻译，无弃寸阴。每日自立程课，若昼日有事不充，必兼夜以续之，遇乙之后方乃停笔。

也就是说，玄奘不再放弃每一刻光阴。每天订好学习工作计划，如果白天有事情被打断的话，当夜一定补足，必须完成才肯歇手。玄奘就以这种态度在进行工作。

而这一年，玄奘还遭受到另外一次非常沉重的打击。从历史角度上讲，这次打击固然不能和一代帝王驾崩相比，但是在玄奘的内心世界，在个人情感上来讲，这次打击的严重程度，恐怕不亚于唐太宗的驾崩。

玄奘的得意弟子辩机，是他最重要的助手，这从《大唐西域记》的署名是两个人——玄奘和辩机，就可以看出。这部书，是玄奘口述，辩机笔录，师徒两人共同完成的，可见辩机对玄奘有多么重要。而就在这一年，这位当时佛教界几乎都认为是玄奘最好衣钵传人的得意弟子，这位在唐朝佛教界中声誉正在冉冉升起的僧人，居然因为和高阳公主私通而被杀。因为玄奘和皇室接触密切，所以他的弟子也有很多机会跟着自己的师父直接进入到皇室的生活圈里，辩机就是这样认识了高阳公主，并和高阳公主产生了感情。当时辩机年仅三十岁，玄奘不仅失去了一个得意的弟子、一个得力的助手，还对玄奘的译场产生了很不良的影响。

一年之内，玄奘失去了理解并支持自己的帝王唐太宗，紧接着又失去了自己最得意的徒弟，玄奘的心情可想而知。然而，更大的风波还在后面。其后发生的两件事情，给玄奘的晚年，甚至整个生命都带来了重大的影响。那么，到底发生了什么事情呢？

太宗驾崩后，唐高宗李治继位，而唐高宗对玄奘依然非常尊重，政府对玄奘翻译工作的支持也没有因为唐太宗的驾崩而受到任何影响。玄奘在翻译之余，还为很多刺史一级的高官授戒说法，玄奘的信徒越来越多，这些皈依弟子的俗世地位也越来越高。来自日本、朝鲜半岛、西域，甚至来自印度的学生都纷纷拜在玄奘的门下。这些人当中有不少回国后都大有成就，玄奘的影响也由此传遍了东亚，甚至回馈到佛陀的故乡，回馈到佛教的发源地印度。

唐高宗永徽六年（655年），也就是玄奘五十六岁那一年，玄奘遭遇到两件很不好的事情。

一件是玄奘当时组织翻译了两部很重要的讲解佛教逻辑学的著作——《因明入正理论》和《因明正理门论》。这两部经翻译成汉文以后，玄奘的弟子就这两部经书撰写文章，进行热烈的讨论。这本来是一件好事情，但这场讨论超出了佛教的范围，引起了当时唐朝非常重要的一位思想家吕才的注意。吕才写了一部书，叫《因明注解立破义图》，针对玄奘门徒的论著，提出了四十多条批判性意见，引发了一场全国范围的大讨论。这部攻击玄奘的书现在已经不存在了（不过吕才为自己这部著作所作的序还保留在《大慈恩寺三藏法师传》中），但在当时吕才的支持者绝不在少数，而是人数众多，地位也都不低。他主要从传统的儒家的政治、伦理、道德、经济等等角度，公开提出要控制佛教的发展，提出要抑制教权，维护皇权。因为他看到佛教在唐朝发展太大，僧人的地位太高，帝王对僧人太尊崇，他从这个角度提出攻击，于是玄奘和他的弟子们在当时的处境就变得相当的尴尬。争论到后来，成了一场混战,把当时唐朝的思想家和学者官员都卷进去了,最后,只能由唐高宗下令:"遣群公学士等往慈恩寺请三藏,与吕公对定。"皇帝让大家到慈恩寺,恭请玄奘和吕才面对面辩论,决定胜负对错。从这道诏令来看,皇帝还是很尊重玄奘的,虽然根据佛教史籍的记载,吕才"词屈,谢而退焉"。事情的真实情况恐怕未必那么简单,场面也不会太好看。

另一件就更不妙了,它甚至成为玄奘辉煌一生中罕见的被后人所诟病、批评的一个污点。当时中印度有一位僧人,叫"布如乌伐邪",翻译成汉语名字叫"福生",他带了五百多夹、一千五百余部的佛经来到长安译经。从现在留下的文字记载来看,也许是由于宗派的分歧,也许还有别的不足与为外人道的原因,福生受到了玄奘的严厉压制,不仅他的翻译工作无法进行,而且最终还被逼离开了长安,最后死在瘴气之地,而福生随身带来的五百多夹梵文经典却被玄奘夺走了。

福生的结局很凄惨,所以当时很多人同情这位中印度僧人,对玄奘颇多微辞。然而,也很有一些学者,包括一些相当著名的学者认为,由于玄奘当时的地位越来越高,引起了人的嫉妒,所以他的对立面也越来越多。这件事情也许是确有其事,但玄奘的对立面将此事的负面性有意夸张,也不是没有这种可能性。但是这件事情在历史上是存在过的,玄奘可能利用了他当时的崇高威望,和唐朝皇室的密切关系,打压了一位不同宗派的印度僧人,这在玄奘的一生中是非常罕有的一件可以被人批评的事情。

当然,这些都没有动摇玄奘崇高的威望,至少在唐朝皇帝的眼里没有。唐高宗显庆元年（656年）二月，玄奘还为唐高宗的婕妤薛夫人落发受戒。三月，唐高宗亲自为慈恩寺撰写碑文。四月御书碑落成，玄奘率领慈恩寺和京城的僧人举行了盛大的迎接仪式，官方也派仪仗恭送，"京都士女观者百余万人"，场面非常火爆。十一月一日，武则天施舍一件非常珍贵的袈裟给玄奘。十二月五日，武则天生子满月，依然请玄奘进宫为皇子（佛光王）剃度，师父是玄奘。这些都是很高的荣誉。

从唐太宗到唐高宗，甚至连骄横的武则天，都对玄奘大法师十分尊崇。唐朝皇室的虔诚与礼遇，使一向谨慎小心的玄奘也错误地估计了自己在皇室中的地位。接下来到底发生了什么事情，成为玄奘人生的转折点呢？

大概是玄奘觉得自己跟皇室的关系很密切，于是在这一年上了一道奏章，要求废除两条法律：一条是"先道后佛"。我们知道，唐朝的皇室为了掩盖自己混杂的血统和卑微的出身，将道教的始祖老子作为自己的祖宗，于是，道、儒、佛，在官方的排序中，佛教是最低的。玄奘上了一道奏章，要求把佛教排在道教之前，却被唐高宗断然驳回。

第二条，要求废除"僧尼犯法依俗科罪"。唐朝的规定，和尚和尼姑如果犯法，是按照俗人一样定罪，没有任何特权的。玄奘上表章要求废除，也被唐高宗驳回了。

由以上两条可以看出，皇帝虽然非常礼遇玄奘，可是玄奘在朝廷上也不是说什么都行。历史有其两面性，帝王其实还是有点打压玄奘的。

　　就在这一年的前后，玄奘因为早年西行求法，翻越过多的雪山，而落下的冷病这时突然发作。这个病以前靠药物控制了好几年，也许因为这两个表章上去以后被驳回，玄奘心情不太好，这个病在这一年的五月发作了，而且来势凶猛，几乎不治。幸好唐高宗派御医全力救治，玄奘才稍微好了一点，唐高宗还把玄奘接到皇宫里面供养，并且让玄奘在宫中译经，"或经二旬、三旬方乃一出"，照料得非常周到。

　　显庆二年（657 年），玄奘奉命陪唐高宗到洛阳，在翠微宫进行翻译工作，唐高宗希望玄奘"无者先翻，有者在后"，也就是是说，翻译的时候希望把汉译本里面没有经典的先翻，这个建议未必不合理，却没有被玄奘采纳。

　　此时，玄奘利用身在洛阳的机会，提出要回乡探望姐姐张氏，并且为父母迁葬。我们知道，玄奘是兄弟姊妹四个人，老大的名字历史上没有留下来，二哥就是玄奘进入佛门的领路人——长捷法师，这是玄奘的亲哥哥，而玄奘现在要去探望的就是这个三姐，玄奘自己最小，是家里的老四。玄奘一到洛阳，就希望去探望这个几十年没见的姐姐，也是玄奘在这个世界上有世俗血缘关系的唯一亲人。唐高宗非常爽快地批准，并通知地方官员妥为安排，一切费用仪仗由国家支付。

　　玄奘以翻译佛经为自己的生命，觉得伺候皇帝是一种拖累，于是再次请求到嵩山少林寺去译经。这个在我们眼里应该是很应该被批准的请求，居然被唐高宗以非常严厉的态度拒绝了，而且这次皇帝还破例亲自书写复信，其中有这样几句话：

道德可居，何必太华叠岭；空寂可舍，岂独少室重峦？幸戢来言，勿复陈请。

我们不难从中感觉到丝丝的寒意。

我想，唐高宗拒绝玄奘的要求，这里边无非是这么几个原因：第一，玄奘在我们眼里当然是一代高僧，是在文化上、佛学上、翻译上有重大贡献的人，可是在皇帝的眼里，差不多也就是个文学侍从，像李白差不多的。皇帝高兴就找你谈谈，所以希望你不要离我太远，皇帝都是非常自我中心主义、非常自私的。第二，在历史上，帝王都不大愿意有号召力的高僧居住在自己控制不严的偏僻山林，否则万一信徒众多，登高一呼，或者有人打着你的旗号谋反呢？所以这一次是干脆、严厉地拒绝，玄奘也就不敢再提出类似的要求了。

十一月，玄奘再次发病，身体日渐虚弱。《旧唐书》记载说："京城人众竞来礼谒。"京城人流来往众多，大家都来拜见玄奘，弄得玄奘不胜其扰，玄奘成了当时唐朝的百姓、官员，乃至外国来唐人士心目中一个非常耀眼的亮点。同时，玄奘又是慈恩寺的住持，所以他还要被造金像、布施、接待外宾等琐事烦扰，搞得自己体力明显地下降。他最终下了决心，既然皇帝不允许我去遥远的少林寺，那我就提出离开长安，去玉华寺。玄奘是动了脑筋的，这个地方相对来讲也比较偏僻、冷清，但他跟唐太宗曾经在那里渡过非常融洽的时光，所以这样提的话，唐高宗是不好拒绝的。这一次唐高宗允许了，从这以后，一直到圆寂，玄奘再也没有离开过玉华寺，换句话说，玄奘的脚步再也没有进入过繁华嘈杂的京城。

在玄奘接下来将要面临的生命的最后一两年时间里,在离开这个世界之前,他又遇到了哪些事情?他给后人留下哪些话语?请看下一讲"法师圆寂"。

第三十六讲

法师圆寂

玄奘的晚年生活并不平静，他与皇室的微妙关系、繁重的译经工作，都使他渐渐感到体力不支。也许是冥冥之中的感应，玄奘预感到自己的归期将至。那么，他在人世间的最后生命时刻里，都做了些什么呢？

唐高宗麟德元年（664年），玄奘六十五岁，他依然在玉华寺翻译佛经。在这一年的历史记载中，有他对译场的助手和弟子们说的这么一句话：

> 玄奘今年六十有五，必当卒命于此伽蓝，经部甚大，每惧不终，人人努力加勤，勿辞劳苦。

意思是说：今年我六十五岁了，一定是会死在这座玉华寺里，佛经数量巨大，我经常担心翻不完，你们大家加把劲儿，努力一点，不要怕辛劳。

在玄奘的一生中，他第一次发出了这种不自信的、怕自己的工作无法完成的担忧之辞。实际上，由于多年的劳累，在翻译完《大般若经》以后，他自己就觉得体力开始衰竭，甚至觉得自己行将就木。不久，他又对弟子们说了一段话，几乎可以看作是他的遗言：

> 若无常后，汝等遣我宜从俭省，可以蘧蒢裹送，仍择山涧僻处安置，勿近宫寺。不净之身，宜须屏远。

他在这里提到了"无常"（僧人讲死，多以无常代之），说我无常以后，你们在送我的时候，一定要节俭，不要用很多的礼节，要用最简单的方式裹送，把我安置在僻静的地方，不要靠近宫室和寺院。他认为肉身是不净的，应该远离这些地方。

同年正月初三，玄奘的弟子恳请玄奘开始《大宝积经》的翻译，这也是一部很重要的佛经。玄奘在勉强翻译了开头的几行以后，突然停了下来，他犹豫了很长的时间，平静而凝重地看着他的弟子，神色黯然地对大家说：

> 此经部轴与《大般若》同，玄奘自量气力不复办此，死期已至，势非赊远。

他说：这部《大宝积经》的经轴分量不亚于《大般若经》，我自己觉得我的体力和精力已经不足以再翻译如此大部的佛经了，"死期已至"，不是"将至"，而是我的死期已经到了，不远了。说完这句话以后，玄奘从此绝笔，停止了翻译工作。他表示，要把此后可以预见的很少的岁月留给自己去礼拜佛像，为自己离开这个世俗的世界做好准备。

正月初八，玄奘的弟子之一玄觉法师，因梦见一尊庄严高大的浮图（即佛塔）突然倒塌而骤然惊醒，他担心这个梦是自己会出什么事的征兆，于是赶紧就去找他的师父玄奘，请玄奘解梦。而玄奘非常明确地告诉他："非汝身事，此是吾灭谢之征。"意思是说：这跟你没关系，而是我将要离开这个世界的征兆。这是对正月初八玄觉法师做梦的真实记载，我们后人没有资格、也没有这个道理去揣测、去枉自判断其中的真假，因为这些高僧是不打诳语的，这是戒律规定的，更何况他们对玄奘又那么崇敬。

仅仅一天以后，正月初九，曾经翻越过无数崇山峻岭、曾经跋涉过无数滔滔江河都不在话下的玄奘，居然在屋子后面跨越一道小小的水沟时摔了一跤。虽然只不过是稍微擦破了脚腕处的一点点皮而已，玄奘却从此倒下，病情急转直下。

正月十六，玄奘的病情已经十分严重，整天迷迷糊糊，口里喃喃自语：

吾眼前有白莲花，大于盘，鲜净可爱。

说他在当中见到了很大的白莲，比盘子还大，非常的洁净，非常的可爱。第二天，玄奘又梦见在他住的禅房里面突然出现了成百上千的人，非常高大，身穿锦绣服装，在他禅房里来回地穿行，院子后面的山陵之间突然布满了鲜艳的金幡、旗帜，林间奏响了各种各样的音乐，门外停满了装饰华丽的车子，车子上装满了各种各样的食物，来供养玄奘。玄奘一面说："玄奘未阶此位，何敢辄受？"一面却还在不停地进食。其实，这时他已经出现一种很明显的幻觉，弟子赶紧把玄奘叫醒，玄奘睁开眼睛，把自己刚才看见的事情告诉了随时等候在他身边的玉华寺寺主慧德法师，而这个寺主非常恭敬地玄奘的这些描述记下来，留给了后人。玄奘同时还对慧德法师说：

玄奘一生已来所修福慧，准斯相貌，欲似功不唐捐，信如佛教因果并不虚也。

玄奘的意思是说：我在梦境当中看到的这些现象，好像表明我这一辈子所修的福慧没有白费。我确信，佛教因果不是虚妄之说。

在生命弥留之际，玄奘作为一代高僧，还在竭尽自己最后的精力印证佛法，这是一个高僧修行的一部分，是他的功课。当然他清楚地知道，自己留在这个世界上的时间已经不多了，于是他下令自己的弟子，把已经翻译完成的佛经编一个目录，看看到底翻译了多少。统计下来，从西天求回来的佛经还有五百八十二部没有来得及翻译。实际上这已经是玄奘在做自我总结。玄奘又吩咐众僧，为他造像写经，广为施舍，同时他按照佛教的戒律，把自己用的东西全部施舍给寺里的僧众。

玄奘做好了充分的准备，从容不迫地等待着自己圆寂时刻的到来。那么玄奘在人世间的最后时刻，他留下的最后遗言是什么？玄奘又是以一种什么样的姿态圆寂的呢？

从记载上来看，这以后玄奘的病情似乎稳定了一段时间，或者也就是我们世俗所谓的"回光返照"。在正月二十四日那天，玄奘好像还很清醒，他让一个叫宋法智的塑像工人，在玉华寺的嘉寿殿竖起一个菩提像，把骨架搭好。他召集了所有身边的翻译佛经的弟子，留下了在人世间最后的话：

玄奘此毒身深可厌患，所做事毕，无宜久住。愿以所修福慧回施有情，共诸有情同生睹史多天弥勒内眷属中奉事慈尊，佛下生时亦愿随下广作佛事，乃至无上菩提。

玄奘说：我自己的俗身是不净的，这个俗身我已经厌恶了，我在这个世间所要做的事情已经做完了，不必要再待着。我不是为我玄奘个人修福慧，我修的这一切我愿意把它回报给人世间仍然活着的人。我祈愿，我能跟大家一起上生到弥勒菩萨身边，去奉侍弥勒菩萨。我发愿，当弥勒佛下生的时候，我愿意跟着他下来"广作佛事"，去追求无尚菩提，追求最高的智慧。这是玄奘最后成段的话，也是他最后的发愿。

在接下来的日子，玄奘几乎就不说话了，只是不停地在念诵佛经，皈敬弥勒、如来，愿往生弥勒净土。我们一般讲"三皈依"，就是皈依佛、皈依法、皈依僧，但玄奘肯定比我们多了一皈依，即皈依弥勒佛。也就是说，他在这个时候不停地吟诵的，我们在今天依然可以复原，他一定是不停地在吟颂皈依，他一定是在用佛当年所使用过的语言——神圣的梵语，不停地在复诵着皈依。

二月初四夜开始，玄奘右手支撑着头部，左手舒放在左腿之上，非常平缓地，右胁而卧，再也不动半分了（以右手而自支头，次以左手申左髀上，舒足重累右胁而卧，迄至命终竟不回转）。这是玄奘圆寂前的最后姿态，也就是玄奘肉身的最后姿态，我们看见卧佛就能想到这个姿势。

二月初五夜半时分，他的弟子问玄奘：

和上决定得生弥勒内众不？

看见玄奘那么长时间一直在念诵佛经，准备离开这个世界，他的弟子问玄奘，和上（"和尚"在佛经中是个尊称，但自己不能称自己为"和尚"，只能称"贫僧"或者"小僧"，而最尊敬的写法应该是作"和上"），您是不是已经决定可以生到弥勒佛净土呢？

玄奘回答说：

得生。

这是玄奘在这个世界上留下的最后两个字了。

玄奘十三岁皈依佛门，二十八岁只身一人远赴西天求法，经历过无数艰难险阻，终于求得真经返回祖国。十九年的留学生涯，十九年的译经弘法，玄奘终于求得正果，安然地去了自己一生所想往的弥勒佛净土。当玄奘圆寂的消息传出之后，唐朝的帝王和百姓们又会有怎样的反应呢？

唐高宗在二月初三得到玄奘因损足得病的消息，初七就派御医带着药物赶往玉华寺。等御医带着皇上亲赐的药赶到的时候，玄奘已经停止了呼吸。玄奘圆寂的消息传到长安，举国悲悼，唐高宗哀叹："朕失国宝矣！"甚至为了玄奘而罢朝数日。第二天，唐高宗又对群臣提起这件事：

朕国内失奘法师一人，可谓释众梁摧矣，四生无导矣。亦何异于苦海方阔，舟楫遽沉；暗室犹昏，灯炬斯掩！

二月二十六日，唐高宗下旨，玄奘所有丧事费用由朝廷负责。三月初六，又下令暂停翻译工作，已经完成的部分由政府出资传抄，尚未完成的交慈恩寺保管，不得遗失。可惜的是，后来绝大部分经书几乎全部遗失。

三月十五日，唐高宗又一次下诏：

玄奘葬日，宜听京城僧尼造幢盖送至墓所。

皇帝特许玄奘下葬的那一天，京师所有寺庙造的各种旗帜、宝冢、伞盖等送到玄奘的葬地。玄奘的灵柩运回京城，安置在慈恩寺翻经堂，每天前往哭墓的僧俗人数成百上千。

四月十四日，按照玄奘临终前的心愿，将他葬于浐水之滨的白鹿原，这个地方在万年县东南二十里，当时五百里之内赶来送葬的人不计其数。唐高宗总章二年（669 年），迁葬到樊川北原（今西安附近），并在当地营造塔宇寺庙。唐中宗神龙元年（705 年），又下令在两京，也就是长安和洛阳各建造一座佛光寺，追谥玄奘为"大遍觉法师"。

这些都足以看出玄奘的地位和声望。在玄奘圆寂后一百八十年后的 845 年（唐武宗会昌五年），发生了中国佛教史上最大的一场法难——会昌法难，由统治者下令，在全国范围内摧毁一切寺庙，淘汰僧尼。而就在这样大规模的会昌法难中，长安的慈恩寺则被明令保留了下来。我就举这么一个例子，就足以说明玄奘的声望。

玄奘大法师不仅在佛教界威望甚高，他在中外文化交流史上所做出的重大贡献，也是不可磨灭的。遗憾的是，很多人对于玄奘的了解，只是来自小说《西游记》中并不真实的描写。那么后人对于玄奘大法师，都有哪些重要的评价呢？

从贞观十九年（645年）回国开始，一直到圆寂离开这个世界，玄奘的翻译工作持续了十九年。非常有意思的是，这个年份跟他西行求法留学印度的年份几乎相当。可以说，译经就是玄奘后半生的主要生活，当然，翻译绝对不是玄奘的全部贡献。讨论这个问题，实际上是在讨论对玄奘的评价，很多前辈学者发表了非常精彩的意见，我在这里就主要根据季羡林先生和杨廷福教授的论断，向大家做一个非常简单的评述。

杨廷福先生做过非常好的总结，他讲玄奘的一生分为两个时期，四十六岁之前，独自求学，西行求法；四十六岁以后，以翻译为主，兼及著作、教育。他在十九年里一共翻译出来四十七部、一千三百三十五卷高难度的佛经。他翻译的不仅是佛经，还包括圣论派等在内的印度其他学派的经典，他不仅将梵文经典翻译成汉文，还与其他学者合作，把《老子》、《大乘起信论》这样的汉文经典翻译成梵文。在翻译、撰述、同他人辩论的同时，玄奘发挥着一个杰出的佛教教育家的作用，培养了众多的弟子，还开创了中国佛教史上的法相宗（也叫"慈恩宗"、"唯识宗"）。一直到上世纪初，法相宗还为推翻清朝的民主革命发挥过重要的作用，当年的革命者包括章太炎、梁启超在内，都曾是法相宗的信徒，同时法相宗还极其深刻地影响了朝鲜和日本的古代佛教。

当然，无论如何，我们还是要特别强调玄奘在翻译佛经方面的贡献。玄奘翻译的佛经质量高超、数量巨大、态度严谨，可以说全面地超越了他以前的翻译大师，后来者更是难以企及，用"前无古人，后无来者"来形容玄奘在中国翻译史上的地位，这绝对是不过分的。玄奘是中国佛经翻译史上旧译和新译的分水岭，他本人就是新译的当之无愧的代表和象征。

就翻译方法而言，他提出了著名的"五不翻"理论：

"一秘密故，如陀罗尼"，就是说，这段佛经有秘密的含义，像陀罗尼，可以不翻。

"二含多义故，如薄伽梵具六义"，当一个词或者一个佛经专门术语里有多种含义的时候就不翻。

"三此无故，如阎浮树，中夏实无此木"，中国没有的东西，找不到对应物的也不翻。比如有一种树叫阎浮树，中国没有这种树，所以就不翻。

"四顺古故，如阿耨菩提，非不可翻，而摩腾以来，常存梵音"，为了尊重古代的翻译，约定俗成的就不翻了。

"五生善故，如般若尊重，智慧轻浅"，有一些语句是有利于引发出人的善心的，可以不翻，它能够使你在心中产生一种由衷的尊重之情。比如"般若"，它的意思是智慧。人生的智慧，佛的智慧，你当然可以翻成"智慧"，但是如果我们把《大般若经》翻成"大智慧经"，好像就分量轻一点。

这就是所谓的"五不翻"理论，至今仍应被奉为翻译工作的准则。同时，由于玄奘个人就兼通梵、汉，并且在佛教理论上有极其深厚的修养，因此，他可以自己担任译主，不必依靠外来的人员。《续高僧传》等都明确指出:"今所翻传,都由奘旨,意思独断,出语成章,词人随写。"

玄奘除了提出翻译理论并且自己有能力身体力行以外,还对译场的组织和翻译的程序做出了划时代的贡献:

一、译主,也是译场的总负责人,必须梵、汉兼通,并且对佛教理论有令大家信服的理解,足以担负最后拍板的责任;

二、证义,辅助译主,审查翻译的文字与原文是否有出入,交由译主定夺;

三、证文,注意译主在宣读梵文本时有无错误;

四、书手,也叫"度语",把梵文的读音字写成汉字;

五、笔受,把梵文的字义翻译成对应的汉文字义;

六、缀文,整理翻译过来的文字,使其符合汉语的表达习惯;

七、参译,校勘原文是否有错误,再将译文与原文加以对照;

八、刊定,删去梵文里面经常出现的大量无必要的重复,令译文简明扼要;

九、润文,润色译文,使其流畅优美;

十、梵呗,用梵文念诵方法唱念译文,修正音节,便于传诵。

对于玄奘的评价,我的老师季羡林先生已经说得足够的好了:

> 对玄奘的评价也应该采取实事求是的态度。从中国方面来看,玄奘在中国佛教史上是一个继往开来承先启后的关键性的人物,他是一个虔诚的宗教家,同时又是一个很有能力的政治活动家。他同唐王朝统治者的关系是一个互相利用又有点互相尊重的关系。由于他的关系,佛教,特别是大乘佛

教，得到了一定的发展。

季先生客观地指出："一方面，他是一个虔诚的佛教徒、有道的高僧。另一方面，他又周旋于皇帝大臣之间，歌功颂德，有时难免有点庸俗。"玄奘信仰坚定，但是这也使得他有时候不能容纳意见和他不一致的人，很有学问、很有道行的印度空宗高僧福生就受到玄奘的排挤，自己带来的佛经也被玄奘夺走，最终只能离开中国，死于瘴气之地。这一点，连《续高僧传》的作者也是大发感慨的。

金无足赤，人无完人，玄奘在世俗的六十五年的生命里，由于他性格坚定、信仰虔诚，这也使得他有时候不一定能够容纳和他意见不一致的人。但无论如何，谁都不能否认，"玄奘毕竟是一个伟大的人物"。只要谈到玄奘，谁都会想起鲁迅先生在《中国人失掉自信力了吗》这么一篇著名文章里一段掷地有声的话，让我们共同来重温鲁迅先生的这段话吧。鲁迅先生说：

> 我们从古以来，就有埋头苦干的人，就有拼命硬干的人，有为民请命的人，有舍身求法的人……虽是等于为帝王将相作家谱的所谓"正史"，也往往掩不住他们的光耀，这就是中国的脊梁。

季先生最后讲："舍身求法的人，首先就有玄奘在内，这一点是无可怀疑的。"有这样精神的玄奘的确算得上是"中国的脊梁"。

《玄奘西游记》到此就结束了,希望我的讲述可以尽量按照历史事实复原玄奘的一生,使大家感受到玄奘在一千多年前的艰辛、奋斗、成功和喜悦,更希望今天的我们能够珍惜玄奘留给我们的伟大精神。谢谢大家。

参考书目

《大唐西域记校注》,季羡林等校注,中华书局,2000年
《大慈恩寺三藏法师传》,孙毓棠、谢方校点,中华书局,2000年
《玄奘译撰专集》,金陵刻经处

道宣,《玄奘传》,见《续高僧传》卷四
冥祥,《大唐故三藏玄奘法师行状》,见《金石萃编》
刘轲,《三藏大遍觉法师塔铭》,见《金石萃编》
《旧唐书》卷一九一《方伎·僧玄奘》

《玄奘年谱》,杨廷福,中华书局,1988年

《玄奘法师年谱》，张力生，宗教文化出版社，2000年
《玄奘论集》，杨廷福，齐鲁书社，1986年
《玄奘哲学研究》，田光烈，学林出版社，1986年
《玄奘大师研究》，张曼涛主编，台北大乘文化出版社，1977年

《大唐西域记今译》，季羡林等，陕西人民出版社，1985年
《玄奘评传》，傅新毅，南京大学出版社，2006年
《玄奘西游记》，朱契，中华书局，2007年

后记

在后记里表示我的谢意，绝不意味着，这里所表达的谢意"最后"、"最小"或着"最不重要"。套用一句英语："Last, but not the least."（最后，然非最少），我是满怀感激之情写下这篇后记的。

我要感谢《百家讲坛》的制片人万卫先生，他自始自终在百忙中关心《玄奘西游记》的进程。他曾经将自己所收集、总结的电视讲述的要点，装在标有"百家秘籍"的信封里交给我，让我逐步理解电视讲述的特殊要求。总策划解如光先生，最早与我商定《玄奘西游记》的大致集数，提示讲述的要点。

毫无疑问，执行主编王咏琴女士是为《玄奘西游记》付出了最多心血的人，她率领刘乃溪、连方乐这两位年轻的编导，不厌其烦地指点我讲述中应该注意、改进的种种问题。她们和我一同担忧，一同快乐。我们分享了这段美好的时光。我对王咏琴女士的谢意不是苍白的语言所能够表达的。

制片吴林先生，总导演高鸿先生，他们不仅是各自行业里的顶尖高手，还象兄长一样地关心我，让我在紧张的住京拍摄期间感受到很多快乐。他们的关爱和友谊，必将长留在我的记忆里。同样为我提供了很多帮助的还有化装师杨静女士，和其他我至今连名字都不知道的《百家讲坛》团队成员。

中国国际电视总公司的谢鹏飞先生和华蕾蕾女士，为了《玄奘西游记》光碟和书稿的出版付出了很大的心血，做了妥善的安排。特别是华蕾蕾女士，无论工作多忙，每次都以最快的速度将光碟寄到上海。

易中天教授、王立群教授是《百家讲坛》成功的主讲人，作为前辈，他们从很多方面关心我，给了我很多帮助和指点。于丹教授虽然至今还没有见过面，却在繁忙的工作间隙多次用短信关心和鼓励我。与乔良将军、康震教授的见面虽然短暂，可是，也使我受益匪浅。著名主持人张越女士对我进行访谈，让我有机会领略她的智慧和丰采。我深深地感谢他们。

我曾经在北京生活过不短的时间，那里有我相交十余年的兄长和朋友。张军、张会军、李林、陈浥、扈强、叶卫、王俊、李小军、丰志钢，等等，都在我赴京拍摄期间提供了大量的帮助。

我还要特别感谢尊敬的刘念远将军，多年来，他一直关心着我，这次依然关注我的讲述。同样关心着我的还有赵启正先生和

图书在版编目(CIP)数据

玄奘西游记 / 钱文忠著. —上海：上海书店出版社，2017.8（2025.7重印 ）
 ISBN 978 - 7 - 5458 - 1532 - 0

Ⅰ.①玄… Ⅱ.①钱… Ⅲ.①玄奘（602 - 664）一传记 Ⅳ.①B949.92

中国版本图书馆 CIP 数据核字（2017）第 173842 号

责任编辑　杨英姿　沈佳茹
技术编辑　丁　多
装帧设计　郦书径

玄奘西游记
钱文忠　著

出　　版	上海书店出版社
	（201101　上海市闵行区号景路 159 弄 C 座）
发　　行	上海人民出版社发行中心
印　　刷	苏州市越洋印刷有限公司
开　　本	890×1240mm　1/32
印　　张	14.875
版　　次	2017 年 8 月第 1 版
印　　次	2025 年 7 月第 9 次印刷

ISBN 978 - 7 - 5458 - 1532 - 0/B. 76
定　　价　66.00 元

赵启光教授。所有这些，都是我宝贵的精神财富。

在《玄奘西游记》书稿的出版过程中，上海世纪出版股份有限公司所属的上海书店出版社和北京世纪文景出版公司的朋友们付出了巨大的劳动。特别是上海世纪出版股份有限公司总裁、出版家陈昕先生，在百忙中，多次亲自过问、关心书稿的编辑、出版乃至宣传事宜，令我备受感动。久受学术界尊重的金良年编审，屈尊为我这个杂事缠身的晚辈审阅书稿，他以一个资深出版人的眼光和功力，使我的表述更趋准确，让我感受到长者的风范。对关注过《玄奘西游记》书稿的出版界的其他朋友们，我也必须表示由衷的谢意。

沪上还有很多朋友关心着《玄奘西游记》，我无法在这里一一列举他们的名字。好在同在浦江之滨，我有足够的机会向他们当面表示我的谢意。

我还要感谢中央电视台《百家讲坛》，使我拥有了一批新的朋友，他们为自己取名叫"潜艇"，无时无刻地关心着我、支持着我，我因此拥有了纯粹的交流的快乐。我只有在拍摄现场见过他们中间很少的几位，他们中的绝大多数，我所知道的仅仅是网名而已。但是，我可以真切地感受到他们。他们和上面我所感谢的所有关心我的人一起，丰富了我的生命。

钱文忠
2007年8月21日